"老字号"国货品牌形象设计创新模式研究

陈绘 著

本书获东南大学艺术学院优势学科出版资助

东南大学出版社
SOUTHEAST UNIVERSITY PRESS

内 容 提 要

本书在梳理品牌老化机理的基础上,分析市场竞争、科技进步、消费者需求变化等导致"老字号"国货品牌老化的变数,强调品牌形象设计创新是"老字号"企业良好运作的迫切需求。通过"老字号"品牌创新存在的问题,发掘导致问题出现的历史体制、企业自身及外部不可控原因。本书着重论述如何通过品牌形象设计创新来达到重塑品牌形象的问题,构建了"老字号"国货品牌形象设计创新模式体系:延伸创新模式、颠覆创新模式、逆向创新模式和整合创新模式,并以典型案例来探讨创新模式的可行性,以期为"老字号"的发展创新之路提供理论和实践依据。

本书适用于相关专业高校教师、研究生、本科生等,也可供从事艺术设计工作的专业人士使用。

图书在版编目(CIP)数据

"老字号"国货品牌形象设计创新模式研究 / 陈绘
著. — 南京 : 东南大学出版社,2020.8
 ISBN 978-7-5641-8193-2

Ⅰ.①老… Ⅱ.①陈… Ⅲ.①老字号—品牌—产品形象—设计—中国 Ⅳ.①F279.24

中国版本图书馆 CIP 数据核字(2018)第 291884 号

"老字号"国货品牌形象设计创新模式研究
"Laozihao" Guohuo Pinpai Xingxiang Sheji Chuangxin Moshi Yanjiu

著　　者:陈　绘
责任编辑:陈　佳
出 版 人:江建中
出版发行:东南大学出版社
社　　址:南京市四牌楼 2 号　邮编:210096
网　　址:http://www.seupress.com
电子邮箱:press@seupress.com
经　　销:全国各地新华书店
印　　刷:苏州市古得堡数码印刷有限公司
开　　本:700 mm×1000 mm　1/16
印　　张:19.25
字　　数:304 千字
版　　次:2020 年 8 月第 1 版
印　　次:2020 年 8 月第 1 次印刷
书　　号:ISBN 978-7-5641-8193-2
定　　价:68.00 元

前　言
"老字号"国货品牌形象设计创新模式研究

　　"'老字号'(Time-honored Brand)是指历史悠久,拥有世代传承的产品、技艺或服务,具有鲜明的中华民族传统文化背景和深厚的文化底蕴,取得社会广泛认同,形成良好信誉的品牌。"①在人们眼中,"老字号"国货就是质量和信誉的保证,具有独特的人文魅力。在全球经济一体化越来越明显的今天,企业间的竞争越来越多地体现在强者博弈、品牌对决之上。"老字号"是中华优秀传统文化的一部分,其品牌本身就是宝贵的无形资产。回力球鞋、飞跃球鞋、百雀羚、双妹……这些曾经辉煌一时又消失了二三十年的"老字号"借助新创意、新设计,一批批重新进入市场,博得了消费群体的喜爱。"老字号"回潮的背后并非是人们一时兴起的怀旧,而是期盼着这些老品牌的创新。但是,真正把"老字号"做成家喻户晓的品牌,不能只依靠口碑,而要利用现代传播手段,引入现代品牌整体设计理念,才能打造出真正适应现代环境,受现代消费者欢迎的"老字号"。一个国家经济发展的过程始终伴随着民族品牌的发展,"老字号"正是最具典型的代表。近几年,"老字号"国货从网络重新热起来,并逐渐进入我们熟悉的终端,再加上"孔凤春"开专卖店、"谢馥春"入驻沃尔玛等消息,让业界不断

---

　　①　流通发展司.中华老字号认定规范(试行)[R].北京:中国商务出版社,2006:13-15.

传出"老字号迎来涅槃重生好时机"的预测。许多大型卖场特别辟出"国货"专柜,将美加净、七日香、百雀羚、大宝等"老字号"国货集合起来销售,而前来购买的人还不少。因此,"老字号"国货品牌形象设计创新发展成为社会发展中日益受到重视的课题。

　　为保护和发展我国传统品牌,诞生了品牌称谓——"老字号",以此总结和代表我国传统商业和手工业的杰出品牌。它的成长和发展与中华民族的历史相互交融,见证了每一个行业兴衰变化的历史过程,反映着人们在衣食住行中的物质追求和精神变化。曾经耳熟能详的顺口溜:"头戴马聚源,身穿八大祥""邵复兴的炖生敲,张小泉的刀和剪,扯布上天福,穿鞋找三聚,戴帽盛锡福,泡澡三新池",证实了"老字号"品牌曾经的辉煌以及在消费者心目中举足轻重的地位。如今"老字号"分布在全国各地,其中"勉强维持现状的占70%;长期亏损、面临破产倒闭的占20%;生产经营有一定规模、效益好的只有10%"[①]。到2014年,"已确认的'中华老字号'共有2000余家,如今能正常营业的仅为30%"[②]。餐饮食品行业还能靠"民以食为天"重整旗鼓,医馆药铺行业凭着《黄帝内经》《神农本草经》等独特的中医理论畅谈养生之道,但其他行业即使有五六百年的历史,也止不住日渐衰微的形势。2011年度的"'老字号'企业问卷调查报告"[③],收录的餐饮食品类40.5%、医药类14.6%、酿造类10.6%,其他行业都在10%以下。面临如此严峻的市场萎缩,其艰难程度可见一斑,有的侥幸涅槃重生得来的却是苦苦维系,有的消逝在纷杂的街道上最后只换得几声唏嘘。虽然"老字号"种类繁多,产品项目、管理方式以及经营模式各不相同,无法一概而论,但在视觉形象上有着相类似的发展脉络与风格变化,值得我们探究并作出改善。

　　继1991年全行业认定并为1600家老牌企业授牌之后,国家商务部开始实施"振兴老字号工程"。2006年4月,中华人民共和国商务部(简称:商务部)发

---

　　① 姚恩育. 百年品牌如何焕发青春[N]. 市场导报,2004-11-01 第3版.
　　② 《藏羚羊旅行指南》编辑部. 中国最美的101家中华老字号[M]. 北京:中国铁道出版社,2014:3.
　　③ "老字号"企业问卷调查报告:2011年度,中国社会科学院民族学与人类学研究所的"老字号"企业课题组实施了问卷调查,共收回有效问卷378份,涉及12个省和直辖市,包括北京34份、上海50份、天津35份、重庆38份、浙江42份、广州51份、辽宁32份、福建11份、云南12份、吉林31份、河北20份和四川22份。

布了《"中华老字号"认定规范(试行)》方案,以商务部名义授予牌匾和证书,并在当年颁布了第一批"中华老字号"企业名录。这一举措,唤醒了很多沉睡中的"老字号",使其努力完善,再现生机。2008年3月,商务部会同中华人民共和国国家发展和改革委员会(简称:国家发改委)等十四个部委再度下发《关于保护和促进老字号发展的若干意见》,彰显出国家培育我国的国际知名品牌,加强对民族文化的挖掘和保护,促进"老字号"企业加快创新发展的热情与决心。2011年,商务部又颁布了第二批"中华老字号"名录,以促进"老字号"的成长。自此,国内对"老字号"的研究愈来愈多,尤其是餐饮、护肤品一类的"老字号"品牌,从不同地域到不同媒体、消费群体等,都进行了不同角度的研究。2011年《中国"老字号"企业发展报告 No.1》一书被称为"'老字号'蓝皮书",由中国社会科学院、商务部及高校、学术机构、企业的专家参与撰写,权威地介绍了中国"老字号"企业2008年至2011年的发展,通过调查、访问等形式,以详尽的案例数据探讨了"老字号"企业的优势、劣势和竞争力所在,从企业竞争力、社会责任、信息化水平、技术创新、政企关系和公司治理等维度对"老字号"企业作出了分析判断,并提出"'老字号'企业的发展前景:基于自身的核心竞争力完善价值链管理"[①]。其数据真实有效、案例丰富、具有代表性,是研究"老字号"近十年发展状况的重要参考书籍。2014年《老字号绿皮书:老字号企业案例及发展报告 No.2(2013—2014)》[②],是以中国社会科学院为主的"老字号"企业研究团队撰写的第二本"老字号"研究报告。这是继2011年中国第一本"老字号"蓝皮书出版后,发布的第二本"老字号"研究报告。与上一本报告相比,该书将"老字号"的研究范围做了进一步扩展,不局限于"中华老字号",还包括海外的"老字号"企业,例如,马来西亚的"仁爱堂"、韩国"现代汽车"等企业案例。2016年《老字号绿皮书:老字号企业案例及发展报告 No.3(2015—2016)》,由老字号绿皮书编委会、中国人类学民族学研究会(CUAES)都市人类学委员会、国际人类学与民族学

---

① 张继焦,丁惠敏,黄忠彩. 中国"老字号"企业发展报告. No.1(2011)[M]. 北京:社会科学文献出版社,2011:7.

② 张继焦,刘卫华. 老字号绿皮书:老字号企业案例及发展报告 No.2(2013—2014)正式出版(EB/OL). (2014-04-03)[2016-02-07]http://iea. cass. cn/content-BA0520-20140403102800359361. htm.

联合会(IUAES)企业人类学委员会和中国社会工作联合会企业公民委员会等几家机构组织,联合全国各地社科院和高等院校,建立中国企业品牌案例库。这本绿皮书汇集了两年来一批"老字号"研究的新成果,涉及 18 家"老字号":北京"清华池"、昆明"宝翰轩"、钦州"坭兴陶"、广东"潘高寿"、桂林"三花酒"、长沙"九芝堂"、金华"雪舫蒋"、南京"冠生园"等,分析"老字号"的经营现状和发展困境,探讨"老字号"的文化遗产传承和品牌激活,挖掘"老字号"的商业传统和智慧等。

中国民族品牌的消亡与新生正经历着一个艰难的演变过程,并参与构筑着中国的国家形象。随着中国综合国力、国际地位和影响力的不断提升,国人的民族自豪感和历史认同感进一步增强,越来越多的人关注到"老字号"国货品牌的传承和发展。而如今的"老字号"国货品牌面临国内外新兴品牌的巨大冲击,从前的市场环境已不复存在。商务部编纂的《中国品牌发展报告》显示,中华人民共和国成立初期,我国拥有"中华老字号"1 万多家;到 1990 年原国内贸易部认定中华老字号时,数量已减少到 1600 多家;而到 2006 年商务部重新认定时,第一批中华老字号的数量仅剩下 434 家。① 2011 年《中国品牌报告》调查显示:大众心中的老品牌 92.3%消亡了,存活率只占不到 8%,能有良好效益的只有3%～4%。② 可见,中华人民共和国成立以来,"老字号"品牌的发展确实面临了诸多困难和曲折,也确实有很大一部分的"老字号"在经济全球化的大浪淘沙中破产倒闭、被大众所遗忘。众多"老字号"在逐渐失去原有市场竞争力的情况下纷纷探寻出路。不少"老字号"品牌已认识到唯有创新才能够使品牌适应新的市场环境,为品牌带来新的生机。此外,国家政策大力扶持"老字号"企业,不断投入资金和技术引导"老字号"的发展。这些措施十分有利于转变"老字号"发展中面临的不利局面,使其发展迎来黄金机遇期。

---

① 杨滨.我国万余"中华老字号"仅剩 400 余家[EB/OL].(2014-11-22).http://news.xinhuanet.com/world/2014-11/22/c_127240662.htm.

② 余明阳.中国品牌报告 2011[M].上海:上海交通大学出版社,2011:18.

目 录

001

第一章
"老字号"国货品牌形象现状

一、中国传统文化背景下的"老字号"

中国五千年文化,博大精深、源远流长,在儒道互补的伦理文化和农耕经济为主流的封建社会中,人们也在不断地孕育出农业文明的商业符号——"字号"。它作为中国特有的一种文化现象,显示出中国繁荣昌盛的商业历史和文明程度。从历史角度审视,它是中国商业经济发展的独特现象,是我国传统商业的典型代表,具有重要的历史意义和文化价值。

"中华老字号"作为一种符号,象征着中国的传统文化中的商业文明的起伏,它是在传统文化深厚的土壤中生根发芽的(图1-1)。每个"老字号"的形成都有着自己的

图1-1 中华老字号 LOGO
(图片来源:http://zhlzh.mofcom.gov.cn/)

一个传说、一段经历,带有浓厚的时代印记。我们可以从"老字号"印记中读出"厚德载物""和而不同"的传统精神,也可以感触到这些符号中激励人、升华人的精神价值。例如,"老字号"品牌"全聚德"体现的是一种"全而不缺、聚而不散、德仁至上"的文化理念,而这种文化符号也成为"全聚德"字号的"脊梁骨"。

001

一路走来,以手艺、传说、店训、口碑……流传下来的"老字号",代表了一个时代的文化形态,而这样一种文化形态对当时的文化结构和大众审美观都有着重要的影响。

1. 历史根源

在当今社会上,享有盛誉的"老字号"都有着深厚的历史底蕴和丰富的文化内涵。从起源的时间看,大都兴起于农业社会时期,所以"老字号"大多与百姓的衣、食、住、行息息相关。据文献记载,出现在西周时期的字号,最初是对人的称谓方式,之后随着商业经济的出现,在商品竞争中,经营者急需一种记得住、叫得响,又能显示商家和产品个性特征的标识、招牌,以拓展市场。于是,"字号"就从对人的称谓,逐步拓展到了商业活动之中,成为商家不可或缺的名号、标识,出现在各式牌匾、招幌、产品和包装上。宋魏泰《东轩笔录》卷八:"京师置杂物务,买内所须之物。而内东门复有字号,径下诸行市物,以供禁中。"这是历史上首次将"字号"一说延伸至商业。早期,"字号"只是单纯指商店的名称或标识。在封建时期,能被当朝者钦点或成为贡品绝对是对"老字号"产品质量最高的赞誉,不少达官贵人甚至是平民百姓都对朝廷指定的用品趋之若鹜,从而使"老字号"形成广泛的认知和良好的口碑。例如,载誉 300 多年的中医药"同仁堂"(创建于 1669 年,清朝康熙八年),自 1723 年被奉为"御药",历经八代皇帝,长达 188 年。

2. 家族企业

封建农耕时期的中国人文化习性获得的主渠道是以家庭为基础的文化和历史的继承,具有自然传承。在长期的生产经营中,"老字号"沿袭和继承了中华民族优秀的文化传统,具有鲜明的地域文化特征和历史痕迹,具有独特的工艺和经营特色。家族传承的商业模式成为中国历史上一个显著的商业现象,尤其是创建于明清时期的中华"老字号",大多沿袭着家族式的经营模式。这种父业子承的经营模式,在"老字号"企业漫长的历史进程中,曾起到了十分重要的作用。一方面,"老字号"在创建、发展过程中形成的独特的制作工艺和"家传秘方"依靠这一封建社会特有的血缘关系得以长久留存,并被严密地保护;另一方面,大多数"老字号"企业在传承中,由于严格的家训和良好的家风,使得"老字号"产品的质量得以维持在较高的水准。正是这种家族式企业模式的维系,为"老字号"的长盛不衰提供了条件。

3. 口碑传播

大多起步于农业文明时期的"老字号"品牌,生意的兴隆与发展靠的就是人与人的口头交谈与传播,这种社会体系造就了其品牌发展基本都是依靠人际传播建立起"品牌效应"。相应的,"老字号"的兴隆与发展离不开民众对一个家族或是对这个企业产品质量的口碑评价。口碑被现代营销人士视为世界上最廉价的信息传播工具和高可信度的宣传媒介,它对于一般传播媒介来说,本身具有高说服力,因而具有高影响力。良好的口碑传播构成了"老字号"品牌顺利发展的基本途径,也是必不可少的成功因素。例如,天津的"元隆绸布庄"(创建于1896年)在这方面就颇有成效。元隆绸布庄在1896年开业后,曾经历了从亏本经营到利润滚滚的过程,而扭亏为盈的关键正是在于品牌创建者孙良轩、胡树屏在总结失败后开创的独特的营销方式——设置专门的"跑街"人员。这一转变首先打破了"老字号"传统的"坐商"理念,扩宽了市场;其次,在"跑街"的过程中,销售人员对消费者有了更加深入的了解,牢牢掌握住消费者的需求和消费心理,培育了一批固定的消费群体,极大地提高了营销效率。

4. 社会形象

在漫长的发展进程中,我国的"老字号"企业形成了独具特色的产品和服务,创造、继承、发展了优秀的民族文化,树立了良好的商业信誉和社会形象,具有丰厚的历史文化价值和经济价值,这是西方"百年企业"或其他新兴知名品牌都难以企及的品牌优势,也是"老字号"得以长寿兴旺的根本。质量与工艺的保证、对原料的独特要求和对产品质量近乎苛刻的标准都是"老字号"的产品能取得广泛认同和赞赏的基础。例如,百年老品牌"胡庆余堂"创始人胡雪岩,在创堂之初便亲笔题下店训,以告诫属下:"凡百贸易均着不得欺字,药业关系性命,尤为万不可欺。""胡庆余堂"恪守祖训,为保证药品质量,竭力做到"采办务真,修制务精",在药价上提倡"真不二价"。正是这份难能可贵的诚实守信与治病救人的仁义,使得"胡庆余堂"获得"江南药王"的美称,至今已饮誉140余年。由于历史悠久和曾经的辉煌,中华"老字号"凭借其优异的产品质量以及丰富的

历史文化内涵,积累下广泛的品牌知名度和良好的品牌美誉度,形成了独特的品牌忠诚度和深厚的市场影响力。

二、"老字号"国货品牌发展现状

我国大部分的"老字号"企业历经封建社会、半封建半殖民地社会、社会主义计划经济和改革开放,期间经历了数次社会、经济、政治的动荡和变革,历经数次的战乱磨难,一直生存、发展到今天,可谓是历经坎坷沧桑。在传演至今的"老字号"之中,最古老的已有三四百年的历史,年轻之辈发迹也逾五六十年。经营范围涉及日用品、餐饮、金融、运输、医药、手工业等各行各业,是我国经济发展最好的见证。提起"同仁堂""瑞蚨祥""全聚德"等响当当的名字,国人无不啧啧称赞、引以为傲,这些品牌有一个共同的身份——中华"老字号"。而如今,绝大多数的"老字号"并没有这些著名品牌这么幸运。

人们印象中的"老字号"不仅拥有特色的古典招牌式门头,而且店内整体感觉也独具一种怀旧与历史气息,强烈的文化感传达成为我们置身其中的共通感。"老字号品牌凝结着民族精神、历史文化和地理属性,是一个城市的文化内容和历史象征。"[1]相对于现代品牌来说,"老字号"普遍具有的明显优势体现在以下四个方面:"第一是'品牌影响大'(23.8%),第二是'传统工艺技术'(20.1%),第三是'品牌时间长'(16.1%),第四是'产品质量'(15.4%)。"[2]然而"老字号"虽然自身拥有着明显品牌优势,但在经历了数次的社会变革与历史变迁后,它同时也不断经历着时间的考验。据数据统计:"生产经营有一定规模、效益好的仅占10%,几十年来保持原状的占70%,而长期亏损,面临倒闭、破产的占20%。"[3]曾经蓬勃兴旺的"老字号"在不堪承受自身和外在压力下,面临困境或破产。当下城市化进程中,"老字号"逐渐销声匿迹的例子比比皆是。"老字号"的店面也在逐渐缩减,连锁扩张幅度缓慢,覆盖范围缩小。造成这一现象

---

① 姚圣娟. 关于振兴中华老字号的思考[J]. 华东经济管理,2008(1). 112.

② 张继焦,丁惠敏,黄忠彩. 中国"老字号"企业发展报告. NO. 1(2011)[M]. 北京:社会科学文献出版社,2011:8.

③ 张兰,黄宇虹. 中华老字号品牌的创新发展[J]. 商场现代化,2009(26).

的极大原因是"老字号"在城市改造、拆迁中往往被强制搬迁。"据南京老字号协会提供的最新统计显示,南京原有老字号商铺 72 家,目前尚能勉强经营的只有 24 家,也就是说现在 67% 的老字号都濒临灭绝。"[1]有些因拆迁造成巨大的停业损失,元气大伤;另一些随着街区改造换成了现代化门面或被并入大商场,失去了原有风貌和原汁原味的企业文化。

我国"老字号"品牌的现状并不乐观,"老字号的基础都是古都与准古都,但这些城市都处在整体性的没落之中,这似乎又是中国(乃至全世界)的一种无可奈何的大趋势"[2]。这些"老字号"品牌无论是衰落的还是依旧屹立不倒的,都存在着巨大的经济价值和文化价值。从一定的角度来说,"老字号"品牌的价值甚至等同于文物的价值。作为设计师的我们应该竭尽全力保护"老字号"品牌,防止"老字号"品牌的价值流失。现代国际品牌的成长平均只有 100 年的历程,有的甚至只有几十年,而"老字号"品牌平均都有 160 年以上的历史。经过历史长河的洗练,积累出难以估计的无形财富,"老字号"品牌本身就是巨大的无形资产。

1. "老字号"国货品牌存在问题

由于经营理念与时代发展的落差,"老字号"的品牌形象已经日益老化。根据对"老字号"品牌形象的调查可以看出,"老者的形象个性:长寿老人(迟缓、平和、保守、维持)、老道中医(积累深厚、智慧)和睿智隐者(缺乏活力、无激情)是消费者对老字号认同率最高的形象"[3]。"北京'老字号'影响力调查显示,顾客'年龄'与'购买频率'具有较强的相关关系,31 岁以上的人群是'老字号'品牌的忠诚客户,多数年轻人对'老字号'较少光顾。"[4]这种知道得多,实际使用得少的现象,反映出"老字号"的文化价值没有成功转化成现代市场价值的现实问题。"老"是一种文化,是传统,应该传承,但一味传承没有创新便成了僵化,会导致"老字号"停滞不前。以下分别从五个层面阐述了现存"老字号"品牌形象的劣

---

① 陈晓晓,蔡沛. 南京百年老字号衰落的探析[J]. 全国商情(理论研究),2012(22):24-27.
② 徐城北. 转型艰难老字号[M]. 北京:新世界出版社,2007:238.
③ 王成荣,李诚,王玉军. 老字号品牌价值[M]. 北京:中国经济出版社,2012:103.
④ 苏文,温强,王永利. 北京"老字号"品牌影响力调查报告[R]. 北京:北京市商务局,2007.

势问题。

（1）品牌形象陈旧——"无色"的品牌设计

目前,国内"老字号"企业经营达数万家,大部分企业存在着效率低下、管理困难的状况。虽然"老"赋予了"老字号"独有的历史价值和文化底蕴,但是"老"同样也包含了陈旧、过时的意味,成了束缚"老字号"品牌发展的枷锁。大部分"老字号"品牌形象的传达与识别形式是一块古代牌匾,它成了传统商业的特有符号传达形式,也是体现"老字号"品牌与其他新兴品牌差异性的一个主要方面。传统不仅规定了设计者所面临的问题,也规定了解决问题的方式和方法:"是传统导致了本土设计风格和自发设计特点的形式。"①这种统一的"老字号"品牌形象传达风格,浓缩了文化的沉淀与时间的悠久,向人们展示了长久不衰的"字号"精神。但是,陈旧的"老字号"牌匾日复一日、年复一年地悬挂在店门之上,少则数十年,多则上百年,给人的感觉自然就会枯燥乏味。这些"活文物"式的形象展现给大众的是单调的、无特征的、不利于识别和记忆的、设计符号文化严重缺失的"老字号"品牌形象。

现存的大多数"老字号"品牌形象标识仍主要以古代书法文字为信息传达,显少有辅助图形的设计或应用;在颜色搭配方面,多采用一些颜色纯度较高的鲜艳色彩,虽然具有活力,但稍显落后。古板的"老字号"招牌形象展现给民众的是无特征的经营状态,符号文化缺失的企业形象。长此以往,消费者由于审美疲劳而对品牌毫无新鲜感,产生漠视。例如,由上海冠生园生产的"大白兔奶糖"(创建于1959年)的前身源自1943年上海"爱皮西糖果厂",在20世纪六七十年代曾伴随着无数人度过美好的童年(图1-2)。在改革开放前,"大白兔奶糖"是在美国超市内仅能见到的两种中国大陆产品之一。至今,在很多人的记忆中依然还保留着大白兔奶糖的形象:乳白色的圆柱形糖身上包裹着一张红白蓝相间的纸,纸上印有一只小白兔乖乖地静卧在草丛中一动也不动。这一简约生动的形象在很长一段时期里,深受消费者的喜爱。因此,在之后长达半个世纪的

---

① 潘纳格迪斯·罗瑞德.设计作为"修补术":当设计思想遭遇人类学[M].陈红玉,译.北京:清华大学出版社,2006:76-85.

时间里,"大白兔奶糖"的包装都一直延续着这一形象。然而随着社会生产力的进步,市场上竞争者越来越多,各种色彩缤纷的包装、各种形状口味的产品充斥着消费者的眼球。相比之下,"大白兔奶糖"的形象缺乏了时代感,削弱了在终端市场上对消费者的视觉冲击力。另一方面,"大白兔奶糖"在当时物资短缺的时代背景下,凭借"七粒大白兔奶糖等于一杯牛奶"的宣传广告语被消费者视为营养食品,因而备受青睐。但随着人们物质生活的改善,这一定位逐渐失去了原有的价值。虽然"大白兔奶糖"的品质没变,但市场变了、消费者的需求变了,没有新的产品、新的形象、新的价值点,品牌就失去了对消费者的吸引力。

由于"老字号"创立年代久远,现代社会的年轻消费者对其知之甚少,有些"老字号"却依旧倚老卖老,认为自己是百年品牌、知名企业,从而忽视了对品牌视觉形象的更新或重塑,严重影响了"老字号"的发展与创新。如"老字号"瑞蚨祥(创建于 1862 年,清同治元年)和内联升(创建于 1853 年,清咸丰三年)就是典

图 1-2　大白兔奶糖 LOGO
(图片来源:http://www.gsygroup.com/)

型的例子。中国第一家高级服装定制品牌"瑞蚨祥"是国人耳熟能详的"老字号",北京城流传多年的歌谣"头顶马聚源、身穿瑞蚨祥、脚踩内联升"是对"瑞蚨祥"名满京城的生动写照(图 1-3)。据说,店名中的"蚨"是古代传说中一种形似蝉的昆虫。晋代《搜神记》卷十三记载,青蚨"生子必依草叶……取其子,母必飞回,不以远近……以母血涂钱八十一文,以子血涂钱八十一文,每市物,或先用母钱,或先用子钱,皆复飞归,轮转无已" [1] 。这里说的是钱用完了又能飞回的故事。因此当年老板取店名"瑞蚨祥"就是借"祥瑞"的吉祥之寓意。"瑞蚨祥"

007

---

① 张佳. 老字号瑞蚨祥的"蚨"之来由[EB/OL]. (2009-12-29)[2013-12-30]. http://www.chinanews.com/hwjy/news/2009/12-29/2044046.shtml.

就是以一对母子蚨图案申报注册为自己的商标,可见"瑞蚨祥"人对传统商业文化的高度肯定。店名"瑞蚨祥"中的"瑞"字,是瑞气的象征;"蚨"取其青蚨还钱的寓意;"祥"字,一方面是吉祥之意,另一方面因店东乃山东省旧军孟家,所开商店均是祥字号。总之,是瑞气吉祥、财源茂盛的意思。百余年来"瑞蚨祥"始终在丝绸业及手工缝制行业中处于

图 1-3 "瑞蚨祥"门店
(图片来源:https://ruifuxiangfs.tmall.com/)

领先地位,主要在于其有着深厚的文化底蕴、独特且颇具实力的经营管理手段,并始终贯彻"至诚至上、货真价实、言不二价、童叟无欺"的经营宗旨。但是,如今"瑞蚨祥"的衣服不论是材质还是样式,都给人一种陈旧过时的感觉。"瑞蚨祥,曾经的'八大祥'之一,现在依然在大栅栏的百年老店中经营。巴洛克式高大门脸上书'瑞蚨祥'三个大字,店里面的衣服从样式到材质都是古香古色,柜台上甚至码着一卷一卷的布料,可以按尺寸来买。整个店铺很安静,顾客不多,以中老年人为主,偶尔进来几个年轻人,也只是像看古董一样翻翻这些服装,走马观花逛上一圈。"[1]"内联升"的状况与"瑞蚨祥"相似,店内的布鞋多是老一代人喜欢的样式。最早"内联升"专做朝靴。从它的字号上也能看出端倪,"内"指大内宫廷,"联升"寓意官运亨通、平步青云。过去老北京人诵富有句口头禅:头顶马聚源,脚踩内联升,身穿八大祥,腰缠四大恒。这里说的"脚踩内联升",是说能穿上内联升做的鞋,是对身份的一种炫耀。[2]如今虽然也设计了一些新款式,但还是门庭冷落。在品牌包装方面,大多数"老字号"仍然延续"历史包装",虽然符合环保理念,但是究其品牌发展来看未免有些落入俗套,不符合消费者

---

① 邱学雷,李耀威. 老字号该勇立潮头 还是随波逐流[EB/OL]. (2010-08-06)[2014-08-08]. http://zqb.cyol.com/content/2010-08/06/content_3360801.htm.

② 内联升[EB/OL].[2015-11-02]. http://baike.haosou.com/doc/5387040-5623543.html.

审美观。总之,与国外的一些老品牌的形象传达与应用相比,它们更显墨守成规、因循守旧。

随着时代的进步与发展,一些"老字号"品牌逐渐认识到自身的品牌价值,企业的保护意识也变得越来越强烈。政府给予了"老字号"品牌相应的支持和提携,社会各界也陆续开始关注老字号品牌的发展状况。虽然"老字号"品牌得到了政府和社会各界的支持,但是其本身的发展状况依旧没有保障,许多"老字号"品牌仍然面临着倒闭的风险。

(2) 品牌保护不足——"无意"的品牌意识

在这种快速、高效、集中式的竞争中,市场需求、科技创新及消费观都随之迅速变化,本应积累了长久市场优势的传统品牌却受到严重的冲击。尤其是丝绸布帛鞋帽店、茶庄药铺店、文房古玩店等,它们虽然精致亦古典、文雅亦高尚,但是生活方式和需求的改变使得它们从曾经市场的主流退居为小众的"把玩"和"怀旧"。而进入我国传统市场的外来品牌,譬如西餐店、名表店、手包店、化妆品店、家居店等经营得风生水起,它们大张旗鼓的宣传和形态各异的形象吸引了大批追赶潮流的男女老少,这些都导致了我国传统品牌的萎缩和消弭。

多数"老字号"品牌都是在传统农业社会的环境下创立的,这造成了其品牌多是依靠口口相传建立起来的,尚未形成现代化的知识产权保护体系和保护意识,在官方和民间都没有形成一套完整的品牌保护程序。在这样的环境下,受利益的驱使,很多商户加盟到某个品牌,即店面的经营中。由于没有严格的管理体系,各家加盟店各自为政,随意地更改产品质量,包括产品的用料、加工力度等,以至于将市场扰乱,最终面临品牌被破坏、店面倒闭的尴尬局面。"老字号"在其历史发展过程中,习惯了以一己思想来决断外界市场的发展。

"老字号"的商标无疑是企业头上的一顶桂冠,它象征着企业的质量、信誉和美誉。然而这顶桂冠同时为一些投机倒把的商人制造了牟取暴利的机会。在外部环境的不断变化下,它的弊端和无意识得到了显现,再加上思想上的落后、缺乏品牌保护意识以及管制的松散等原因,导致产品仿冒,抢注商标的事件

每有发生。"老字号"的商标纠纷案件屡见不鲜,例如:"'五粮液'在韩国被抢注,'狗不理'在日本被抢注,'王致和'商标在德国被抢注。"①许许多多的老品牌相继遭遇了商标被抢注的噩运,在商标被恶意抢注后,老品牌不得不退出国外市场。例如,天津"狗不理"(创建于 1858 年,清朝咸丰年间),"凭借外形酷似菊花,味道鲜美而名声远扬,也深受当年的美国总统老布什和日本前首相田中角荣的喜爱"②。这使日本商人看到了"狗不理"潜在的商机,于是他们擅自将"狗不理"商标抢先注册在自己名下,在商标恶意抢注风波中,"狗不理"的品牌资产在海外流失惨重,令人心痛。惨痛的教训证明了"老字号"商标维权、知识产权观念的欠缺,像"狗不理"这样的知名企业,其商标价值不言而喻,商标被抢注后,企业又不得不花重金赎回自己的商标,整个过程费时费力、劳财伤神,无论在经济上还是信誉上,损失都是不可估量的。北京"王致和"(创建于 1669 年,清康熙八年)商标抢注案,经历了长达近三年的维权历程,终于在世界知识产权日前夕迎来了一个最终结果。德国慕尼黑高等法院二审裁决"王致和"商标侵权案中方胜诉,要求德国欧凯公司停止使用"王致和"商标,并撤回其在德国专利商标局注册的"王致和"商标。此案虽暂告一段落,但由此所带来的思考却远未停止。正如国家工商行政管理总局商标局局长李建昌此前所讲:"此案件应该引起我们的高度重视,知名企业、老字号要加强商标维权,加强商标的海外注册。"为了防止老品牌信誉、资产、形象等一再受损,"老字号"品牌保护变得刻不容缓。

(3)品牌传播滞后——"无声"的品牌传达

"老字号"品牌一般拥有几十或是几百年的历史,它们在传播过程中都遵循着属于自身的品牌个性和文化特征,其传播途径也基本上固定在人际传播方面,即依靠人际口碑的形式。然而,这种依靠口口相传逐渐建立起来的"品牌效应"已经严重落后于时代。当今,在快速消费文化背景下,"老字号"的传播还停留在以前,对象不明确、宣传方式落后单一、宣传力度低等构成了品牌能否继续

---

① 佚名. 撑起保护伞[J]. 新潮电子,2004(10):1.
② 张中孚. 基业之所以常青:世界老字号的不朽传奇[M]. 北京:凤凰出版社,2010:127.

生存的主要问题。这将使"老字号"面临的不只是没有声誉和口碑,甚至可能是倒闭或者消逝。在当今繁杂信息充斥的时代,"老字号"企业无论是在传播方式和力度上,还是在传播的策略上与现代知名品牌相差甚远。由于无法适应新的传播技术和环境,"老字号"品牌不断在接触消费者的过程中陷入被动。"老字号"在市场上之所以不景气,原因之一就是其宣传力度不够,"老字号"总是自恃清高,认为自身知名度高,忽视了广告宣传的重要性,殊不知在信息迅猛发展的时代,对广告重视度不足将会造成顾客群体的转移甚至消失。再加上新品牌的来势汹涌,导致部分"老字号"企业竞争优势不再。从"老字号"目前的境况来看,如果依旧靠口口相传来提高知名度,不但会失去年轻的消费群体,还将失去自己现有的市场份额。如今,仅靠高品质的产品并不一定能保证销量。正如"有人说如果国外老品牌可口可乐一天不做广告,其销售量将下降10%,品牌如果不能保持持续的传播,消费者就会忘记您,一些消费者希望自己去'发现'一个品牌的热情"[①]。"老字号"品牌往往一蹴而就,不仅忽视对品牌的持续媒介宣传,而且也面临着消费者品牌情感的更迭,从而导致"老字号"品牌消费群体的大量转移或者消失。现存"老字号"品牌仍抱着"坐守观望"的态度和思想,不去主动与消费者进行积极的品牌互动,更不用说让顾客在购买过程中感受到"老字号"品牌的历史所带来的文化情感性。同其他国外品牌相比,与生俱来的品牌情感优势正随着时间的流逝而在逐渐减淡,这也是为什么"老字号"在不断失去自己的消费群体和市场。

随着数字艺术的发展,企业形象的传播形式发生了很大变化。例如,影视、戏剧、图书等,广大受众通过各载体的多次传播获得品牌讯息。在新媒体时代,消费者的选择多依赖于电视、报纸、杂志等媒体。从知名品牌的发展来看,在电视剧中植入广告已成为打造品牌的必经之路。例如"飘柔"洗发水在电视剧上首开先河,通过量身定做的电视剧《丝丝心动》成为人们关注的焦点。该剧以爱情为主线,围绕着女主角一头乌黑亮丽的长发,"悄无声息"地引入"飘柔"洗发水,成为电视剧植入广告的成功范本。再如"全聚德"投资五百万元拍摄《天下

① 马修·赫利. 什么是品牌设计[M]. 北京:中国青年出版社,2009:34.

第一楼》,以电视剧的形式为"老字号"提升人气,效果十分显著,自电视剧播出以后,销售额迅速增加,客流量也提升很快,取得了出乎意料的业绩。有业内人士直言,"老字号"不能一直扛着"倚老卖老"的招牌,必须积极更新发展模式和理念,这样才能在延续传统优势的基础上打赢"商业战"。"老字号"品牌如果一味沉迷于"老牌子"思维模式,按部就班地经营与运作,不以市场变化实施相应的策略,难免要在时代发展中陷入艰难境地。品牌的塑造是一个有机的、统一的整体,对于品牌视觉形象的推广也是必不可少的一部分,是连接企业与消费者的通道。不管是通过听觉媒体、视觉媒体还是视听媒体,各种品牌每天都以不同的形式呈现在消费者面前,让消费者在众多产品中加以选择。作为我国的"老字号"品牌,也需要媒体的不断宣传,来增加在消费者心目中的印象。因此,老品牌不应该封闭起来与大众隔离,要利用各种媒体对品牌本身进行不断的全方位的宣传。为了凸显"老字号"品牌的特殊性,在做品牌推广时,要积极适应时代的审美要求。

(4)品牌运作缺乏——"无力"的品牌效果

"老字号"品牌拥有悠久的传统与独特的品牌文化,这是老品牌所特有的优势,但也正是这种优势在一定程度上阻碍了"老字号"品牌的创新精神与开放意识。经营方式的落后、产品和服务结构的陈旧,再加上各种原因的制约,使老品牌运作陷入了危机。"老字号"企业发展在日益激烈的市场环境中,由于经营理念落后、思维模式禁锢、制度不完善、体制保守等原因,导致品牌核心竞争日益衰弱,品牌附加值老化,品牌资产流失问题日益严重。例如,南京"金陵折扇"在品牌宣传和维护上日益跟不上形势,现存的金陵王记扇庄是仅有的折扇制作作坊,它没有专门的品牌网站进行宣传,淘宝店铺也只有一个,而在南京夫子庙附近的实体店铺也仅有相应的字画店铺才出售折扇,且质量大都不佳,类型混杂,档次较低,其影响力和宣传途径都很有限。面对着不断更新换代的消费者的审美需求,再加上长期忽视对"金陵折扇"的持续宣传,传统经营变得不知所措,导致"金陵折扇"逐渐淡出生活,失去市场,大量消费群体转移,面临生存困境。"金陵折扇"面对新的市场竞争,产品缺乏创新意识,导致新产品开发速度过慢,出现难以跟上市场步伐的尴尬局面。如秉承创新精神,加上有力的品牌运作模式,"老字号"完全可以制造出更多符合现代消费者需要的生活产品,而不是原地踏步。

美国《商业周刊》每年都会评选"全球最有价值的 100 个品牌",但中国品牌的身影从未在这里出现过。虽然很多外国人都发现难以离开"中国制造",但他们也明白"绝大多数'中国制造'并非中国名牌"。"制造大国、品牌小国",这就是中国品牌格局的现状。"老字号"国货品牌在国人眼中一度成为过时、老气、廉价的代名词,然而在国外,却有不少国货品牌备受追捧,甚至有些品牌在国外的受欢迎程度超过了那些所谓的国际大牌。一些"老字号"国货品牌在寻求产品差异化竞争的同时,选择走出国门以突破重围。

(5)品牌文化缺失——"无味"的品牌感知

"老字号"是在传统社会经济发展中的特定文化、特定时期背景下形成的产物。"所有的人类行为是在一个文化关系中形成。"[1]"老字号"所承载的独到技艺形态、丰富的历史和文化内涵以及蕴含的大量字号传说故事,都曾经让品牌的形象为人敬仰。"感知"是一种无形处理过程,它帮助消费者在潜意识中形成品牌印象。这个过程中不仅包含了心理、情绪、经验和记忆,而且也涵盖了会引起消费者兴奋的所有因素。设计将情感融进品牌理念,为品牌的发展战略提供燃料,成为品牌不断发展的源泉与动力。全方位地提升品牌设计感,有利于帮助"老字号"品牌建立一个长久而稳固的情感沟通平台,借此传达品牌个性与文化。

根据马克思的劳动价值论,品牌价值的源泉只可能有一个,那就是人类的劳动。通过劳动,人类长期创造形成了文化。文化是一种社会历史的积淀物,凝结了国家或民族的历史地理、风土人情、传统习俗、生活方式、文学艺术、行为规范、思维方式、价值观念等。现存许多"老字号"品牌抱着"坐守观望"的态度和思想,不去主动与消费者进行积极的品牌互动,更不用说让顾客在购买过程中感受到"老字号"品牌的历史所带来的文化情感性。这种与其他国外品牌相比,与生俱来的品牌情感优势正随着时间的流逝而在逐渐减淡,这也是为什么

---

① 迪人.世界是设计的[M].北京:中国青年出版社,2009:55.

"老字号"在不断失去自己的消费群体和市场。毋庸置疑,"老字号"拥有独一无二的文化印记——字号匾额、文化精髓——历史积淀以及文化情感——民族情怀,同时它还有着高科技无法创造的独特劳动体——手艺人。这在品牌形象的体现中本应加以提炼,清晰表达"老字号"所具有的内在价值。黑底金字的牌匾虽是"老字号"的特色(图 1-4、图 1-5),但在品牌的整体性形象中并没有被重视,有的甚至不遵循传统阅读顺序,这是对中国传统文化的忽视和对自身品牌价值的贬低(图 1-6)。长久的传统经营模式下,许多"老字号"会选择"固守自

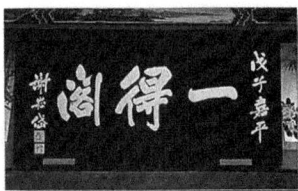

图 1-4 "一得阁"匾额
(图片来源:作者自摄)

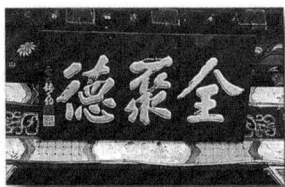

图 1-5 "全聚德"匾额
(图片来源:作者自摄)

封",为保其"原汁原味"的品牌特色,拒绝现代文化的融入,尤其是流行时尚的元素;也有的"不知深浅",为挽救经济上的亏损"投机取巧",随意效仿其他品牌的形象设计。这种要么拒绝品牌更新、要么抛弃品牌精神的偏激行为使"老字号"的发展前景一片混沌,掩盖

图 1-6 "内联升"匾额
(图片来源:作者自摄)

了品牌的真实价值,难以亲和消费者的情感需求,更难以接触当地民风民俗的微妙变化。而传承独门技艺的手艺人,正面临无人尊崇、无人可授,甚至无法维持生计的困难。"老字号"文化价值体系却在不断的丢失与自我破坏。

2. "老字号"国货的品牌发展状况

文化的兴替和制度的变革对民族工商业的影响不言而喻,加之古代中国生产力水平低下、思想保守封建、区域间往来难度大等主客观因素决定了这些古老的"字号"难以永久存续、发展壮大。因此,保留至今的"老字号"多起源于明末清初以后。古代"老字号"的经营模式多以家族经营为主,经营区域范围较

小。清末民初,受西方开化思想和先进科学的影响,部分中国资产阶级扬起"实业救国"的旗帜,使部分"老字号"扩大经营,一大波新的民族品牌也在这时发展起来。中华人民共和国成立之后,几经战火洗礼顽强留存下来的"老字号"们经历了所有制形式、企业性质、管理方式上的根本性变革。如今,中华"老字号"又面临着新一轮的机遇和挑战,如何让几经沉浮的"老字号"续写传奇,成为今天的新课题。

随着消费与市场环境的不断变化,"老字号"企业发展在日益激烈的竞争中,由于经营理念落后、思维模式禁锢、制度不完善、体制保守等原因,导致品牌核心竞争日益衰弱、品牌附加值老化、品牌资产流失问题日益严重。使人们对"老字号"品牌企业或商品印象都发生了变化。如果不能紧跟时代潮流,及时为"老字号"品牌注入新的活力,那么老品牌不能满足现代多样化消费特征需求的问题就会愈加明显。美国营销专家菲利普·科特勒曾说:品牌是一个名称、称谓、符号或是设计,又或者是上述的总和,目的是为了使自身产品或服务与竞争者有所区别。① 品牌必须拥有自己文化的特色,使之区别于其他现存产品。"只有通过改变,一个品牌才能保持自己在消费者心目中永恒不变的地位并与消费者自身的改变保持一致。"②"老字号"经历了时间的考验、社会的变迁和文化的转型,处在新的矛盾中,在更新的文化环境中随波逐流。曾经蓬勃兴旺的"老字号",如今已是硕果仅存,这样的境况更让人们觉得弥足珍贵。如何才能更好地守护这份历史遗留的瑰宝,让举步维艰的"老字号"企业摆脱困境,是应该审视的问题。

"老字号"品牌必须在进一步了解自身悠久历史与文化特征的情况下,努力消除品牌理念缺失的状况,深度挖掘"老字号"品牌的文化底蕴,通过将品牌理念与历史文化相结合,不断为"老字号"品牌寻找正确的时代定位。通过文化理念来提升老企业品牌,提升品牌识别力,提高产品的知名度。同时,结合必要的品牌延伸,来实现"老字号"品牌的复兴。

---

① 生奇志.品牌学[M].北京:清华大学出版社,2011:4.
② 马修·赫利.什么是品牌设计[M].北京:中国青年出版社,2009:18.

三、"老字号"品牌创新刻不容缓

"老字号"作为一个城市的代表性品牌,衔接着城市文化的过去与未来,凝聚了几代人的劳动智慧和奋斗历程。随着城市的变迁、时代的发展,市场竞争愈演愈烈,有的如北京"同仁堂"、上海"恒源祥"、杭州"楼外楼"等经受住了市场的考验,它们承前启后、涅槃而生,逐步实现了向符合现代社会的品牌转换。而大多数的"老字号"国货品牌,没能经受住国内、外各种层次品牌竞争的冲击,呈现出"一片倒"的趋势。如今市场经济复苏和经营范围的扩大,对于"老字号"的发展是一个难得的机遇,也是一个严格的考验。虽然部分"老字号"恢复了以往的风光,但新的问题也随之出现。"老字号"耀眼的"金字招牌"引来不少人的垂涎,由于目前生产水平的整体提升,使得造假的门槛越来越低,大量的假冒伪劣产品充斥着市场,侵犯着"老字号"的合法利益。例如,拥有近 90 年历史的"恒源祥",作为一个几代消费者都钟爱的知名品牌,多年来一直备受假冒伪劣的困扰。据报道仅 2012年,恒源祥集团就打击制假售假案件 66 起。改革开放后,中华"老字号"的威胁不仅来自国内市场,面对日渐打开的国门,汹涌而入的国外知名品牌更使得"老字号"腹背受敌,难以招架。时至今日,"老字号"发展的市场环境已是青黄不接,品牌资产的严重老化与流失更加证实了企业衰落的事实。

现代全球市场竞争,是品牌与品牌的较量与交锋,而品牌的较量首先就要进行品牌形象设计。当国家形象成为中国崛起的焦点话题时,品牌的意义就显得格外突出。当我们梳理那些成功复苏的"老字号"品牌时,就会发现他们的成功都毫无意外地存在着一个共同的因素——创新。这些"老字号"品牌在顺应市场、积极改变,不只是复古,不只打感情营销牌,它们已经意识到打造持久的品牌影响力需要依靠时尚与创新,所以近年来才有不少"老字号"品牌变成潮品牌。

1. 增加产品附加价值

"老字号"历经百年沧桑,沉淀着文化底蕴,其附加的文化价值是一般品牌所无法比拟的。"老字号"的产品不仅仅具备一般商品的使用价值,更蕴含着极大的收藏价值。"由于产品创造并满足了客户更高层次的需求而使企业获得的超额回报。消费者为得到产品或服务而付出的价钱与企业为产品付出的成本之间的差值就是附加值,差值越大,企业获得的附加值越高。"[①]每一个"老字号"品牌都独具一个或多个自主开发的传统工艺,这种工艺包含着精益求精、开拓创新的品牌核心价值。由于历史的悠久和曾经的辉煌,"老字号"品牌凭借着优异的质量和丰富的历史文化内涵积累下了广泛的品牌知名度和良好的品牌美誉度,这增加"老字号"品牌产品的附加值,从而形成独特的品牌影响力和深厚的市场影响力。

2. 弘扬民族文化

"老字号"国货品牌内涵的表达并不是对传统中国文化的肤浅理解,并非"形"的简单套用和照搬,而是要将传统中国文化的精髓即"神"融入进去。"老字号"是中华民族漫长的历史文化积淀的产物,具有物化和文化的双重价值。一个企业能够在数十年甚至数百年之后存活而成为"老字号"企业,必定有它的特别之处。一般而言,历史越久远的"老字号"品牌,所沉淀的文化价值与社会价值越大。因为它们承载的是一段历史,记录的是一段生活方式的变迁。之所以多数"老字号"历经坎坷能够存活下来,它一定是在某些方面顺应了历史的潮流,凝练出适者生存之道与较为先进的经营理念和管理方式,并对社会进步、消费文明提升产生过积极的影响,这种价值会越积越厚。同理,悠久的品牌本身就是一种文化现象,生产者与消费者共同造就了品牌,而品牌一旦形成,就被看作某种文化的象征,如民族风格、传统习俗、消费方式、流行时尚以及传统技术和技艺、建筑遗存与文物等。

对于"老字号"品牌的保护与传承是十分必要的,"中国拥有恢宏的历史,若我们曾经拥有的历史品牌无法流传后世,中国未来再不见'上海表',再不见'荣宝斋',只有'星巴克''麦当劳',则一国之文化遗产将荡然无存,这是我们不愿见到的"[②]。"老字号"品牌是我国商业文化的精髓,是不可再生的民族财富,它承担着传承与传播中国历史文化、提升国家与地方形象的重任,保护和弘扬祖

---

① 产品附加价值[EB/OL].[2017-05-02]. http://baike. so. com/doc/2286885-2419230. html.
② 李永铨,等.消费森林×品牌再生[M].北京:生活·读书·新知三联书店,2012:115.

国文化传统是我们应尽的责任。

3. 振兴民族品牌

"老字号"的传统经营模式是家族式世代相传,固守传统,步步为营,稳扎稳打。这固然有其优势,但在当前信息化、全球化的时代,一招鲜已不能适应时代的发展,应该紧跟时代步伐、不断创新、开拓进取。充分利用现代网络信息高速路,敢于走出国门,利用连锁经营模式,做大做强"老字号"。在改革开放的初期,外资企业大量进入中国,一些本土企业尚处于追求产量、缺乏现代品牌意识观念的阶段,很多民族品牌被国外品牌兼并、蚕食,在市场竞争中逐渐没落、消失。在实现"中国制造"向"中国创造"转变的道路中,"老字号"品牌在风格迥异的设计潮流中"翻滚",品牌创新不足、品牌识别模糊等问题给生存带来了巨大的危机,对其品牌形象的革新已迫在眉睫。虽然许多"老字号"也开始效仿、改革,试图完善品牌的视觉形象系统,却不乏盲目模仿国内外其他优秀品牌形象设计模式之嫌。这种做法在短期内也许会对品牌效益有所改观,但只是延缓了其衰微的命运,无法从根本上改变"老字号"的颓势。只有厘清"老字号"的文化脉络,分析它存在的问题和面临的形势,才能去除杂质、攫取精华,创新出强有力的可持续发展的"老字号"品牌形象。

世界经济正在向中国聚焦,为使中国品牌能够立足于市场,发掘、创新"老字号"品牌已是刻不容缓。因此需要思考中华民族深厚的文化渊源与商业文化之间的关系,研究这其中的关联,有助于重塑品牌形象、提升品牌价值。有关"老字号"国货品牌形象重塑的议题已引起非常多的讨论,尤其在全球化的浪潮下,企业面临强大的竞争压力。在洋品牌的"围剿"之下,"老字号"国货品牌处于"危""机"并存的状态,非常有必要为"老字号"品牌形象的复苏提出有效的、建设性的意见,并归纳出创新性的策略模式,以期使"老字号"国货品牌具有创新性的品牌意象。

四、"老字号"应积极进行品牌升级

"从'回力'球鞋变身欧美潮牌,到'国民床单'意外走红网络,随着'国民怀旧'情绪日渐浓郁,越来越多的年轻女性抛开欧美、日韩新潮护肤化妆品,将'老字号'国货品牌护肤产品搬上了梳妆台"①。在"中华老字号"日渐回归之时,承载着国民记忆的"老字号"国货品牌企业在坚持"物美价廉"的同时,应积极进行品牌升级,与现代消费者的需求产生共鸣,才能长期立于不败之地。如今,在淘宝网上搜寻"国货",相关的店铺有近万家,相关的商品多达十几万件,买家评价国货时最常用的词句是"物美价廉、一如既往的好"。片仔癀珍珠膏、"万紫千红"润肤脂、"咏梅"润肤露、宫灯杏仁蜜、友谊雪花膏、皇后牌珍珠玉脂霜、手牌蛤蜊油等"老字号"产品都能在各家网店里寻到踪迹。一次次的怀旧思潮,暗示了人们对"老字号"品质的信赖,因而"老字号"国货品牌应该把握时机、引导需求,积极进行品牌形象升级,才能将"怀旧现象"变为"品牌重生"的契机。

1. 提升"老字号"品牌档次

细分市场消费者需求是不断变化的,因此,"老字号"也需要对消费者进行研究,并针对自己产品的档次定位进行准确的市场细分。"老字号"国货品牌形象设计是为了求新,而不是为了求"老",只有创新才能有发展。品牌形象更新是根据消费者对品牌的反映而对品牌进行的阶段性调整,优秀的品牌形象设计创新与适时的品牌更新是保持品牌活力的原因之一。创新模式不是单一因素的变化,还需要企业有较大的战略调整,是一种集成创新。

无论历史多久远的"老字号"品牌,都需要从消费者开始,以市场为目标,结合自身的发展,不断揣摩,寻找优势和突破点确定品牌的价值,以此作为品牌核心竞争力的出发点来抓住市场机遇。在消费者产生某种需求时,主动地给他们选择该品牌的理由,摈弃"老字号"品牌"倚老"的通病。通过品牌形象的再设计,精确表达出品牌内涵和价值,打造更有感染力的视觉符号,从而强化和提升"老字号"品牌的档次,推动"老字号"企业的变革和产品市场格局的确立。

2. 重塑"老字号"品牌理念

"老字号"本身的文化沉淀就是企业最大的财富,其品牌有着丰厚的品牌资产,以悠久的历史和深厚的文化底蕴作为支撑,以固定的消费群体作为品牌生

---

① 老品牌国货网上走俏 店主开店卖回忆[EB/OL]. [2014-11-01]. http://finance.sina.com.cn/china/20121210/100713951542.shtml.

存的保障。但是当代社会市场经济变幻莫测,诸多因素的影响,可能给"老字号"品牌的生存带来危机。一方面,"老字号"品牌的经营模式、产品创新以及品牌定位一直停滞不前,当面临众多新品牌的冲击时,品牌知名度下降,这个原因成为诱发"老字号"品牌重塑的外在动因;另一方面,在社会环境的影响下,消费群体更新换代,原有客户流失,新增客户具有不确定性,消费者需求发生改变,这些都成为"老字号"品牌重塑的内在动因。

　　一些"老字号"品牌和成功的品牌还有很大差距,其中一个主要表现就在品牌理念上。对"老字号"品牌重新定位,并不是把原有的东西全部抛弃,而是适时升级。品牌形象是身份的辨别符号和象征,它让我们能够准确地表现出自己的身份和特点。例如,凉茶品牌"王老吉"创立于清朝道光年间,距今已有 190 年的历史。"王老吉"在品牌经营过程中正是运用创新与怀旧并举的策略促进品牌资产的提升,其品牌重新定位于"预防上火的饮料",将"王老吉"与其他类型饮料区分开来;同时还挖掘了品牌资产中独特的品牌故事,以创始人的个人传奇成为消费者对品牌的认知和记忆,并用消费者喜闻乐见的形式将品牌形象根植于消费者的心中。我们一直在寻找那种知道我们想要什么的品牌,也一直在考虑把自己与那些具有超凡魅力的品牌个性联结起来的方式。我们有时渴望用品牌来表达我们是谁或者说我们想成为别人眼中的什么,但最重要的是我们想让品牌能够理解我们的心灵。品牌形象设计创新超越了传统意义的"产品"层次,通过全方位的手段,特别是高度统一的品牌形象设计来打造品牌。可以说,在许多产品的销售过程中,起决定性作用的不是商品本身,而是一个产品独特鲜明的品牌形象设计。"老字号"品牌需要在品牌形象和品牌文化内涵方面下功夫,重视品牌价值重塑和提升。因此,调查研究"老字号"的品牌价值,找出品牌形象的不足之处,积极进行"老字号"品牌形象的重塑,刻不容缓。

　　3. 发挥"老字号"无形资产

　　品牌是企业内涵和外在的象征,是企业的一种无形资产。"品牌是给拥有者带来溢价、产生增值的一种无形的资产,它的载体是用以和其他竞争者的产品或劳务相区分的名称、术语、象征、记号或者设计及其组合,增值的源泉来自消费者心智中形成的关于其载体的印象"①。品牌包括产品名称、符号象征、企业文化、品牌声誉等方面,能将企业与其他品牌区别开来。如果从品牌对消费者的意义出发,它可以被理解为产品的本质、内涵和方向,是跨时间、空间的一种产品形象,是一个包含了产品、消费者与企业三者关系的复杂符号,既有有形的品牌标识,又有无形的品牌认知,是一种基于被消费者和市场认可而形成的无形资产。美国达特茅斯大学塔克商学院营销学教授科勒(Kevin Lane Keller)于 1998 年提出基于消费者的品牌资产价值概念(Customer-based Brand Equity),认为品牌是一种无形资产,可以延伸和扩张,可以被评估和转让。这成为目前国际营销学界普遍接受的主流品牌资产管理理论。

"老字号"的品牌本身就是一笔巨大的无形资产,因此其优势要予以充分地发挥。首先要强化商标注册意识,重视无形资产的评估,使金字招牌取得应用的量化价值。可将"老字号"的冠名权进行公开拍卖转让或有偿有期使用,或以字号的无形资产进行投资嫁接,使"老字号"焕发新的生机。对于有些"老字号"能长寿的秘诀,有人认为是"老字号"拥有可以立足于世的传世技艺、产品或服务;有人认为"老字号"在长久的经营中形成了具有良好信誉和相当价值的品牌;也有人认为"老字号"具有鲜明而深厚的民族文化底蕴……从品牌形象的层面分析,"老字号"的历史文化价值、符号标志、民俗情怀是它保持生命力的主要优势。"人们不仅关心产品本身的特点,而且越来越注重产品提供者的情况,优秀的企业形象为产品销售提供了保障。"②一个具有良好品牌形象的产品,能提高企业的知名度和美誉度,从而促进企业形象确立;企业有了良好的形象,也会为品牌形象的塑造创造条件。当企业广受好评,消费者更愿意接受其名下的产品,好的品牌印象也更容易在消费者心目中确立。

"老字号"国货品牌形象设计创新不仅要成为时尚风向,而且要努力成为国际知名品牌。怀旧热潮将重新唤起中国民众对"老国货"的向往。但面对越来越追求品质的消费者,"老字号"品牌要想占领市场重整雄风,则需要多创新,多

---

① 品牌[EB/OL][2014-11-10]. http://baike. so. com/doc/4517703-4727641. html.
② 杰弗里·兰德尔. 品牌营销[M]. 张相文,吴英娜,译. 上海:上海远东出版社,1998.

研究消费者的需求,发挥"老字号"无形资产的特性,恰当地融入时尚和潮流的元素,真正让"老字号"国货品牌成为国际知名品牌。

4. 保持"老字号"品牌年轻化

"老字号"应在不断放大自身文化含量的同时,在技术国际化、资本国际化、资源国际化、市场国际化、人才国际化、管理国际化和品牌年轻化上下功夫,使"老字号"品牌既是符合国际通用标准的标准化产品和服务,又不失中国文化特色。"老字号"在向现代品牌转换中,其核心价值也要与时俱进,在传承的基础上实现创新,体现时代精神。随着消费者对"老字号"品牌认知的深入化和对精神层面要求的精细化,保持品牌年轻与不断创新将成为"老字号"品牌与消费者情感联结的不竭生命力源泉。这种对时间与理念的品牌突破,将是"老字号"进一步对个性化、多样化、现代化的经营与发展探索。当然,强调"老字号"年轻化,并不是完全丢掉传统。在"老字号"年轻化过程中,坚守的是品牌的文化内涵,改变的是品牌经营思想、经营方式和经营的视觉环境。

"老字号"品牌体制转换困难,为"老字号"品牌服务的许多老员工年龄偏大、观念陈旧、市场竞争意识不够,不能够与时俱进,在一定程度上造成了"老字号"品牌的活力丧失。不断保持品牌年轻活力与创新,尊重消费者的需求和欲望、延伸品牌视野、扩大品牌发展,将是品牌和消费者之间持久保持联结的最好方式。对于创建于国外的老品牌"雀巢咖啡",没有人在意它的品牌已有一百多年的时间。针对国内的"老字号"品牌,企业应该忘掉自己的品牌年龄,以创新的思维与经营,时刻保持年轻的心态,这是向现代品牌转换的关键。要积极推广"老字号"年轻化工程,达到"老字号"理念年轻化、体制年轻化、经营方式和服务方式年轻化。当有一天"老字号"真正忘掉了自己的年龄,赢得更多年龄层次的顾客,"老字号"在现代品牌道路上才能有新的生命。品牌越悠久,文化底蕴越深,而形象就应该越鲜明。如创建于1919年的"蝴蝶"缝纫机,它作为一个时代的缩影,在商品短缺的年代,曾是类属"三大件"之一的奢侈品。但是,随着物质生活的日益丰富,它逐渐从人们的生活视线中淡出。上海缝纫机厂之后对"蝴蝶"牌进行重新定位,将缝缝补补的缝纫机变成创意工具,这样的思路转变使这个濒临消失的"老字号"品牌重新焕发出活力。"从2010年开始,他们就开始教人们'玩'缝纫机,通过在社区、街道、学校等地方培训人们对蝴蝶牌缝纫机的'新体验用法'。"①同时,他们"老店新开",既出售缝纫机,也提供免费的现场体验学习。这种"体验店"开出后,引来了一大批"蝴蝶"粉丝,缝纫机销量也迅速上升。由此可见,这种转换思路的创新渠道成为传统品牌与现代消费者的有力情感联结点。"老字号"品牌不断保持年轻的样式宣传传播,不仅可以帮助消费者真实感受"老字号"品牌商品及其制作工艺流程,而且也能让消费者重新认识和再定义"老字号"品牌形象。这种以"创新"和"年轻"为中心的品牌体验将是持续传承老品牌精神的情感忠诚点,也是推动消费者思维认识的强大内在力量。"老字号"要突破手工作坊式的小生产规模,转换思维模式,创新经营理念与方式,不断保持年轻化心态。

商务部在2006年发布了《商务部关于实施"振兴老字号工程"的通知》(商改发〔2006〕171号),又在2011年下发了《商务部关于进一步做好中华老字号保护与促进工作的通知》(商贸发〔2011〕22号),并于2014年10月启用"中华老字号网"。这些措施既能帮助政府掌握"老字号"企业发展动态,又有利于社会各界更加深入准确地了解老字号、体验老字号、监督老字号。中国商业联合会也多次举行"中华老字号工作会议",以促进"老字号"企业的健康发展。中商联主任安惠民认为现阶段"老字号"总体发展趋势良好,"可以从以下三点看:其一,近些年来,政府的重视、社会的关注、媒体的宣传和老字号自身的努力,体制、机制在不断变化,活力在不断增强,使我们看到了老字号发展的信心和前途。其二,在市场经济发展过程中,市场秩序和商品安全出现了问题,社会渴望诚信,人们把诚信的希望目光投向了老字号,在一定意义上讲,老字号成为了诚信的象征,市场上印有老字号标签的商品,大家买得放心。这是市场的需要,是消费者的信任,也是老字号的活力和魅力所在,我们要十分珍惜这一点。其三,近些年,已经有一大批老字号在一个比较好的环境下,经营规模扩大、社会经济效

---

① 上海老品牌 转出新光景. 人民网[EB/OL]. [2014-08-20]. http://sh.people.com.cn/n/2014/0703/c134768-21565796.html.

益提高,成绩显著"①。面对这些国内环境的利好因素,"老字号"企业不仅应当稳抓机遇,还应放眼世界,认清国际经济发展形势,用更加先进的、全球化的思维和眼光统筹品牌资源,实现品牌创新发展。

小结

"老字号"品牌经历了百年的历史变化,有人认为"老字号"已经是"老态龙钟",跟不上时代脚步;当然也有人说,"老字号"是"老当益壮",底蕴深厚,有着远大的前程。人们的目光过多地集中在"老"这个字上,忽略了"老字号"求"新"的需求。广告大师大卫·奥格威(David Ogilvy)说过:"最终决定品牌市场地位的是品牌本身的性格,而不是产品之间微不足道的差异。"再醇香的酒,也只是酒本身,酒瓶、包装、营销方式等都是随着时代发展在不断地更新。"老字号"在漫长的时代历史发展过程中,形成了独特的习惯性理念和模式,虽然与现代品牌相比有着自己的特色与优势,但是日趋守旧的品牌形象已经越发显得与时代需求格格不入。而此时的"老字号"国货品牌形象最需要的就是创新,来体现品牌的个性。

① 安惠民.中华老字号发展现状及趋势[EB/OL][2012-08-16]. http://www.cgcc.org.cn/news.php? id=99673.

第二章
"老字号"国货品牌形象设计内涵

　　"字号"是中国特有的词汇,通常指商铺的名称。在古代,"字号"往往标示于招牌、招幌之上,也有精明的商家在自家的产品或包装之上标注自家"字号",起到宣传和防伪的作用。北宋张择端作《清明上河图》,不仅记录了北宋汴京的风土民情,更是对汴京经济状况的生动写照:标着商家"字号"的招牌、招幌遍布街头巷尾,大大小小的商铺中顾客络绎不绝。可见在北宋时期,百姓生活的富足为"字号"经济的发展提供了丰沃的土壤。清末《老残游记》第三回中也写道:"即到院前大街上找了一家汇票庄,叫个日升昌字号……"可见,在古人眼中,"字号"已经是选择商品的重要衡量尺度了。如今,外来词汇"品牌(Brand)"一词逐渐代替了"字号"的说法,新兴品牌的名称不再使用"字号"这一称谓,这可谓一种遗憾。所幸的是,人们依然把传承着古老品牌名称和传统技艺的那些老品牌称为"老字号",以承袭中国传统的"字号"文化。

一、"老字号"的概念

　　据文献资料记载,出现在西周时期的"字号",最初是对人的称谓方式,之后随着商业经济的出现,"字号"的使用逐步延伸到了经营者的商业活动中,日渐

成为商家必不可少的标识和名号。"字号"的定义为："商店的名称或招牌。"①宋魏泰《东轩笔录》卷八："京师置杂物务,买内所须之物。而内东门复有字号,径下诸行市物,以供禁中。"②这是历史上首次将"字号"一说延伸至商业。老舍的长篇小说《赵子曰》第一章："钟鼓楼后面有好几家公寓,其中一家,字号是天台。"③郭澄清的《大刀记》第十五章："他抖起来了,如今字号不叫'福聚小店'了,叫'福聚旅馆'。"④若追溯字号的源头,中国作家协会会员、北京大学兼职教授徐城北先生在他的《花雨纷披老字号》⑤和《转型艰难老字号》两本著作中都提到,"老字号"的雏形最早可追溯至北宋时期。描绘北宋都城东京开封府城市汉族风俗人情的著作——《东京梦华录》便证实了这一点,其记载了当时汴梁的许多商家都以"姓氏＋商品"的形式命名自己的铺子,如"梁家珠子铺""鹿家包子铺",更有甚者在店铺门面装饰上布置四时花卉、悬挂名人字画。在随后近千年的历史中,"老字号"都以此类装饰为模板发展其店铺形象,如我们所熟知的苏州"得月楼"(创建于明嘉靖年间,距今已有 400 多年历史)(图 2-1)。徐城北先生在《转型艰难老字号》中认为,"老字号"是指"延续到上世纪四十年代那种还没有经过现代化改造的原生态的样本,而不是后来经过公私合营、改革所有制及生产方式之后的新型老字号"⑥,这是对于"字号"文化的一种反思与保护意识,将"老字号"根植于城市生态的文化特点进行梳理与再分析,得出"老字号"

图 2-1 苏州"得月楼"
(图片来源:作者自摄)

① 中国社会科学院语言研究所词典编辑室. 现代汉语词典[C]. 6 版. 北京:商务印书馆,2012:1730.
② 老字号的背影[EB/OL]. [2013-04-30]. http://blog.sina.com.cn/s/blog_4423cedf0102e7ib.html.
③ 老舍. 赵子曰[M]. 上海:文汇出版社,2008.
④ 郭澄清. 大刀记[M]. 哈尔滨:黑龙江美术出版社,2013.
⑤ 徐城北. 花雨纷披老字号[M]. 北京:中国社会科学出版社,2003.
⑥ 徐城北. 转型艰难老字号[M]. 北京:新世界出版社,2007:254.

"新字号""后字号"的发展结论,并用发展的眼光审视"字号"文化整体,让我们重新认识"老字号"从萌生到目前的举步维艰。

图 2-2　法国"娇兰"香水
（图片来源:https://www.guerlain.com.cn/）

图 2-3　北京"同仁堂"
（图片来源:作者自摄）

西方并没有"老字号"品牌的定义,但也谈"本土品牌""传统品牌"与"老品牌",在设计理念上谈复古、仿古。西方"老品牌"注重一切从市场出发,从消费者出发,消费者要什么,企业就生产什么,目的就是满足消费需求。按照这种理念,过去西方的一些"老品牌"逐渐进化成了现今先进的奢侈品牌。如法国"娇兰(Guerlain)"①香水(图 2-2),至今已有 190 年的历史,但它风韵长存,百年来一直是香水中的佼佼者,已成为欧洲王室、贵族的首选,堪称时尚潮流的先驱者。

从起源的时间看,"老字号"大都兴起于农业社会时期,所以大部分经营内容均与老百姓的衣、食、住、行息息相关。"老字号"作为一种传统文化的商业符号象征,在深厚的中国文化土壤中生根发芽,它的发展不仅凝聚了几代民族企业家的奋斗和艰辛,而且具有很强的经济和历史价值。"老字号"企业是中国商业文化的重要载体,它见证了中国商业文明的历史起伏。如北京"同仁堂",它的医药在 1723 年被奉为"御药"(图 2-3),在封建时期,常被当朝者钦点成为贡

---

① 娇兰(Guerlain):是以香水起家的美容护肤品牌,1828 年创建于法国巴黎,从一家小香水店开始便坚持对品质及完美的追求,由于品质优异,娇兰很快风靡巴黎上流社会,并获得欧洲王室的青睐。

品,这绝对是对"老字号"产品质量最高的赞誉。无论是达官贵人还是平民百姓都对朝廷指定的用品竞相追捧,使得"老字号"品牌形成广泛的认知和良好的口碑。

"老字号"是民众在一定范围内对中国商业经济中出现的商号的一种约定俗成的誉称,它一般是指拥有数十年甚至上百年的成功经营,且声誉较好的商号。在孔令仁、李德征主编的《中国老字号》一书中,"老字号"的概念是指成立于 1949 年之前的中国民族资本企业①。孔令仁、李德征认为"通常人们印象中的'老字号'企业,是繁华街区中那些悬挂着或典雅或古朴招牌的店铺,是某种传统名牌商品的生产厂家"②。侯式亨先生在《北京老字号》一书中给"老字号"作了如下定义:"具有独特的传统文化特色,包含了深厚的古都文化内容;具有独到的经营思想、经营之道;独具特色的加工技术和高超的产品质量,俗称'绝活',而且大多数老字号的工艺是经几代传人继承和传续下去的。"③而国家对"老字号"的时间限定为 1956 年之前创办的中国民族资本企业。在《"中华老字号"认定规范》中,把老字号定义为:"历史悠久,拥有世代传承的产品、技艺或服务,具有鲜明的中华民族传统文化背景和深厚的文化底蕴,取得社会的广泛认同,形成良好信誉的品牌。"④这些释义无不表现出"老字号"具有鲜明而深厚的中华民族文化底蕴及良好的信誉和相当的品牌价值,是中华民族物质与文化结合的历史遗珍,凝聚着几代人的劳动智慧和奋斗历程,在时代的夹缝中起起落落,即便市场竞争愈演愈烈,也有如"同仁堂""恒源祥""楼外楼""双妹"等经受住考验而重新焕发生机的"老字号"品牌,它们承前启后、涅槃而生,逐步实现了向符合现代市场的品牌转换,甚至走向国际。然而,大多数的"老字号"品牌,没能经受住国内、外各种层次品牌竞争的冲击,呈现出颓废、萎缩的状态。

1. "老字号"的狭义概念

2006 年 4 月,国家商务部发布了《"中华老字号"认定规范(试行)》及"振兴

---

① 孔令仁,李德征. 中国老字号[M]. 北京:高等教育出版社,1998.
② 李诚. 影响老字号发展的关键因素分析[J]. 商业时代,2008(19):14-15.
③ 侯式亨. 北京老字号[M]. 北京:中国对外经济贸易出版社,1998:1.
④ 流通发展司."中华老字号"认定规范(试行)[R]. 北京:中国商务出版社,2006:13-15.

老字号工程"方案,规范中给出了新的释义:"'老字号'一般指'中华老字号',即在长期的生产经营活动中,沿袭和继承了中华民族优秀的文化传统,具有鲜明的地域文化特征和历史痕迹,具有独特的工艺和经营特色的产品、技艺或服务,取得了社会广泛认同,赢得了良好商业信誉的企业名称,以及'老字号'产品品牌。"规范中

图2-4 "中华老字号"牌匾
(图片来源:http://zhlzh. mofcom. gov. cn/)

提出要在3年内由国家商务部在全国范围认定1 000家"中华老字号",并以中华人民共和国商务部名义授予牌匾和证书(图2-4)。"中华老字号"的认定条件有:①拥有商标所有权或使用权。②品牌创立于1956年(含)以前。③传承独特的产品、技艺或服务。④有传承中华民族优秀传统的企业文化。⑤具有中华民族特色和鲜明的地域文化特征,具有历史价值和文化价值。⑥具有良好信誉,得到广泛的社会认同和赞誉。⑦国内资本及港澳台地区资本相对控股,经营状况良好,且具有较强的可持续发展能力。①

狭义的"老字号"指的是经由国家商务部认证的中国传统老品牌。虽然国家商务部的这一认证方案暂时无法惠及所有的老品牌,但这一方案的出台体现出国家对于传统"老字号"文化的重视和保护,也提醒更多的人关注"老字号"品牌的现状和今后的发展。

2. "老字号"的广义概念

广义的"老字号"指的是包括经由商务部认证的"中华老字号"以及那些未经认证但具备传承性和深厚文化底蕴的中国老品牌。这些未经认证的老品牌与"中华老字号"一样具有重要的经济价值、文化价值和传承必要性。《中国老字号》一书中认为,在1949年之前的、由中国民族资本创建的企业均可考虑纳入"老字号"的范畴,"这些老企业具有丰富的历史文化内涵,在企业名称、产品

029

---

① 流通发展司."中华老字号"认定规范(试行)[R].北京:中国商务出版社,2006:13-15.

形象、经营理念、管理方式等方面无不体现出浓厚的中国传统色彩,也明显地打上了时代的烙印"①。它们历经了历史的淘洗,已成为一种遗产,"纵向地记忆着城市的史脉与传衍,横向地展示着它宽广而深厚的阅历。并在这纵横之间交织出每个城市独有的个性与身份"②。

本书将"老字号"定义为具有超过 50 年以上的文化理念发展历史,沿袭和继承了中华民族优秀的文化传统,以家族为主要传承的商业模式,并且具有鲜明的地域文化特征、历史痕迹、独特的工艺和经营特色,长期拥有社会信誉的口碑度与忠诚度的民族企业。

二、品牌形象

"品牌"在英语中的对应词为"brand"。该词源于古挪威语"brandr",即"打上烙印",用以区分不同生产者的产品或劳务,它意味着"不许动,它是我的",并附有各部落的标记,这就是最初的品牌标志。中国古老的陶瓷生产中手工匠们在器物上留下印记,意大利威尼斯早期的金银匠于器皿上铭刻自己的姓氏。这些做法一方面可以证明产品的真实性和可靠性;另一方面,这些演化成商品交易时打在外包装的印记也成为原始品牌形象的一种表现。早在春秋战国时期,我国先民们已在交换自己的劳动产品时开始根据口口相传的商业信誉来确定交换对象。到了汉朝,朦胧的品牌意识已经深入社会生活中,实物招牌开始流行。据史书《三辅决录》记载:"夫工欲善其事,必先利其器,用张芝笔、左伯纸及臣墨。"③"张芝笔""左伯纸""臣墨"是当时能工巧匠的名字,说明汉代人已经懂得用具有鲜明特征的名称来体现商品的价值。"品牌"是一个产品(或一系列产品),包括它的商标、品牌的名字、品牌声誉以及围绕着品牌建立的一种氛围,"当我们谈到品牌时,涉及产品形象的文字、视觉及理念等方面"④。品牌是企业

---

① 孔令仁,李德征.中国老字号[M].北京:高等教育出版社,1998:18.
② 冯骥才.城市为什么要有记忆[J].艺术评论,2006(6):1.
③ 赵岐.三辅决录[M].影印本.上海:上海古籍出版社,1995.
④ 查尔斯·桑得斯·皮尔斯,钱竹,张福昌,等.世界杰出标志全集(新一辑)[M].北京:艺术与设计杂志社,2002:43.

或品牌主体一切无形资产总和的全部浓缩,而这一浓缩又可以以特定的形象及个性化符号来识别。品牌理论的研究最早始于西方,1902年起,美国密歇根大学等高校和相关机构的学者就对品牌建设的科学化展开了广泛系统的研究。1950年,广告大师大卫·奥格威(David Ogilvy)第一次提出品牌的概念。1955年,美国品牌专家伯利·加德纳(Burleigh B. Gardner)和西德尼·利维(Sidney J. Levy)在《哈佛商业评论》上发表了第一篇品牌专业性文章——《产品和品牌》[①],标志着品牌研究正式开始。

"现代营销学之父"菲利普·科特勒(Philip Kotler)曾经说过:"品牌不仅仅是一个产品的名字,也是你的财产、资产。"这就意味着品牌能够为企业带来源源不断的财富。科特勒指出:"品牌的要点是销售者向购买者长期提供的一组特定的特点、利益和服务。"[②]他认为一个品牌能表达出六层意思:属性(Attribute),一个品牌首先给人带来特定的属性;利益(Benefits),一个品牌不仅仅限于一组属性,顾客不是购买属性,他们是要购买利益,属性需要转换成功能和(或)情感利益;价值(Value),品牌还体现了该制造商的某些价值感;文化(Culture),品牌可能附加和象征了一定的文化;个性(Personality),品牌还代表了一定的个性;使用者(User),品牌还体现了购买或使用这种产品的是哪一类消费者。

在我国古典语境中,"形象"一词含有很深刻的本体意义。如《周易·系辞上》说:"在天成象,在地成形,变化见矣。"在《〈周易大传〉的生活本体意识》一文中说"形象"一词在古典语境中是指某物在固有具体形态的同时,更加注重的是其内在的本体意义;在现代汉语中"形象"一词已经没有了古典汉语中的本体意义,只是指某物确定的形态与姿态,古人所着重强调的非确定性的无(形)的意义已经丧失。[③]《辞海》中对"形象"的解释为:"文学艺术把握现实和表现作家、艺术家本体思想感情的一种美学手段,是根据现实生活各种现象加以艺术虚构

---

① BURLEIGH B. GARDNER, SIDNEY J. LEVY. The product and the brand [J]. Boston: Harvard Business Review, 1955(3-4): 33-39.

② 菲利普·科特勒. 营销管理:分析、计划、执行和控制[M]. 9版. 上海:上海人民出版社,1999: 415-416.

③ 张义宾.《周易大传》的生活本体意识[J]. 管子学刊,2003(1):52-58.

所创造出来的负载着一定思想情感内容,因而富有艺术感染力的具体生动的图画,绘画运用色彩、线条来表现,因而它们的形象具有直接性。"①由此可见,形象就是能够引起人的情感活动的形态和姿态。从心理学的角度来看,形象是人们通过视觉、听觉、触觉、味觉等各种感觉器官在大脑中形成的关于某种事物的整体印象。因此,我们所说的"形象"是指能够引起人的情感活动的,并且能够传达一定思想内涵和艺术感染力的具体生动的形态。

1. 品牌形象的范畴

品牌形象是指企业或某个产品在市场上、在公众心中所表现出的企业或产品的个性特征,它体现公众特别是消费者对品牌的评价与认知,由产品形象、文化形象、品牌视觉系统和品牌美誉四种要素构成。品牌形象与品牌不可分割,形象是品牌表现出来的特征,反映了品牌的实力与本质。对于消费者来说,品牌代表着可感知的利益,譬如"货真价实""品质保证""企业文化"等。

品牌形象是一个综合性的概念,很多研究者对于品牌的相关概念都争论不休,不同学派的学者也分别从品牌管理、品牌传播、品牌资产等角度对品牌形象进行了一定的定义。大卫·奥格威倡导用广告树立品牌形象,他在《一个广告人的自白》里提出:"每一则广告都应该看成是对品牌形象这种复杂现象在做贡献 ……致力在广告上树立明确突出性格品牌形象的厂商会在市场上获得较大的占有率和利润。"②他认为,塑造品牌形象是广告的主要目标,而广告是使品牌具有高知名度的媒介工具。任何一个广告都是对品牌的长期投资,广告必须尽力去维护一个长期的、优质的品牌形象,而不惜牺牲短期效益的追求。奥格威的品牌形象理论较前期的产品标识更加丰富,得到了业界的认可,但理论形态还不完整,忽视了消费者对品牌的体验和感知。早期营销专家利维·斯特劳斯(Levi Strauss)认为:"品牌形象是存在于人们心中关于品牌各要素的图像及概念的集合体,主要是品牌知识及人们对品牌的基本态度。"③也有学者认为:"品

---

① 辞海编辑委员会. 辞海[M]. 上海:上海辞书出版社,1989:2129.

② 大卫·奥格威. 一个广告人的自白[M]. 2版. 林桦,译. 北京:中信出版社,2010:122.

③ DON E. SCHULTZ. A bootload of branders[J]. Marketing Management,2000(1):87.

牌形象的界定,从视觉形象设计的角度,可划分为两类:显性形象与隐性形象。显性形象是指可以通过视觉、听觉、触觉得到的,包括品牌的名称、品牌标识、品牌形态、品牌包装、广告语以及品牌的展示环境等。隐性形象一般指人们的情感,展示人们身份、地位、心理等个性化需求,这种需求更多的是表现出精神文化,体现其深刻独特的品牌魅力。"[1]而广为接受的观点是:品牌形象是该品牌反映在消费者记忆中的品牌联想。例如"苹果"的品牌形象源自于其优良的产品体验;"百事可乐"代表着年轻与活力。今天我们探讨的"品牌形象"是基于这些观点的整合改进,更加具有普遍意义。基于研究需要,我们将品牌形象分为广义概念和狭义概念。

(1) 广义的品牌形象

大卫·奥格威在 20 世纪 60 年代中期,从品牌传播的角度提出品牌形象(Brand Image)的创意观念。他认为品牌形象不是自发形成的,而是一个系统工程,涉及产品、营销、服务各方面的工作。奥格威提出的"品牌形象"是一个广义的概念,具有多维度的复合含义,是顾客对品牌的体验和印象的总和,是企业创造利润的资产。

我们认为,品牌形象通常是指企业或其某个品牌在市场上、在社会公众心中所表现出的品牌构建、文化传播、公共识别等多个方面的特征,体现了公众特别是消费者对品牌的评价与认知。品牌形象与品牌之间是不可分割的,形象反映品牌的实力与本质,通过人为设计注入品质、服务、消费等品牌理念,是品牌表现出来的特征,需要统一规范的视觉信息来传达与表现,以此来完成与消费者的沟通与互动,体现出品牌的价值。品牌大师戴维·阿克(David Aaker)提出的品牌形象是品牌战略制定者渴望创造并保持一系列独特的联想。从信息处理的角度看,品牌形象是人们对于品牌的总体感知与所用印象的综合,它是对品牌认知和心智过程引发的结果,是消费者信息处理过程的重要组成部分。据大量统计数据说明,品牌形象相对于消费者购买意愿存在着显著的相关性,这也是为什么品牌形象是一个企业的无形资产。进而,品牌形象可以描述为品

033

---

① 刘扬,代玥,周行.品牌形象策划设计[M].重庆:西南师范大学出版社,2013:前言.

牌区别于竞争性品牌在消费者心目中的相对定位认知,是消费者头脑中所持有的特定品牌的识别要素的认知与联想的综合。"品牌形象"理论自提出以来就受到很多学者的极大重视,品牌形象的优劣也成了产品性能以外主导消费者购买行为的另一关键因素。我们在"老字号"国货品牌形象创新模式体系中进行的实践探索,主要指视觉传达角度的品牌视觉形象,是较为狭义的概念。

（2）狭义的品牌形象

现实生活中,人们对于一个品牌形象的认识最初是着眼于品牌的视觉、名称、包装、图形、价格等一些具体传达元素上。心理学研究表明,视觉接受信息的信息量占人类接收到所有信息的 83％,因此,良好品牌视觉形象对于品牌的发展和推广具有重要作用。"品牌形象"的广义概念往往作为营销学及相关学科的研究重点,对于"品牌视觉形象"的研究与设计学科是密切相关的。因此,我们依托设计学理论对"品牌形象"的研究和实践也常常指"品牌视觉形象",我们立足于对品牌整体形象的研究,侧重于探讨如何进行品牌视觉形象的创新设计。品牌形象涉及多学科、多领域,对于品牌视觉形象的研究也应该基于营销学、心理学、设计学等多维度的考量。

品牌形象设计是品牌的符号沟通,是企业品牌竞争的必要条件。品牌形象设计通过符号语言沟通和帮助受众储存或提取品牌印记。品牌的视觉识别设计是品牌形象设计主要体现,这种视觉的艺术是具有规律性的,需要运用恰当的手法来使品牌的视觉语言更整体,使品牌形象富有特点和美感。因此,品牌形象的独特特征影响着消费者对品牌的选择。"老字号"国货品牌时间悠久,凭借着独特的技术工艺和优秀的品牌文化理念获得消费者的信赖,有口皆碑,得以长久发展。

2. 品牌形象的构成要素

国外学者关于品牌形象构成要素的研究在 20 世纪 90 年代就已达到一定高度。被国内外学者推崇的观点主要来自于美国品牌界领军人物戴维·阿克(David Aaker)和美国学者凯文·莱恩·凯勒(Kevin Lane Keller)各自提出的品牌形象模型以及 AL 贝尔(Alexander L Biel)提出的著名的贝尔模型。其中,以贝尔模型的内容最为直观和通俗,他把品牌形象分为企业形象、产品形象和消费者形象。北京大学营销学教授江明华的研究成果对现有几种标志性品牌形象模型简要评述:"现有的品牌形象模型还没有建立关于品牌形象构成要素及其影响因素相对完善的体系。而要创建适宜于我国企业的品牌形象模型,更需要我们结合我国与西方社会的文化差异、我国的市场结构,以及消费者的实际情况进行进一步的探索和研究。"①这些学者的观点为我们的研究提供了参考。

我们将品牌形象的构成要素更为简单地分为表层要素和深层要素两大类。其中表层要素指的是外在可视的品牌形象构成要素,如品牌标志、品牌包装等品牌视觉识别系统(Visual Identity)所包含的内容;而深层要素则是关于品牌的一切核心的、隐性的品牌形象要素,如品牌文化、经营理念、产品构成、主要受众等等,通常指大众对于品牌的心理印象。表层要素是品牌形象狭义概念所包含的内容,表层、深层要素的总和构成了品牌形象广义概念的主要内容。

(1)品牌形象的表层要素

品牌形象表层要素指的是与品牌形象有关的一切易于感知的形象要素,它们往往通过"五感"直接感知,其中以视知觉所接收到的信息为主要内容。品牌标志、品牌包装、品牌广告等可视元素共同构成的品牌视觉识别系统是品牌视觉形象的主要内容。设计到位、实施科学的视觉识别系统,不仅能够更好地将有关企业和品牌的信息传达给受众、体现品牌个性,从而获得外界的认同,还可以强化企业的内部凝聚力。品牌标志、品牌标准色、品牌标准字三者是品牌视觉识别的核心内容和基础,最集中地体现了品牌的本质。品牌视觉识别系统的其他构成要素在一定程度上可以说是这三个基本内容的发散和延伸应用。

(2)品牌形象的深层要素

品牌形象深层要素可以称作品牌的文化,它往往难以通过表层的物化要素充分体现。"品牌文化是社会物质财富和精神财富在品牌中的凝结,是文化特质在品牌中的沉积,是消费心理和价值取向的高度融合,是指经营中的一切文

---

① 江明华,曹鸿星.品牌形象模型的比较研究[J].北京大学学报(哲学社会科学版),2003(2):113.

化现象"①。归结起来,深层要素大致分为三个部分:品牌附着特定的经济文化、品牌中蕴含着的民族精神、品牌中蕴含着的企业经营理念。这些深层的理念往往处于核心指导地位,它决定着一切表层要素的形态,也决定着整个品牌的个性和特征。

品牌形象是品牌一切表层形象要素和深层形象要素的总和,而品牌视觉形象则是包含于品牌形象表层要素的集合之中的(表层形象要素还包括嗅觉、听觉、味觉、触觉等所能够直接感知的部分)。当同类产品的差异性减少,品牌之间的同质性逐渐增大,消费者选择产品时运用的理性也会减少,此时,品牌形象设计尤其应该重视运用品牌效应来满足消费者心理需求。英国广告业权威考利(Cowley)建立的"品牌形象模型"(Cowley's Brand Image Model)既分析了品牌形象的构成,又兼顾了硬的(产品本身)和软的(受众心理)因素,形成了比较系统的品牌形象模型。他认为品牌形象是一个综合的概念,是企业渴望建立受形象感知主体主观感受及感知方式、感知背景影响的在心理上所形成的一个集合体。品牌形象说到底是消费者和受众心中对于品牌的整体印象。塑造出成功的品牌形象能够使受众在心智上产生认同和好感,进而促使购买行为的发生。此外,在企业内部,良好的品牌形象的作用也不可小觑。企业内部的成员会根据品牌形象调整和规范自己的行为,这就促使品牌形象更加明晰、品牌个性更加突出,使品牌的发展进入良性轨道。

2010 年法国人弗朗索瓦·阿拉克斯(Francois Alaux)和德沙雷·特克雷西(Hervede Crecy),创作了一部 16 分钟的动画短片——《商标电影》(Logorama)(图 2-5),获得了第 82 届奥斯卡金像奖最佳动画短片奖。短片讲述了正义方米其林轮胎先生大战邪恶方麦当劳叔叔的荒诞故事,所有人物与周围环境都由品牌标志组合而成。我们身处的社会环境正如该片所呈现的一般,道路两旁随处可见品牌的踪迹,人们每分每秒都在接触各个品牌。毫不夸张地说,品牌已与我们的生活息息相关,这是一个充斥着各种品牌的世界。

品牌视觉形象本身会使受众产生直观的认识和印象,其更重要的作用是将

---

① 乔春洋.品牌文化[M].广州:中山大学出版社,2005:1.

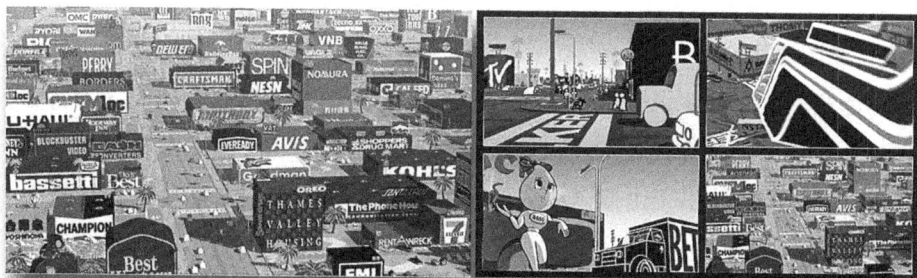

图 2-5　《商标电影》截图

(图片来源:https://baike. so. com/doc/6667628-6881464. html)

品牌形象的深层要素物化,进而传递给受众。相比于塑造一个整体的品牌形象,对于品牌视觉形象的刻画能够更加直接、有效地影响受众的认知,是强化品牌过程中较为节省成本的行为。"联合利华"集团的品牌标识由太阳、花朵、发丝、汤匙、爱心等诸多元素组成,受众可以相对应地感受到自然、芬芳、护发、食品、爱等含义(图 2-6)。该标志不仅表达出其品牌理念,也传达了品牌产品线构成、品牌定位等多重内容,简单直接的图形也使得受众能够对品牌形象产生准确认知。"大脑影响解码下的心像有别于视觉的对象,是作为社会性心理形象,具有精神成像的意义,它已不可能是自然物态与人造景观,深深嵌入了人类社会性的意识形态与情

图 2-6　联合利华品牌标志

(图片来源:https://www. unilever. com. cn/)

感,而以此为基础构建的物质媒介的视觉图像,所描绘的视觉样貌更不等于生活中的具体物象"①。因此,品牌视觉形象的塑造并非易事,它不仅要客观地反射出整个品牌形象的情况,也要符合受众主观对于品牌形象的整体认知。

3. 品牌形象设计

品牌形象设计从广义上理解是品牌信息的设计,包含了信息的生成、形象的转换和理念内涵的传播。它的任务是通过策划、设计、推广,完成一套品牌识

---

① 朱永明. 视觉语言探析:符号化的图像形态与意义[M].南京:南京大学出版社,2011:189.

别体系。20世纪初,品牌的形象识别设计系统意识最早出现在欧洲的一些大型企业。德国通用电气公司(简称 AEG)制定出了统一的"公司风格",也有人称之为"企业形象""企业识别",这种统一的设计为当时的通用公司带来了丰厚的利润,也奠定了统一、系统的形象设计雏形。1955 年,IBM 公司委托保罗·兰德(Paul Rand)设计出了由蓝色横向线条构成的 IBM 标志,完美展现了 IBM 的理念和高科技特性,公司将该标志沿用到所有项目中,明确了公司的标志使用色彩,对产品外形采用标准化、统一化的设计方案,这使 IBM 公司成为第一个将品牌视觉形象设计系统作为管理手段纳入公司发展的企业。1970 年,"可口可乐"公司决定更改标志,对品牌名称、商标、标准色以及独特的玻璃瓶造型进行重新设计,并开展了一系列的活动,掀起了一场品牌形象革命的浪潮。从这个时期起,各大企业逐渐开始强调品牌视觉设计的标准化、完整化和系统化,使企业标志、标准字体、标准色彩充分运用在整个设计之中,通过塑造完善的视觉形象来传达品牌信息。20世纪 80 年代,日本引进了品牌形象设计理念,结合日本文化和企业精神,在日本形成了独特的识别设计热潮。同时期,品牌形象设计理念在韩国和我国港台地区广泛传播,我国沿海经济发达地区的部分企业也受到影响,开始引入这一理念。虽然品牌形象设计逐渐成熟,但国内多数设计仍然保留着封闭的观念,在形象设计上大多流于形式,更少有结合品牌理念加以深化整合的突出者。

品牌形象设计作为客户最先认知的形象,是客户了解企业的最直接途径之一。品牌信息是无形的,通过设计变为有形,实现以简洁、清晰、准确、易懂的视觉形式进行传达。不同于商品信息(仅指商品的属性信息),品牌形象是品牌的意象以及品牌推广的信息,是整体性的形象信息表达。由于品牌的构成元素与视觉传达有着根本的联系,品牌在传播过程中给人以文化的、道德的、功用的和系统的直接或间接、心理或生理的视觉印象,因而品牌形象的设计就显得尤为重要。

三、"老字号"品牌形象设计的意义

在品牌的成长过程中,需要从知名度、美誉度、信任度、追随度等方面进行提升,来保持形象的活力,最重要的就是品牌形象的宣传推广。一般而言,新品牌面市如果不主动宣传,其知名度很难快速提升。若新品上市,提前向市场投入大量广告,让消费者从不同媒体、平台都可以接触到相关品牌的信息,品牌知名度便会呈现快速上升趋势。对于"老字号",在其品牌成名之后,依然离不开宣传与推广。在当今的消费市场消费者每天面对琳琅满目的商品,可以自主选择产品、可以货比三家,以实现自身利益最大化。在这个开放的市场里,"老字号"品牌产品的竞争对手太多,需要及时利用广告等宣传手段,增强消费者对其品牌及相关产品的记忆度,以维持"老字号"的品牌形象。例如,后起之秀"百事可乐"公司在其成长过程中适时运用广告宣传为武器,不断攻击对手"可口可乐"公司,迫使其让出了许多市场。在这个过程当中,虽然没有超越老牌的"可口可乐",但也争到了市场的一席之地。要达到这样的宣传效应,便需要不断创新的品牌形象作为基础。

"老字号"品牌价值的真正内涵并不仅仅在于手艺的高超和历史的悠久,更多的是"字号"的文化意义。保护"老字号"的品牌,实际上是在保护传统文化的多样性,以激发企业的创新精神。对"老字号"品牌形象设计的研究,无论是对其自身品牌的良性发展,还是文化的继承和发扬,都起着十分积极而重要的意义。品牌形象设计研究应在"老字号"的悠久历史和发展基础上赋予它更强、更有吸引力的时代感和生命力,让人们了解"老字号"品牌不等同于陈旧品牌,它也可以是时尚的、主流的。

1. 精神传递

"'老字号'品牌百年历史中隐藏着诱人的历史故事,这些故事原型也就赋予了一个老字号品牌精神信仰,与灵魂契合的便是真理。"[①]"老字号"品牌形象设计需要考量、定位企业的目标消费群体,思考如何与他们进行交流,了解他们的需求;如何将企业故事传递给消费者,让现有产品与故事契合度更高;思考设计新的产品还是对原产品进行再设计……这些都是"老字号"品牌重振力量必

---

① 黛比·米尔曼. 像设计师那样思考:二 品牌思考及更高追求[M]. 济南:山东画报出版社,2012:1.

需要思考清楚的问题。设计者应该厘清与消费者的每一个连接点,寻找途径来清楚连贯地将自己的品牌精神表达出来。

"老字号"品牌对于消费者来说是一种承诺,对某种经历的承诺,这就是品牌的力量。象征民族精神的"老字号"品牌形象设计,不应随着时间的流逝而越显暗淡,在市场上应该像酒一样越酿越香,使其诱人的品牌形象"味道"无可抵挡。"一个成功的'老字号'品牌化的过程一定会检验人们对品牌、产品和客户体验的所有看法,要知道你所做任何一件事,卖出的任何一件产品,说出的任何一句话,这所有的一切都会积累起来,构成品牌的外在表现。"[①]在以消费者为服务中心的品牌精神上,力求将百年老字号的品牌精神内涵及故事完整地向顾客讲述,使其在唤起顾客情感价值的同时,能在无形中扩展品牌形象的影响力。

2. 文化共享

文化对于"老字号"应该是最有力的竞争优势,"老字号"本身就是文化与历史的积淀,它承载了一方水土的精神内涵和人文情怀。著名作家冯骥才先生曾感言:"'老字号'就是一种遗产,纵向地记忆着城市的史脉与传衍,横向地展示着它宽广而深厚的阅历,并在这纵横之间交织出每个城市独有的个性与身份。"[②]在百年的传承中,并非有意而是自然形成深厚的"老字号"品牌文化底蕴。然而,这也使得有些"老字号"企业"倚老卖老",在日新月异的时代变革里停滞不前。相反,许多新兴品牌运用宣传和营销手段,挖掘、塑造让消费者信服并牢记的品牌背后的故事和文化,从而促进顾客的长期购买行为。大多"老字号"在这方面却不作为,它们认为自己已经有了百年历史也就拥有了百年人气,不需要人为地改进文化形象。殊不知这样的行为反而被竞争者夺走了老顾客,也断绝了新消费者的光顾,导致"老字号"逐渐地萎缩、消亡。在当今繁杂信息充斥的时代,"老字号"品牌如果不能保持持续的品牌文化传播,忽视对品牌的持续

---

① 黛比·米尔曼. 像设计师那样思考:二 品牌思考及更高追求[M]. 济南:山东画报出版社,2012:114.

② 冯骥才. 城市为什么要有记忆[J]. 艺术评论,2006(6):1.

宣传和品牌形象的不断更新换代,将导致消费群体转移或者消失。

百年老字号的品牌文化具有独特的情感特征和独一无二的经历与感受,它能所唤起的是对"老字号"的文化憧憬,给予消费者中国传统文化的亲切感和自豪感,这是国外品牌所不能比拟的。过去的记忆在我们对某件产品的期望中所扮演的角色,经常能让人们产生更好的自我感觉。"老字号"且有悠久的历史和文化,它传承了精湛的技艺和优质的服务。消费者能从百年"老字号"中感受到强大的归属感,并且最终能从这种归属感和与品牌的联系中获益。品牌设计师用这种归属感表现出"老字号"品牌希望展现给世人的形象。著名的文化人类学家布罗尼斯拉夫·马林罗夫斯基(Bronislaw Malinowski)说过:"人类文化生活中,一切生物的需要已转为文化的需要。"[1]作为品牌形象设计师,必须要了解各个民族、各个地方不同的审美观念和地域文化,才能确保品牌成功设计,进而开拓市场。传统文化的特点与"老字号"品牌的理念往往不谋而合,绝大部分"老字号"品牌的设计都运用到了传统文化元素。在"老字号"品牌形象的发展中,传统元素与"老字号"品牌的结合是相辅相成、互相辉映的。强大的自觉分享和沟通力量是"老字号"构建消费者隐性的情感品牌基础,进而当品牌不断满足消费者的欲望需求时,企业与消费者之间就建立了某种可信度。星巴克前全球创副总裁斯坦利·汉斯沃斯认为:"品牌是企业与消费者之间情感联系的实体化。"[2]同时,这种情感化的沟通力量是优秀品牌一直得以可持续创新的源头,不同视角、似曾相识的品牌亲切感隐藏着"老字号"的巨大吸引力。

3. 个性彰显

优秀的品牌应具有标榜个性、能够区别于其他商品的综合性的特质。这些品牌之所以能在人们心中产生巨大影响,不仅因为其品质的优良,还因为其具有引人注目的独特形象。因此,对于一个品牌,独特的品牌形象设计系统是吸引客户的必要手段,品牌的形象化竞争亦是品牌的差异化竞争。人们审美趣味

041

---

① 布罗尼斯拉夫·马林诺夫斯基. 文化论[M]. 费孝通,等译. 北京:商务印书馆,1944.

② 黛比·米尔曼. 像设计师那样思考:二 品牌思考及更高追求[M]. 济南:山东画报出版社,2012:110.

随着时代发展更迭,消费需求也将发生改变,这促动品牌形象的设计方式也要有更新、更高的追求。大卫·奥格威说过:"最终决定品牌市场地位的是品牌本身的性格,而不是产品之间微不足道的差异。"①20世纪80年代,美国精信广告公司提出品牌个性论认为,品牌应人格化要从追求性格走向追求个性。该理论对品牌形象作了补充和发挥,使品牌具有生命力、具有人性化。从消费者角度看,品牌是企业利用消费者心理在产品上形成的一种人格化象征,代表着某种价值观、文化象征,即品牌人格,也是品牌个性。北京"老字号"品牌影响力调查报告中提到,"老字号"在消费者的认知中主要是悠远、博大、古朴的历史个性,有尊贵、厚重的文化个性②。只有当人们感知到品牌的特定符号时,才会产生相关的品牌联想。我们从品牌最基本的符号谈起,犹如将个性化的塑造贯穿品牌的每个细胞,当人们感知到某种特定的符号时,有利于把零散的"老字号"个性特点整合归一,突出体现老品牌价值的个性特征。

全球趋势大师大前研一(Ohmae Kenichi)曾经表示:"普通品牌,一定要建立自己本身的风格,如果是高级品牌,附加价值则具有决定性作用。我们之所以会拥护某一个品牌,无疑是因为其性格和风格彻底征服了我们。"③个性使得一个品牌拥有更强的品牌表达能力、高度的识别性,当提及品牌名称时,就能唤起消费者脑海中的品牌联想。如国内老品牌"双妹"的复兴,充分将个性化设计融入品牌的独特发展与体验构思中,不仅在传统的基础上创造出鲜活的现代品牌形象,而且使传统与时尚得以完美结合,尽情演绎着"东情西韵·尽态极妍"的品牌精神。相比之下,国内大部分"老字号"品牌形象往往以"一块牌匾"为主要传达方式,这块匾额只是机械地连接了传统与现在,说服力不足。此外,如今产品的同质化趋势越加明显,提升品牌差异化认知、凸显品牌特色显得极其重要。差异化设计以企业独具的优势为设计元素,塑造出的品牌形象更突出,更能与消费者进行沟通,更好地传达了企业的理念。越是具有针对性、独特性的

---

① 大卫·奥格威.一个广告人的自白[M].2版.林桦,译.北京:中信出版社,2010:124.

② 苏文,温强,王永利.北京"老字号"品牌影响力调查报告[R].北京:北京市商务局,2007.

③ 李永铨,等.森林消费×再生品牌.豆瓣[EB/OL].[2014-09-10]http://www.douban.com/note/402790339/? type=like.

品牌形象越能在消费者和品牌之间建立起一条"情感"纽带,从而使品牌与其他同类品牌区分开来,提升品牌的差异化认知。"老字号"品牌在品牌宣传上基本都强调"传承""渊源""和善"等特点,导致品牌之间的差别性较小,不利于识别和记忆,缺乏独有的个性。

自行车是 20 世纪六七十年代中国的时尚代表之一。上海"永久"牌自行车的标志①更换多次,但都保留对称与均衡的审美原则(图 2-7)。起初的几代标志外形类似徽章,呈椭圆形,字体设计仅具有文字式样,图案随着名字的更换而改变,但具象可感。到了 1957 年,张雪父设计的标志改变了自行车标志以往文字与图案分开设计的模式,他将"永久"二字图形化了,自行车的外形与"永久"二字融为一体,品牌属性得以外化。

图 2-7 "永久"自行车品牌标志演变
(图片来源:http://www.cnforever.com/)

品牌包装的一个重要作用就是吸引消费者,正如柳冠中先生所说:"20 世纪80 年代之后,随着技术与社会的发展,丰裕社会到来,人们的需求层次攀升到马斯洛所说的认知、美与自我实现的'高级需要',于是人群开始分化,市场也被精细地划分,生活方式的'类型'日趋多元。在这样的背景下,人们的需求出现'差异化''个性化'。"②因此,对于品牌形象设计个性化的打造是必不可少的一步。然而,很多具有地方特色的"老字号"包装设计创意陈旧,色调单一,基本固定在

043

---

① 永久官网:http://www.cnforever.com/,2017-1-9.
② 柳冠中.设计方法论[M].北京:高等教育出版社,2011:55.

红、黄、金等有限的几种颜色,结构造型比较保守,材料没有考虑到环保和回收利用等问题。

个性化设计的应用与传达可以帮助"老字号"品牌尽快树立和显现拥有自己文化的品牌形象,从而提升品牌的差异化认知,不断牢固与消费者之间的情感纽带。如国内老品牌"同仁堂",它以区别于市场上西方药品特性的"传统中医文化"为品牌形象定位,充分传达了悠久的历史品牌情感特性,进而与消费者内心产生共鸣,不断获得消费者的认可和良好的市场效果。"老字号"品牌是一种文化积累,而不单纯是历史或产品,文化传承是一个需要富有想象力的过程,这种过程能唤醒人们心中的希望和梦想。"老字号"企业需要刻意激发消费者对于这种体验的共鸣,并让消费者产生这种想法:"我想去尝试下"。企业需要充分利用"老字号"文化内涵,将其与品牌形象设计联系起来,激起消费者的好奇心和占有欲以引领他们去关注新的产品。只有这些步骤都完成了,"老字号"品牌才会得到消费者的青睐。

小结

"老字号"品牌经历几十年甚至百年发展,沉淀着深厚的中国传统文化。以手艺、传说、店名、口碑等方式流传下来的"老字号",见证了中国市场的发展,承载着数代人的美好记忆,也被众多消费者视为信誉的保证。生意隆盛和品质上佳的"老字号"金字招牌为何在屹立了百年之后,却在繁荣的市场经济中悄然隐去,这无疑暴露了老品牌背后的一些亟待解决的问题。"老字号拥有传世精湛的工艺和底蕴,却没有传世经典的品牌形象,这对民族品牌是一个遗憾,对企业自身是一种损失。在经济高速发展的今天,老字号品牌形象仍未对品牌形象的功能价值、市场需求、商业视觉传播效应进行过严谨、科学分析与评估,这是中国老字号品牌形象发展必须经历的过程。"[1]在经历了百年的历史变迁后,有人认为"老字号"已是"老态龙钟",跟不上时代脚步;也有人说"老字号"是"老当益壮"、底蕴深厚,有着远大的前程。人们的目光过多地集中在"老"这个字上,而

---

① 杨敏.广东老字号品牌视觉形象力探析[J].华章,2013(3):85.

忽略了"老字号"求"新"的需求。研究和关注"老字号"不仅是品牌本身发展的需要,更是对于历史和文化的尊重。古旧的品牌形象、落后的品牌营销策略和经营模式导致众多"老字号"失去了原有市场竞争力,"老字号"品牌形象优化转型迫在眉睫。要想快速的占领市场,对于品牌形象尤其是视觉形象设计的完善和提升往往是最快捷、最经济的途径。加之如今企业的发展面临着众多新机遇,为"老字号"品牌形象的发展和进步提供了适宜的土壤。此时的"老字号"品牌最需要的就是品牌形象的创新,来体现该品牌的个性和价值。"老字号"企业只有抓住现在的良好时机,对包括品牌视觉形象在内的整体品牌形象进行优化创新,才能突出重围,获得新生。

第三章
"老字号"国货品牌形象特征

　　人们耳熟能详的"老字号"品牌大都成立于明清两代,距今有少则几十年多则几百年的历史。"老字号"品牌给我们的习惯性印象是"老"和"古",无论是从"老字号"国货品牌的产品和包装本身,还是从店铺的装修和经营理念来看,都让人觉得"老字号"品牌就像一位"年迈的老人",跟不上新生代企业的步伐。事实上"老字号"国货品牌也确确实实面临着这样的窘境,"老字号"品牌不仅仅是品牌本身的承载体,还是中国传统文化和传统经营理念的承载体,也是一代代人的时代记忆。但是越来越多的"老字号"在时代潮流中默默地消失了,人们在惋惜之余也没有有效的方法去挽留。适者生存、不适者淘汰的生存法则在商场中是无法违背的。"老字号"国货品牌必须从自身解决问题,适应乃至更好地引领时代的发展,才能长久生存。"老字号"国货在时代检验下或存或亡,"幸存者"们创建品牌形象的经营之道拯救了"井底之蛙"的生存模式。消费社会使得文化与信息成为无形商品,消费对象的转变让品牌文化步入大众视线,大众审美水平在娱乐性与普及性中得以提高。图像符号已经成为社会的主角,正如大众文化理论家约翰·费斯克(John Fiske)所说:"'看'制造意义,它因此成了一种进入社会关系的方式,一种将自己嵌入总的社会秩序的手段,一种控制个人眼下的个别社会关系的手段。"①"老字号"品牌的外化媒介就是其品牌形象的符号、文字和品牌的信誉度、知名度、服务态度等。忠实消费者对品牌的感情建立在文化的精髓基础上，通过使用产品、体会精神、享受服务，对产品产生一定"依赖感"。"形似"不如"神似"，品牌是"老字号"国货内外品质的集中体现，老字号的"真""善""美"在品牌经营下显得弥足珍贵。

品牌的视觉形象是品牌给人们的第一印象，视觉形象也传达着一个品牌的定位和企业历史文化内涵。由于"老字号"品牌的产生年代多为明清，其品牌形象大都古色古香，体现着"老"味。而在晚清和民国时期创立的"老字号"品牌结合了西方元素，体现了另外一种风格，也促使了新的"老字号"品牌形象的改变。"老字号"国货品牌的外在"形"是其精神内涵和历史文化载体，不同的"形"都与本品牌有着密切的联系，应取之讲究，用之严谨，不能对传统元素简单套用和随意照搬。"老字号"品牌形象透出的"形""神""情"是一般品牌无法得到和超越的价值，其中"形"之多变值得我们去深入分析探究。要想解决"老字号"国货品牌的生存发展的难题，正确的分析和使用"老字号"品牌形象特征，是我们首先要面临和解决的问题。

一、"老态龙钟"—— 品牌形象之"老"

"老字号"的形象多以书法题字作为品牌的标志，这样的招牌形式和设置方式比较固定，虽然是传统中的经典，但也是导致"老字号"形象单一乏味、落后陈旧的原因之一。当下品牌形象的设计风格、理念、形式都在变化，而"老字号"的百年标志往往被视为历史珍宝，轻易不敢改变。大多数"老字号"品牌都认为招牌即口碑的代表，老顾客只认"老"不认"新"，越老才越有保障，所以他们对于标志、包装等基本是保留原貌，其识别力较弱，严重阻碍了"老字号"企业在现代商业社会中的发展。老字号以"老"为自豪，可正是由于"老"，才使他们缺乏创新精神，在品牌外在形象上表现出一副"老态龙钟"的形象。消费者的眼光变得越来越挑剔，人们在选择产品时不再仅仅满足于产品的质量，而是更关注夺人眼

---

① 俞虹，等. 问题[M].北京：中国人民大学出版社，2003：3.

球的视觉形象。"老态龙钟"的"老字号"显然已无法满足人们的需求,老化的品牌形象造成了老顾客的流失和新顾客的漠视。

1. "老"是品牌文化的物化表现

谈论"老字号"国货品牌形象不得不先从品牌名说起。古代品牌以字号为名,其成为一种"产品"或"功效"的代名词。中国传统品牌的特征之一是传统商号通常喜欢以喜庆、兴隆、吉祥、新颖的词汇给店铺命名,如"日升昌""内联升""全聚德""东来顺""如意堂""瑞蚨祥"等等都蕴含着吉利、兴旺的美好愿望,因而在"老字号"品牌形象设计中多采用具有本民族吉祥寓意的纹样和图案。中国的近代商标设计从19世纪末开始,而在此之前牌匾(又叫匾额、铺匾)和幌子多作为"老字号"品牌的标志性符号。"老字号"的牌匾是由古时的无字布帘发展而来,商家在布帘上写上铺名字号,随着时代的发展,木质牌匾慢慢取代了布帘,并在"老字号"的商业活动中流传下来。

在明清时期的"老字号"品牌大多对木质匾额情有独钟,古色古香的金字书法招牌直至今日都是人们对"老字号"国货品牌的第一印象。匾额中的"匾"字古也作"扁"字,《说文解字》对"扁"作了如下解释:"扁,署也,从户册。户册者,署门户之文也。"[①]"额",即是悬于门屏上的牌匾,"额"的本义是人头发以下眉毛以上的部位。匾额合称,形象地标示了匾额悬挂的位置。也有一种说法认为,横着的叫匾,竖着的叫额。但如今,人们已然不分得如此细致,统称为匾额。匾额一般挂在门楣与檐顶之间,或于大门厅堂,或于亭台水榭,用于做单体建筑或建筑群名号的标记,以及环境特色或主题的披露,还有美观和封闭檐下与门上空间的作用。匾额,是我国集文学、书法、雕刻和装饰艺术于一体的传统文化瑰宝。据考证,匾额最早起源与春秋战国时期,而发现最早有明文记载的,是在唐代。据《佛祖统记》卷四十:"沙门海通在嘉州(今四川乐山)大江之滨,凿石为弥勒佛像(即乐山大佛),高三百六十尺,覆以九层之阁,扁(匾)其寺曰:'凌云'。"匾额上的字体多为名人所题写,书法字体或笔走龙蛇,或剑拔弩张,或笔酣墨饱,令人印象深刻。具有中国古老特色的匾额不仅增强了"老字号"的古朴气

---

① 许慎. 说文解字[M]. 北京:中华书局,2005:48.

质,而且还提升了"老字号"本身的价值,甚至成为了展现"老字号"品牌形象的标志性符号。例如,"瑞蚨祥"字号也采用匾额形式,一块墨黑的牌匾彰显瑞蚨祥的稳重气质内涵。由清末著名的书法家时任清朝法部大臣王士序所题写,"瑞蚨祥"三个字苍劲有力,笔墨饱满,大气磅礴,彰显瑞蚨祥老字号的气势。一百年多年过去了,"老字号"和它的书法牌匾仍然代表和传承着深厚的商业文化精髓,作为宝贵的文化遗产和财富的标志,它将继续保持并不断焕发出更加旺盛的生命力。

"老字号"品牌的"老"是其宝贵财富。也正是由于"老"才使有些老企业缺乏创新精神,"倚老卖老",市场表现出一副"老态龙钟"的形象。"老字号"品牌外"形"跟其创立的时代有着不可分割的关系,但如今看来是"老"的。正是因为这样的"老"才更直观地体现出其悠久的历史和文化底蕴,"老"是"老字号"优秀品牌历史文化的物化表现,"在中国近代商标设计中,对传统符号的引用主要概括为两种基本模式:单一或同类别的直接引用和不同符号间的融合、拼接。"[①]"老字号"认为品牌形象的改动会影响消费者对品牌的识别性,这是许多老品牌标志百年不动的主因。这反映出民间对传统品牌的眷念固守,同时也存在战略发展认识的误区,过于单纯朴素的民族情结同时也局限了"老字号"品牌形象的本土化思维,禁锢了发展,固守只能令品牌更加老化,与年轻消费者的距离更大。

2. "变"是品牌形象的创新起点

在对传统品牌老化问题的研究方面,国外研究者将品牌老化的原因总结为以下三个方面:①生命周期理论:不论企业、品牌或者产品本身都是具有生命周期的,它们无一例外地都要经历产生、发展、成熟、衰亡的过程。如果管理者对已经过了成熟期的传统品牌加以科学有效的管理,品牌仍然具有重新焕发活力的可能。对营销沟通与战略品牌管理进行综合研究的国际先驱者之一凯文·莱恩·科勒(Kevin Lane Keller)也提出过类似的理论,他认为每个品牌都跟人一样具有独特的个性特征,如果管理不善,它们终有一天会消失在人们的视线

---

① 侯晓盼. 方寸故事:中国近代商标艺术[M]. 重庆:重庆大学出版社,2009:40.

之外,即每一个品牌都跟人类一样面临着衰老的问题。②品牌价值与顾客价值的不一致:另一个影响品牌老化的原因是品牌价值与顾客价值的偏离。斯坦(Stan Maklan)和西蒙(Simon Knox)指出:"消费者之所以购买一个特定品牌的商品,就是希望它可以满足自己的需求。"①时代的发展加上人们文化素质的不断提高使得消费者的需求日趋多元,但是很多的传统品牌并没有意识到这一点,它们始终保持着自己原始的状态,这样就无法满足顾客与时俱进的消费需求,进而致使品牌老化。③市场环境的不断变化:一个传统品牌能不能在长时间的市场竞争中保有活力,其自身的外部适应能力至关重要。科勒(Keller)认为,外部市场环境不是固定不变的,当顾客的个人喜好或品味发生变化,当市场上出现新的竞争对手或新的技术时,传统品牌就会遭遇老化的危险。与此同时,"一个传统品牌为了争夺市场而消耗大量资源以适应外部环境的举措也会提高其老化速度。"②在亚洲,如日本、韩国这些国家,由于本土的商业特点、文化特点以及品牌理论的引入,它们与我国有相似的"传统品牌"发展问题。日本是一个崇尚手工技艺的国家,它保留了许多古老的技艺手法,同时也保留了不少传统品牌。在 20 世纪 80 到 90 年代,品牌形象理论被引进,曾经形成了日本特点的形象设计模式,发展到今天,其品牌形象设计带有浓重的日式风格。日本传统民艺品牌——"甲州印传屋"③自 1582 年创业,已经有四百多年的历史,产品由日本师傅手工制作,至今已传十三代(图 3-1)。它曾以袋物(钱袋、手袋等)为主要产品,现在又增添了日本草屐、皮带、旅行袋等多种产品。其作品不仅美观,而且被认为增加了具有韵味的、颇有吸引力"和风"特色,1987 年被指定为日本传统工艺品。

随着社会消费竞争的日趋激烈,"变"将是品牌克服老化,使品牌生命得以

---

① Stan Maklan,Simon Knox. Reinventing the brand:Bridging the gap between customer and brand value [J]. Journal of Product & Brand Management,1997(6):2.

② Brian Wansink,Jennifer Marie Gilmore. New uses that revitalize old brands [J]. New York:Journal of Advertising Research,1999(39):2.

③ 甲州印传屋:日本甲州自古就盛产鹿与漆,印传屋自 1582 年创业,产品由日本师傅手工制作,至今已传十三代。其工艺之繁复及其设计具有高度的艺术美感,被认为是日本的手工工艺代表,因此日本经济产业大臣指定其为日本传统工艺品。

图 3-1　日本传统民艺品牌——"甲州印传屋"

（图片来源：http://blog.sina.com.cn/s/blog_623a7e2a01011t65.html）

不断延长的有效途径之一。品牌必须随着市场环境与消费者需求的变化而变化，不断创新发展路径与加深延伸方式，这样才能使一个品牌长期立于不败之地。"老字号"品牌形象的创新设计需要走出"倚老卖老"的怪圈，在品牌形象创新中不能只强调传统，采用复古的形式，当然这并没有什么不妥，但在创新层面来说这是远不够的。"对传统传承的意义，不在于僵化地保持传统，而在于如何在传统的基础上创新，使传统具有新的生命力。因此在设计上运用传统图形，不应简单地把旧有的传统团生硬地借用，没有任何意义。"[①]在全球化情况下，不同设计风格影响着我国的当代设计，我们在提倡推广传统中国设计的同时，也在受到国外优秀设计的影响，这将引导甚至改变我们未来的设计。正因如此，在"老字号"品牌形象创新设计中我们不仅仅只有继承传统这一条路可以走，而是可以融汇多种设计形式，形成自己的设计风格，以起到企业品牌形象转型的目的。

　　前面提到的老品牌"永久"自行车（创建于 1940 年），它作为中国最早生产制作自行车的品牌正在经历着一次重要的转型，从交通工具向生活方式的转变。"永久"创新研制一系列新产品，竹制自行车已经上市，用手机遥控的电动自行车也有了概念车。永久自行车还在上海开设了一家咖啡馆，这既是

051

---

① 杭间，何洁，靳埭强. 岁寒三友：中国传统图形与现代视觉设计[M]. 济南. 山东画报出版社，2005：155.

一家骑行主题咖啡馆,也是自行车品牌的一家主题店,永久近年的一些新产品,以竹木为材质的竹马自行车、两轮自行车等,都能在这里找到。[①]轮胎制成的吊灯、车铃制成的点单铃、墙上挂着车座和车把制成的装饰,浅褐色的原木色调的"永久"店招,显示出这家自行车主题咖啡馆"怀旧""环保"的特色(图3-2)。"变"使得一个品牌充满生机与生命力,富有想象力的创新才能不断演绎品牌经典。

图 3-2 "永久"骑行主题咖啡馆

(图片来源:http://www.canyin168.com/Article/xw/72131.html)

"老字号"的品牌形象设计需要的是年轻与活力。"老"并不意味着不能符合年轻消费者求新、求异的个性需求,"老"只是资历老、创始年代老,绝不是形象的老化。澳大利亚人类学专家多莉·滕斯托尔(Dori Tunstall)说:"设计将无形的价值从人的切实体验中表现出来。"[②]让我们尽可能有效地利用设计向外界传递信息,达到"四两拨千斤"的完美效果。如今打开多数标有"中华老字号"字样的品牌网站首页,映入眼帘的是铺天盖地强调传承年数、拥有多少代传人、创始年代的字句,如此单纯而生硬地解释"老"是令消费者乏味、困顿的源头之一。"老字号"品牌不该过度强调"老"的程度,应简单明了地告诉消费者"老有所值"之处,给予他们新颖、变化的形象风貌,提起消费者的兴趣,表现出尊贵、大气、精致的总体印象,活化"老字号"的品牌形象气质。

---

① 上海永久自行车主题咖啡馆设计[EB/OL].[2015-03-21].http://www.gavindesign.com/shanghai-forever-bicycle-theme-cafes-design.html.

② 黛比·米尔曼.像设计师那样思考:二 品牌思考及更高追求[M].济南:山东画报出版社,2012:45.

二、"国"色添香——品牌形象之显外

1. 形多样，本依旧

"老字号"国货品牌形象在"看外表"的社会中脱颖而出，让品牌"焕然一新"，达到"瞬间识别"的程度，品牌形象是对消费者的服务和承诺的无形资产。品牌的"形"可以理解为品牌产品的精神面貌，也可以是有别于其他品牌形象化的标志。就形态和色彩而言，形象的打造最直接的方式是靠图案的装饰和表达。"图案"一词在传入中国后被等同于"设计"，中国现代著名工艺美术家、工艺美术教育家雷圭元在英国美学家 E. H. 贡布里希(E. H. Gombrich)著作《秩序感——装饰艺术的心理学研究》中提到："图案是实用美术、装饰美术、建筑美术方面，关于形式、色彩、结构的预告设计。在工艺材料、用途、经济、生产等条件制约下，制成图样、装饰纹样等方案的通称。"①中国传统图案在文字产生之前就已存在，仰韶文化时期的人面纹、鱼纹等彩陶纹样；夏商周的龙凤纹、饕餮纹等青铜纹样；漆器上的云兽纹、花卉纹样……一直到建筑上的旋子彩绘、和玺彩绘、苏式彩绘，充满了祝福吉祥之意。"中国纹样中存在规矩、礼法、和谐之美。"②古人云："无规矩不成方圆。"《吕氏春秋·分职》中提到："为圆必以规，为方必以矩，为平直必以准绳。"有了形式的限制，活动才会有序。中国书法讲究"'书法'之'法'者，程式、方法、形式是也。"③中国思想中的等级、尊卑之分在设计的各个领域都有所体现。其中对称是权威显现的表现形式，《礼记》对此提出了"中正无邪，礼之质也"的说法。"不饰之饰为极饰。""质胜文则野，文胜质则史。文质彬彬，然后君子。"(《论语·雍也篇》)相互的协调和共融是生存的美学。形式、选材尊重自然才是设计之道。

中国人传统审美观中存在类比思维，认知事物的方式具有综合性，所以，中国人通常凭借可感的形式与心境来设计。中国古代山水画中存在"得意忘象"

---

① E. H. 贡布里希. 视觉传达设计原理[M]. 范景仲，等译. 湖南：湖南科学技术出版社，2001.
② 翟墨. 人类设计思潮[M]. 石家庄：河北美术出版社，2007：135-141.
③ 翟墨. 人类设计思潮[M]. 石家庄：河北美术出版社，2007：136.

的说法,意象即为中国人的主观精神与客观对象的形式再现的结合。美国诗人和文学评论家埃兹拉·庞德(EzraPound)曾把"意象"称为"一刹那间思想和感情的复合体"①。标志是具有识别性和象征性的视觉符号,容纳了品牌精神、文化,成为"有意味的形式"。除此之外,标志是品牌产品销量的有利宣传者和推销者,是品牌的守护者。最早的图腾标识在商业市场形成过程中逐渐具有了品牌效应。中国的标志设计内容的选取经历了早期以装饰推广为主要目的;新中国成立后为工业生产服务,以民间人物、动植物为主要对象;再之后多表现自然朴实、传递正能量、宣扬党的精神、人民当家做主的思想等几个阶段。"老字号"国货的品牌标志具有整体化、可视化、象征化的特点。"书法艺术是众多艺术门类精髓的提炼,是精粹中的精粹。书法艺术之美,美在形体,美在寓意,美在那种水墨刚柔并济的韵味。"②早期的部分"老字号"标志以书法字体来体现各自的文化。"上海制造"一直是中国文化繁荣的标志,遍布南京路的广告吸引了众多游客。民国时期的上海"真老大房"③(创建于1851年),其门面招牌的字最初是由上海知名书法家唐驼先生所题,为了与假冒老大房区分,原名为"协记老大房茶食店"被改为"真老大房","真"字外加了一个圈。1949年后招牌字体较之原来具有了细长工整的特点。而后南京路步行街上的"真老大房"字体又有了变化,原来间距较远的圈中"真"字与"老大房"三字成为了一体,行楷字体用笔流畅但抑扬顿挫,整体稳中求变(图3-3)。字体的改变表明了"真老大房"企业家对品牌的重视和厚爱。

　　如今,时尚潮流不断更迭的品牌现状,反而促使"老字号"愈发需要凸显中国元素,使其在品牌形象建设中独树一帜。品牌形象除了通过其标志体现,品牌产品和包装也是直接展现方式。老子曰:"埏埴以为器,当其无,有器之用。凿户牖以为室,当其无,有室之用。是故有之以为利,无之以为用。"(《道德经》第十一章)包装作为盛放物体的空间,是对"体"的设计,也是对消费者追求优越

---

① 曹方. 视觉传达设计原理[M]. 南京:江苏美术出版社,2005:274.

② 陈岚,蒋灵珺. 论中国传统元素在老字号品牌的创新运用[J]. 上海包装,2012(4):29.

③ 王自强. 记忆上海:南京路百年老店[M]. 上海:上海三联书店,2011:96.

图3-3　上海"真老大房"
（图片来源：作者自摄）

感的心理需求的满足。包装最直观的展示就是其美观性，一般的包装外形为规则的矩形，其可视的四个面作为信息编排与传达的最佳位置。信息文字与图案的编排在产品的包装上要突破传统造型的规律，实现产品外在造型与内部功能结构的整合，即满足消费者个性的追求。材料的质感可视化表达符合产品特性。上海富贝康有限公司创立的"百雀羚"（创建于1931年）品牌包装不断创新，扩大了消费者群体范围。早期该品牌名为"百雀"，包装图案是由四只小鸟和英文"Peh Chao"组成，后来品牌名变为"百雀羚"。其产品润肤膏备受关注，销售秘诀之一就是包装的小巧和精致。不像普通的矩形盒型，扁圆形的小铁盒方便爱美的女性随身携带，醒目的黄色盖子与蓝色盒身令人愉悦，四只小鸟或飞或歇于枝头，位于圆盖四个方向，使得视线路线自然落到盒盖的中心位置，隶书字体的"百雀羚"三个大字迅速给人留下视觉记忆。蓝底白字组成的矩形刚好从中间将盒盖"拦腰斩断"，英文"Peh Chao Lin"附于大字下方，中心视线周围的一圈装饰连带盒盖边缘联系了盒身。包装整体传递了中国传统精神中的喜庆寓意，以轻松亲切的方式提前让消费者感受到了产品四时皆宜的功效，成了品牌精神与承诺的象征。包装上的英文也迎合了当时消费者"炫耀"的心理特点。后来此款产品包装图案将鸟的形状简化了，底纹做了浅色的装饰，字体笔画长短粗细做了细微调整，使得每个字被无形地"框"在一个方形中，字与字的关系成了一个完整的矩形。包装去掉了边缘的圈，蓝色矩形延伸到了边缘，产品被包装在了一种文化中。

055

2. 色深刻,质不变

"中国古代色彩的运用,极为注重利用其表情特征产生的象征性功能,并成为一种强大的观念形态。"[①]色彩所预示的心理特征是反映视觉情绪的最主要因素,其明度、纯度、色相三者间两两间的不同组合会形成无数种效果。每个国家都有各自的民族色彩,中国的"五色观"与传统哲学思想"阴阳五行论"紧密联系。正如《周礼·考工记》中提到:"画缋之事,杂五色。东方谓之青,南方谓之赤,西方谓之白,北方谓之黑,天谓之玄,地谓之黄。""金""木""水""火""土"对应着"白""青""黑""赤""黄",五行犹如系统中的环节,环环相扣,正是因为互相照应,世间万物才得以正常运行。五色在中国古代帝王将相的地位象征,五行中的"木"被推为最高形象的代表,黄色自然成为了最高权威的象征。谢赫在《古画品录》中提到的"六法"之一"随类赋彩"强调的就是色彩的主导作用。最终五色中的"黑"与"白"为所有色彩的综合体。黑色,实际上是自然物象色彩与色彩的心理感受的全面映现,它不是任何具体的色,但又无色不包。

"老字号"国货品牌产品的色彩应该遵循中国传统哲学思想,赋予人的情感、心理变化、身份地位等内容。同时品牌属于一个企业,其色彩与企业标准色相符,应用范围涉及品牌标志、产品包装、广告宣传、店面装潢等。杭州市食品酿造有限公司旗下的"五味和"(创建于 1903 年,光绪二十九年)名字源于"五味之变,不可胜尝。"以四季徽式茶食糖果、苏式糕点为主要销售产品。其最初标志由苍劲有力的书法字体组成,"笔不到而意到"的气韵跃然于匾额上。后来标志结合了杭州钟灵毓秀的特点和中国传统的窗花元素,将字放到了图形中心,对称式的构图符合传统审美标准。字体统一使用红色所代表的喜庆、热情、隆重、积极的情绪在圆融中更加耀眼。"五味和"产品包装色彩主要采用红色系和黄色系,使消费者的视觉与其对品牌形象固有的印象产生联系。包装外部的设计或结合了传统元素漏窗中虚实的空间关系,或从古代提篮盒的形式转化而来,大气富贵的植物纹样寓意与色彩寓意相统一。产品不同种类的搭配在不同的包装中有序地陈列着,包装的不同开启方式丰富了消费者生活方式,代表了

---

① 曹方. 视觉传达设计原理[M]. 南京:江苏美术出版社,2005:221.

产品的不同层次,满足了不同阶层的消费者需求(图3-4)。

图3-4　杭州"五味和"产品包装设计
(图片来源:http://www.wuweihe.cn/,http://www.youboy.com/pics82645565.html,2016-12-4.)

　　"老字号"品牌形象的视觉消费离不开形与色的综合运用。形状和色彩的辨别是由不同明度、纯度、色相所引起的区域面积的边线围合所组成的整体决定的。

　　3. 货真实,技高超

　　"老字号"经营最重要的"情"是"真"。"真"即诚信,除了自身的"诚",还需要在处理与消费者之间的关系上的"信"。"信"更能让消费者所体会和感动。"老字号"是我国的民族品牌,凝聚了世代传承的独特技艺、经营理念和优秀商业文化,是和谐商业、诚信商业、文明商业的集中代表,是中华文化动态的、活化的、充满生命力的传承载体,是中华民族弥足珍贵的文化瑰宝和人类文明的宝贵财富。尽管不同的企业所处行业各不相同,但"老字号"经久不变的文化内涵无不包括诚实守信的经营原则、尊重顾客的服务意识、对产品质量精益求精的职业精神,尤其是"童叟无欺、货真价实"更是"老字号"长盛不衰的法宝。例如,"同仁堂"的"炮制虽繁必不敢省人工,品味虽贵必不敢减物力"的训诫,给消费者传递出放心消费的信心。服务贯穿在品牌产品的整个生命周期,实质就是人与产品的交流过程。从消费者产生消费需求、引发购买动机、了解产品信息、选择产品、购买一直到评价反馈,"老字号"国货品牌知名度和信誉度就已经在起作用,如今线上与线下的销售模式只是不同的服务方式。

　　"老字号"国货一般经营领域有美食、医药、百货、茶食、衣帽等。品牌有了整套的形象塑造意味着产品生命周期中的某些环节中的要素,即质量、功能、技

057

术、服务等,已经深入人心。质量的保证离不开取材、做工、管理之道。最初的"老字号"主要靠师傅向徒弟授予技法的方式来取得顾客的信任。就餐饮类来讲,同类品牌竞争现象屡见不鲜,怎样立足门户,重要的"独门秘方"是根本条件。各"老字号"的掌门人深知经营管理核心,凭借与各领域的接触,利用社会的大环境悉心关照着自己的"小"门面。北京琉璃厂文化街中的"荣宝斋",字号取"以文会友,荣名为宝"之意,经营之物避开了时代文化的愚昧糟粕,以精华的身份现身社会。经理王仁山取长补短,善于经营与张大千的深交赢得了大师的真迹,深得同行人的羡慕与赞赏。除了友人的"帮助","荣宝斋"的真功夫——木板水印还实现了真迹的第二次生命,传承了"以文会友,荣名为宝"之意。

功能是品牌形象的实用价值。"老字号"国货的功能设计朝着新技术、新材料、轻巧易携、生态安全等方向前进着。"回力"是中国历史最悠久的轮胎品牌,该商标于 1935 年 4 月 4 日作为运动鞋的品牌被注册①。回力商标的创意源于英文"WARRIOR"意为战士、勇士、斗士,由此将"WARRIOR"谐音才得来"回力"中文商标名,而"回力"含寓"回天之力"喻指"能战胜困难的巨大力量"。"回力"是中国最早的时尚胶底鞋品牌。在 20 世纪 70 年代,"回力"鞋几乎就是运动休闲鞋类的唯一象征,相比解放鞋而言,它简洁鲜明的设计在那个同质化的时代显得卓尔不凡。到 20 世纪 80 年代时,拥有一双"回力"鞋在青少年中已经成为潮人标志。如今"回力"在了解了消费群体特征和市场需求后,品牌发展方向由单一的专业运动转到了运动、休闲时尚、DIY 的混合模式,所用材料也增加了能防水的布料,可弯曲面料赋予了产品的随性,色彩沿用经典色,融入中国元素,产品整体更轻便而复古。

三、一表"仁"才——品牌形象之主内

"老字号"国货品牌的内涵并不是对传统中国文化的肤浅理解,并非"形"的简单套用和照搬,而是要将传统中国文化的精髓,即"神",融入进去。"老字号"是我们民族的瑰宝,不仅具有悠久的历史,更蕴含着优秀的企业文化,这也构成

---

① 回力官网:http://www.warriorshoes.com/,2015-2-26.

中华民族的文化瑰宝。如果说"老字号"国货品牌形象是一个人的"脸",那么其蕴含的文化底蕴就是它的"精气神"。"老字号"历经百年沧桑,沉淀着文化底蕴,其附加的文化价值是一般品牌所无法比拟的。也正是由于"老字号"国货品牌的世代相传,才使"老字号"企业能永葆年轻,屹立于时代前列。

1. 实干活,讲诚信

"老字号"国货品牌形象的内在美胜于外在美,中国历史留下的优秀传统美德与精神,如中国传统法家思想强调造物活动的功效性和务实性;儒家提倡的"中和",[①]人与自然是综合共同体;"礼让"思想;道家的"天人合一"思想以及中国古代园林中的寄情于景的营造理念都决定了品牌形象塑造的成功。消费者购买的是包含"真诚""共享""包容""人性"的"仁"性产品。"老字号"国货经营过程中,师傅与徒弟相互扶持、互换角色,取得"真经"的师傅"火眼金睛",挖掘继承祖传家宝的接守者,而正在"取经"的徒弟保持着虚心求教、耐心体悟、忠实待师、坚持不懈的精神继续前进着。

"老字号"国货品牌具有优秀的文化内涵。每个品牌的形成都有自己的一个传说,都有自己特有的经历,正是因为如此形成了自己的一种文化。这些文化在其店铺的字号、店训、店员、传说、装饰、建筑、牌匾等多方面得以体现。如"济惠民"药店在字号名称上就表达了救死扶贫、惠及万民的高尚医德。再有企业内的醒世牌匾,如杭州"胡庆余堂"(创建于 1874 年,清同治十三年)的"戒欺匾",以及在其配制成药的密室里的对联:修合虽无人见,诚信自有天知。"修合"指把各种药材原料调配在一起,配制成药。由于药方的保密性,一般都在密室中进行,外人看不见,即使少搁点珍贵药材、以次充好的原料、缺斤短两,做成的药丸子,别人也是难以发现的。但是,"胡庆余堂"坚决杜绝这种行为,并以"戒欺匾"予以警示。又如,"同仁堂"秉承"同修仁德,济世养生"的创业宗旨;"一丝不苟,精益求精"的敬业精神;"童叟无欺,一视同仁"的职业道德。此外,如"仁爱堂""修义坊""三不欺"药铺等都体现了高尚的职业道德和人文关怀。品牌名称中的仁义不是表面现象,在商人的行动中同样贯穿着"诚信""仁义"。

①　朱熹. 四书章句集注[M]. 北京:中华书局,1983:18.

"诚"是"老"店的自我评判也是发展的核心。初期的"老字号"店从无到有，不需要"正式"的场地。街边小摊、推车、兴致吃喝、真诚服务便是生活的本真和"诚"。"老字号"在"诚"上一直没变。除了师徒之间的相互坦诚，还有"老字号"对员工、顾客的"真"。"瑞蚨祥"的"至诚至上、货真价实、言不二价、童叟无欺"经营理念、真心为员工着想的福利激励政策赢得了广大而坚实的群众基础。"全聚德"用笔在鸭头做记号、在鸭脚挂铜牌的"点鸭胚"销售行为以及上烤鸭的师傅在顾客面前"玩"起的娴熟刀法，使得新鲜鸭肉更有味道、更让人放心。还有一些"老字号"针对顾客在购买、使用品牌产品过程中遇到的问题积极弥补，细心周到。因此，品牌信誉度与知名度自然而然得到了提高。

2. 善待人，齐分享

"老字号"品牌形象本是生活方式的写照，其真诚也体现在共同分享和包容，即字号的"善"。和谐美是由"老"城市、"老"百姓、"老"生活共同构成的。虽然现在一些生意兴隆的中华"老字号"搬离了"旧"环境，但环境育人，他们仍不忘珍贵的"交往"情怀。心"大"了，路就宽了，品牌形象给人带来的亲切感与熟悉感也就增强了。初期的中华"老字号"关系融洽得像一家人，当初"全聚德"只卖鸭子，顾客想品尝隔壁某店的糕点，"全聚德"的伙计即刻向隔壁"借"来端至顾客面前，此时的鸭子与糕点已经成为营造"大"环境的中介，使可见的环境转化成了情感交流的场所。

"百事善为先"，做人做事做企业都应该讲求善。尤其是现代企业，更加重视"善"。企业是社会所给养的，有了成就也不忘回报社会，这是优秀企业的表现。"善"也使得企业得到人们的好评和信任，"老字号"品牌更是离不开"善"的经营。例如，北京"同仁堂"便是"善"举多多的"老字号"企业。"在同仁堂漫长的发展历史中，乐氏子弟们努力追求济人、济世的境界。北京是国都，会试考场在北京。北京又是顺天府所在地，所以乡试考试也在北京举行。每届乡试和会试时，各地应试之人离乡背井，云集北京。同仁堂派人到各省会馆及应试人的住所，赠送助消化、防伤风感冒、祛水土不服的小药。"①冬天，数九寒天，滴水成

---

① 曹源. 老字号的文化底蕴[M]. 北京:中国时代经济出版社,2003:108.

冰,穷人身上衣裳单薄,肚子饥饿,"同仁堂"便设粥场,送棉衣,帮助穷人过寒冬。夏天,酷暑难当,"同仁堂"便施暑药,帮助人们消暑过夏天。在每天晚上关门打烊之后,"同仁堂"都在街道两旁的明沟挂两盏打灯笼,为过路人照亮。在人们黑夜出门从"同仁堂"的街道路过的时候,远远地就能看到门口挂着两个大灯笼,灯笼的光照亮了夜路,而灯笼上的"同仁堂"三个字也便深深的铭刻在他们的心上。"老字号"的"善"再扩大来讲,即为"无私"的"赠予"。"吃亏是福",这在"老字号"国货品牌形象中体现得再明显不过了。这种"亏"在"老字号"眼中是自愿和福,这些"多余"的美换来的就是顾客的回馈。

"美"是人在消费之后,表现的心理"美",而"美"便是"老字号"品牌形象所追求的能够给消费者带来的额外感受。商业的第一目的是为了实用,但是人类文明发展到一定阶段,就会在实用之外添加商业行为之外的美。"它是在使用价值之外对于顾客的一种馈赠,也是字号本身的制作者的一种荣誉。尤其是这种外在之美具有了相当的文化内涵,这家字号往往就会增添一个'老'字。"[1]当顾客在消费之后还在评价议论它的时候,首先不再是关心其产品本身的货真价实,而是体会自身在消费中得到的乐趣和美的享受。"老字号"品牌在经营过程中把顾客视为最大,处处为顾客考虑,这反过来也使顾客找到消费的价值所在。也因如此,"老字号"国货品牌形象才能取得民心,经久不衰。

3. 显特色,承文化

"老字号"品牌的手艺和产品属性大多带有浓重的地域性文化色彩,它的包装形象根据产品的功能特性,采用独具地方特色的材料制造出别出心裁的造型,巧妙地将产品所属地的地域文化特色表现出来。在"老字号"没落的今天,这些包装上的考究被严重忽视,如南京的"金陵折扇""南京云锦"的简陋包装在店铺中显得廉价而乏味,它们本身的价值被埋没在了普通的品牌形象中。"老字号"的地域特色是其品牌形象创新的重要依据,本土化的包装不但能表现地域的文明历史、人民的性格气质、民族的风俗人情,同时体现出设计师对地域传统文化及乡土风情的认识和体验,使消费者在享用产品的同时也感受和欣赏到

061

---

① 徐城北.转型艰难老字号[M].北京:新世界出版社,2007:71.

"老字号"的品牌文化背景。

图 3-5 上海"双妹"月份牌
(图片来源：https://baijiahao.baidu.com/s? id＝1612757977129300940)

在往日，像"月份牌"这样具有时尚性的商业宣传形式很受企业的喜爱，于是以绘画形式作为"老字号"国货品牌形象的商标和宣传画日趋流行。相对于中国传统的书法牌匾，绘制的宣传画更容易被消费者所接收和收藏。由冯福田创立的上海化妆品牌"双妹"（创建于 1898 年，清朝光绪年间），可以说是最具代表性的"老字号"国货品牌。"上善若水，海纳百川"是祖先对上海的赐予，中西混血主义与在矛盾两极之间游刃有余，是上海人意识形态的写照。而反映在女性世界里，又形成从上海名媛到都会新女性所独有的内敛的开放，静中蕴动的风情。"双妹"就是这种风情的代言人。"双妹"所代表的上海名媛文化就是东方与西方、民族与国际、摩登与经典、传统与时尚、内敛与开放的有机结合。含蓄是东方意态的传统表达，是骨子里的文化根基；而热烈和奔放，则来自于对西方风潮的倾慕。正因"双妹"体现的东方女性的独特魅力，所以采用当时最为流行的"月份牌"的形式。1910 年开始，"双妹"聘请被称为"月份牌画王"的关蕙农等月份牌名家为其绘制月份牌广告。"一对身着旗袍，神情略带羞涩与温婉的美少女并肩而立"，这样的月份牌不仅在彼时走入了众多老百姓的心中和家中，也成为中国月份牌的经典代表（图3-5），同时还和"双妹"品牌的化妆品完美结合，取得了骄人的成绩。当下，"双妹"品牌更是把握时代的脉搏，引领时代潮流,由蒋友柏先生及其所率领的橙果设计团队重新设计的"双妹"品牌形象,再次引领时尚界,成为国际品牌。

设计师在设计品牌产品包装时,应通过了解产品所属地的民俗民风,概括当地地域文化的特征特点,在此基础上进行创意构思,设计出造型生动的包装结构,通过产品包装将"老字号"的地域性及人文情怀表现得淋漓尽致。虽然旧日"双妹"的产品包装样式已经无从考究,新"双妹"却始终希望通过具有十足上海风情的设计,"用世界语言来讲上海故事",使消费者在感受到更多摩登气息的同时还能够情牵旧时光,也使得品牌能够达成传统和时尚的双层价值认同。红色瓶体流畅、高贵,配合黑色雕花瓶盖,显得精致而复古,简单却蕴含风情。"双妹"系列产品的包装色调中,红色和黑色两种对比非常鲜明的颜色进行搭配,简单而清晰,浓烈中却又带有一丝含蓄。若有若无间,带出一种源自"夜上海"的传统情感文化体验。

文化源自原始时期,部落种族的"伪装"是为了攻击、防御与对神信仰;制造工具过程的标记行为延续了看似简单,却又能对自身认识有强烈提示作用的文化行为。文化在独特的标记中成为了图式系统的高级状态。"老字号"国货品牌形象不仅仅是传达信息的符号,它更离不开神韵的存在,即文化。文化性也代表了品牌的历史传承,这种传承代表着"老字号"品牌的发展历史、文化背景,文化也正是"老字号"品牌赖以生存的精髓所在。文化是消费者区别对待"老"与"新"的根本要素,"老字号"实质就是优秀产品质量和品牌信誉所形成的商业文化体。文化的物化可以从"形"上入手。很多出类拔萃的"老字号"在"形"的设计上保留了中国传统图案和审美方式,物化了品牌历史的悠久,寄予了对品牌形象前程发展的希望。

小结

品牌形象特征建立在文化语义中,"老字号"品牌形象设计不是对中国传统纹样、思想的照搬。它的根是扎实的,开出的花是自然而然的。我们应该保留优秀的"遗传基因",在视觉范式中对"老字号"技术、材料、经营方式等不断创新,实现情感的视觉化表达。随着社会形态、消费者审美以及市场需求的发展和演变，"老字号"大多仍旧保持这样的旧貌"倚老卖老"或是"倚老卖新"，在现代化品牌的冲击和竞争下，更显单调而无趣。一个成功品牌的形象需要及时反映时代感，即使是"真金不怕红炉火，酒香不怕巷子深"的"老字号"，也需要符合大众的审美需求，懂得将有形的招牌化作消费者心中无形的品牌印象。其次，同类企业以及相似产品彼此间竞争所带来的同质化现象使多数"老字号"品牌在复杂的市场环境中弱化、模糊、缺乏亮点；往往只看到眼前的经济利益，忽略企业的品牌文化发展、产品个性化发展；看到有市场的产品类型便一哄而上、纷纷效仿，忘记自己品牌原有的特点及产品特色。要立足于市场，"老字号"就必须明确自己在品牌形象特征上的劣势和问题所在，及时更新品牌、调整形象，才能脱颖而出，"老"而有所"新"。

"老字号"的品牌形象相较现代品牌显得陈旧而缺少鲜明的特征亮点，无法从同类竞争者中脱颖而出，反而被忽视、排挤，或是抄袭、仿冒。最终，"老字号"将徒留招牌，无物可争。品牌是一个光鲜亮丽的外壳，"老字号"的当务之急就是通过创建其完善的品牌形象系统，对互为竞争的品牌进行差异调研，使品牌信息的形象元素表意清晰，具有更强的可读性，更好地引导消费群体进行选择。对"老字号"品牌形象的再设计并非是一个无中生有或是简单改进的过程，而是当下人们对"老字号"品牌形象从模糊认知到逐步清晰化的过程，最终呈现出一个可识别的视觉形象，成为"老字号"有形的灵魂，重新给予"老字号"品牌形象强大的生命力。

第四章
"老字号"国货品牌形象设计创新因素及重要性

"老字号"国货品牌拥有悠久的历史和深厚的文化积淀,是品质和信誉的象征。然而,也许正是因为这"悠久"与"积淀",使得目前国内许多"老字号"观念陈旧,缺乏创新精神,导致品牌老化逐渐失去优势进而丧失市场。要想发展"老字号"国货品牌,首先须创新品牌形象设计。品牌形象设计创新"主要包括产品质量、性能、造型、价格、品种、规格、款式、花色、档次、包装设计、服务水平以及产品的创新能力等方面"[①]。现代市场对于品牌产品的要求呈现出多样化、个性化的趋势,这就要求企业需要具备持久的创新能力,从产品特色着手,不断加强品牌形象的更新。良好的品牌形象能够促进消费,在物质丰富的时代,品牌形象对产品的宣传与营销起到了至关重要的作用。"随着竞争日趋激烈,品牌形象成为企业间竞争较量的一个重要筹码,成为企业进入新市场、抵御其他竞争对手的利器。"[②]同时,品牌形象还体现了品牌文化及品牌魅力在满足消费者心理需求的同时,也对消费者的价值取向及审美品位具有引导作用。"品牌形象的创新是指对品牌形象所包含内涵和外延的创新。它是品牌创新中对消费者

065

---

① 杨莉萍. 品牌管理[M]. 合肥:合肥工业大学出版社,2011:115.
② 李艳. 设计管理与设计创新:理论及应用案例[M]. 北京:化学工业出版社,2009:121.

影响最直接的部分,也是消费者对品牌追求的根本所在。"①有了良好的品牌形象,就相当于增加了"老字号"品牌的无形资产。品牌的形象设计是整个企业形象策划的核心,是造就名牌的关键。"老字号"需要对消费者进行不断地研究,并针对自己产品的档次定位,对消费者进行准确的市场细分。

"老字号"国货品牌形象设计创新是为了求"新",而不是为了求"老"。只有创新才能有发展,品牌形象更新是根据消费者对品牌的反应而对品牌进行的阶段性调整,优秀的品牌形象设计创新与适时的品牌更新是保持品牌活力的因素之一。创新模式不仅是单一因素的变化,还需要企业有较大的战略调整,应是一种集成创新。品牌形象是否需要革新,有来自外界的影响因素,也有自身存在的内在因素。对"老字号"国货品牌形象的创新设计是进行品牌活化的必要手段,对其生存与发展具有积极的促进作用,终将使"老字号"品牌在新时代焕发青春。

一、"老字号"国货品牌形象设计创新因素

世界著名品牌领域专家大卫·A. 艾克(David A. Aaker)在其著作 *Building Strong Brands* 中对品牌创新的背景作出了总结,主要包括以下几个方面:品牌认同或执行表达不佳时,品牌认同或执行过时时,品牌认同或执行吸引的市场有限时,品牌认同或执行缺乏时代性时,以及品牌认同或执行趋于疲乏时。"老字号"国货品牌形象在面对强有力的市场竞争时所表现出的疲态是不容忽视的事实,并且根据马斯洛需求层次论,消费者的评价标准会随着需求的不断满足而提高,曾经合理的品牌特性或品牌承诺逐渐会被消费者所抛弃而成为新的发展需求中的不合理现象。"因此,这就要求品牌必须创新;同时,通过对原有品牌的创新,还可以使消费者获得同一需求的不同程度的价值体验。"②

品牌的核心内容是品牌资产价值,它是品牌存活的根本保障。品牌资产价值的流动是分析品牌形象设计创新因素的切入点。当下"老字号"国货品牌的

---

① 何裕宁. 论企业品牌的形象创新[J]. 商场现代化,2006(31):241.

② 薛可. 品牌扩张:延伸与创新[M]. 北京:北京大学出版社,2004:285.

品牌资产价值处于流出期阶段,这一时期的品牌形象已经开始老化,产品逐渐被其他新品牌的产品所取代,品牌资产价值开始减弱。对品牌形象的创新在这时显得尤为重要,关乎着品牌的存亡,通过对品牌形象内涵和外延的创新,能够使品牌的生命力得到延续,为品牌资产增添新的价值。

1. 影响创新的外在因素

（1）经济发展日新月异,"老字号"显"旧"

20 世纪 80 年代以来,人们更多地开始注重市场、重视效率、重视发展,生产技术的迅速发展,为市场提供了层出不穷的新型消费品,产生的市场竞争愈演愈烈,这给"老字号"国货产品带来的压力也是越来越大。面对新时代摇篮里孕育出的新产品,"老字号"的优势越来越小,它的"老"渐渐变成了"旧",对消费者的吸引力也渐行渐弱。经济的高速发展同时应促进"老字号"品牌形象的发展演变。纵观历史,品牌发展不是静止的,它应该是动态的。例如,"苹果"公司作为世界杰出的品牌之一,在电脑、个人数码领域处于世界领先地位。苹果产品以出色的产品设计、开创性的创新理念、优秀的用户体验获得全球数亿用户的喜欢。苹果公司的品牌标志也是世界公认的杰出设计之一 。"苹果"的第一个标志是由罗·韦恩（Ron Wayne）用钢笔画的,设计灵感来自于牛顿在苹果树下进行思考而发现了万有引力定律,苹果也想要效仿牛顿致力于科技创新。后来,Regis McKenna 广告设计公司为苹果公司设计了一个全新的标志,被咬掉一口的苹果造型很特别,彩色条纹充满了人性化,充满了亲和力。就这样,我们所熟知的彩色苹果标志诞生了。1997 年,史蒂夫·乔布斯（Steve Jobs）重返苹果后重整公司,将品牌理念定位为简单、整洁、明确 。至今苹果的单色标志仍然被使用着,也是最能体现 Steve Jobs 对苹果的品牌定位的标志[①]（图 4-1）。苹果标志的每一次变化都体现出核心产品的变革,苹果并不是放弃简约主义,而是品牌的核心价值发生了变化。因此,苹果新标志也许是在表示 The New iPad

---

① 从苹果标志演变——谈品牌标志发展［EB/OL］. ［2016-05-03］. http://www. chinaz. com/manage/2012/0319/240590. shtml.

的视网膜显示技术将是苹果下一步的发展核心。①

图 4-1　"苹果"标识演变
（图片来源 https://www.sumaart.com/share/1004.html）

　　如今设计的风格、方式、形式都在变化，而"老字号"的百年标志被视为历史珍宝，轻易不变，大多数"老字号"国货品牌都认为招牌即口碑的代表，老顾客只认"老"不认"新"，越老才越有保障，所以他们对于标志、包装等基本是保留原貌，形象简陋、陈旧单一、识别力较弱，严重阻碍了"老字号"企业在现代商业社会中的发展。毫无疑问，"老字号"在其漫长的历史发展过程中形成了许多优良的传统和技术，这是宝贵的物质文化财富，需要继承下去，但如果这种继承是一种僵化的模式，仅仅是简单的照搬照抄，缺乏与时俱进的创新精神，那么这种继承便是一种形而上的套用，不仅对"老字号"的传播与发展起不到良好的推动作用，并且由于其脱离时代、不符合市场发展规律，还会导致品牌的没落甚至消亡。

　　品质好的产品往往能够给消费者留下深刻的印象，并促进消费者进行重复性消费。"质量是品牌的基石，所有强势品牌最显著的特征就是质量过硬，这里的质量不仅包括产品要达到质量的技术标准，也包括各种服务质量。当消费者对产品评价很高，产生较强的信赖时，他们会把这种信赖转移到抽象的品牌上，对其品牌产生较高的评价，从而形成良好的品牌形象。"②质量保障体系体现着企业的服务质量，是维护品牌形象的重要环节。具有较高质量的产品会强化品牌形象，并形成良好的品牌信誉。例如，创立于 1906 年的汽车老品牌劳斯莱斯，是世界公认的质量最优良的汽车品牌。它高超的质量打造出了劳斯莱斯高贵的品质。其创始人亨利·莱斯（Henry Royce）曾经说过："车的价格会被人忘记，而车

---

① 王红.新文化下的苹果电脑标识——苹果电脑标识的演变[J].企业导报,2009(2):134.
② 李艳.设计管理与设计创新:理论及应用案例[M].北京:化学工业出版社,2009:121.

的质量却长久存在。"由此可见,产品形象是品牌形象的内在表现,品牌形象的优劣取决于产品的质量和水平。"老字号"国货品牌形象在经历了历史的洗礼之后,所呈现出的历史文化面貌是品牌的宝贵资产,然而,要想获得当今市场和消费者的青睐无疑需要调整品牌形象中各要素的构成,使之适应市场的新需求。

(2)消费观念变化,"老字号"无法适应

市场经济的繁荣、消费观念的改变、外来品牌的侵入,使得"老字号"国货品牌的生存空间越来越小。制约老品牌生存发展的因素众多,主要包括:核心产品单一、品牌形象退化、目标消费群老化和管理机制僵化等方面,其中,品牌形象是"老字号"国货品牌在市场和社会公众中的个性表现,体现着消费者对品牌的评价与认知,反映着品牌文化及实力。

进入21世纪,广大群众的消费观念发生了巨大的变化。观念作为对客观存在的反映,会随着客观现实的改变而不断变化。不断的改革与发展,改变的不光是国人的物质生活水平,同时也改变了人们的精神面貌、思想观念和行为方式,消费观念也因此逐渐变化着。计划经济教会人们艰苦朴素的优良传统和勤俭节约的消费观念,而今"新三年、旧三年、缝缝补补又三年"的观念正在逐渐淡去,人们在重视发展的同时也开始重视生活品质。随着产品种类的增多,人们的选择余地更加宽广,求新、求异、求美成了消费的重要参考标准。而"老字号"国货品牌形象不够新、不够异也不够美,徒有好的口碑却留不住消费者的心。

(3)审美观更迭,"老字号"停滞不前

美是人类社会实践的产物,是客观事物在人们心目中引起的愉悦的情感,审美观是在人类的社会实践中形成的。不同时代、不同文化的人具有不同的审美观,所以说审美观是具有时代性、民族性的。时代在发展,民族在交融,人类生活在同一化,经济在全球化。这样的大背景下,审美的趋势无法停留在某个"老字号"国货品牌兴盛的时期。西餐、可乐、时装、汽车,不断地引进、同化,人们也在接受和革新。各种生活观念、时尚观念通过电视、电影、杂志、网络等信息渠道大量涌入人们的日常生活,人们从中发现更多设计新颖、造型时尚、质量优良的商品,这使得人们消费视野更加宽泛。"更美"一词的意义已经模糊,人们开始更多地关注自我和个性的表现。在物质保障的前提下,他们追求潮流和时尚,满足精神上的需求和更高的物质生活。在这样的审美态度驱使下,"老字号"国货品牌若停滞不前就等于慢性"自杀"。

"老字号"国货品牌的产品经过时间的检验,已经具有广泛的市场接受度,然而,在商品过剩的今天,想要在同类商品中脱颖而出,单凭优良的品质是远远不够的,还需要对现代人的审美观念和消费心理进行研究,不断加强产品形象外观的创新建设。例如,作为拥有近 500 年历史的"TORAYA 虎屋"是日本古老的糖果品牌之一,是日本老牌和果子制造商。它完好地保留了日本的"和风"与传统,让人在品尝日本美味甜品的同时,感受日本和风文化。"虎屋"一直以来都坚持对产品进行实践性的探索。2014 年"虎屋"与设计师渡边康太郎(Kotaro Watanabe)合作了一款极具创意的点心 Hitohi-one day,携手打造未来的和果子。Hitohi 一共由五个形式各异的日本点心组成,它们分别代表了从黎明到上午、到正午、到日落、到夜晚的五个时刻 ,而对应各自的时间,设计师又专门为每个糖果特别设计了不同的成分和营养,同时在点心颜色上对应了光的日常变化。① 这种新式和果子从设计主体——人出发,在充分关照五感体验的同时,体察需求背后的人文内涵,为老品牌在新时代谋求更广阔的发展空间。

(4) 传播形式增多,"老字号"劣势凸显

传统的商业广告形式,如报刊广告、户外广告是最为常见也是霸占广告界时间最长的种类。由于经济快速发展,广告媒体的种类逐渐增加,广告传播的形式也愈来愈多,网络的普及促使广告信息几乎时刻在更新,智能手机的频繁使用也使得广告的投放量与日俱增,平面广告逐渐发展出影视广告。在这样的多方式传播下,国内的广告设计逐渐从传统的"商业美术"向"现代广告"方向转变,成为一种综合传播形式。

现代广告的经营理念由欧美、日本等发达国家于 20 世纪 80 年代传入中国,国内广告设计界的交流也日渐频繁。国内设计师积极学习西方现代广告的成功经验,并将大卫·奥格威在 20 世纪 60 年代中期提出的创意观念"品牌形

---

① 夕阳太短暂:这几款设计帮你留住美好[EB/OL][2016 - 03 - 28]. http://ro. sohu. com/20160224/n438379238. shtml.

象"引入了国内广告设计界。许多设计机构开始专注于为品牌服务,它们在品牌建设、品牌文化培养、品牌形象设计和品牌形象维护方面逐渐成熟起来。借助品牌形象设计发展的力量,"老字号"需要步入品牌化的行列,随着品牌化的进程,品牌形象设计的创新亦应一同进行,做到名副其实的品牌模式,而不是空谈品牌。

2. 影响创新的内在因素

（1）产品形象老旧俗套

"老字号"的配方和制作工艺大多都是百年传承,产品的质量都是有所保障的,所以同类产品里,产品形象的创新是一道直观、有效的突破口。改革开放前,由于中国社会商品经济的滞后,中国商业艺术设计水平在国际上也长期处于一种落后的状态。产品包装是产品形象的重要组成部分,它的优劣直接影响到消费者的购买欲和品牌在消费者心中的印象。产品包装应集品牌理念、产品特性、消费心理于一身,再好的产品,用不入流的产品包装再加上本身便宜的价格,会受到消费者的忽视甚至轻视。纵观现存大多"老字号"的产品包装就可以发现,大多制作粗陋、色彩俗气、使用不便。所以非常有必要在产品形象上做创新,改变"老字号"的旧有面貌。

"老字号"品牌视觉形象中的文字设计是其视觉元素的重要组成部分,也是企业识别符号个性化的一个重要组成部分,它在企业视觉识别系统中占有重要的地位。通过收集分析"老字号"的标志,我们发现"老字号"的标志中大多仅有汉字元素,在汉字体的使用中,多为行、楷、隶、篆等字体,极易产生模式化,形式没有区别,使标志变得易复制,缺乏自我特色。而新时代下新生的品牌,标志中的文字个性十足、新潮时尚。当然,字体设计完全不同于一般的美术字概念,而是根据汉字的字词原义,以形象化、夸张、变形、加强个性特征等手法,进行创意重构,对汉字外形与结构予以再设计,从而新颖独特,醒目突出。所以,"老字号"在重新设计标志的时候要具有强烈的视觉冲击力,还要注意字和图之间的协调统一,外形或笔画设计需要表现出企业的经营理念和行业特征,还可以根据产品特性,加以个性化处理,个性化的设计容易唤起消费者的想象和记忆。

"老字号"标志中的色彩多为红色、金黄色,这两种颜色在我国寓意着吉祥、喜庆,但趋于过度运用。例如"内联升""同仁堂""张一元"（创建于1908年,清光绪三十四年)等,他们虽然行业不同,但是标志中的色彩都很相同,都由红色与金黄色组成,红底色,金黄色图案(4-2)。细数我国"老字号"千篇一律的金字招牌或红字招牌,再加上传统的书法字体搭配传统纹样,形式也颇为相似,不但容易造成审美疲劳,而且无法成为某一品牌的特定色彩。这样的视觉系统使"老字号"显得毫无生机。"老字号"要想使标准色恰如其分地表现出行业特征,突出产品特色,应当充分考虑消费者对色彩的判断习惯,在色彩的选取方面,尽量考虑产品的属性、特点等因素,而不能只是简单地追随传统色彩。将现代时尚的色彩巧妙地融入老品牌的标志中去,在色彩的视觉表现上有所突破,大胆运用未曾尝试过的色彩,以凸显品牌个性,形成"老字号"的独有特色。

图4-2 "老字号"传统色彩
(图片来源:作者自摄)

(2) 文化形象概念弱化

文化产生于人类社会的发展进步之中,是人类社会最主要的组成部分之一,既拥有精神层面的核心内涵,又离不开物质层面的物化载体。而品牌作为社会存在,其精神与物质相统一的特性使其成为了文化传承的合适载体。无论是文化创新还是其他文化发展形势都是建立在文化传承的基础之上。而品牌所承载的文化,是在品牌自我运动和发展过程中凝聚的,并非企业经营品牌的初衷。文化对于"老字号"品牌来讲应该是最有力的竞争优势,"老字号"本身就是文化与历史的积淀,它承载了一方水土的精神内涵和人文情怀。在百年的传承中,并非有意而是自然形成的这样深厚的"老字号"国货品牌文化底蕴,反而给了"老字号"倚老卖老的错觉。当下许多新兴品牌都积极运用宣传和营销手段,挖掘、塑造其背后的故事和文化,让消费者信服、牢记且愿意长期购买。然而,"老字号"在这方面却不尽如人意,他们也许认为自己已经有了百年历史也就拥有了百年人气,不需要人为地进行改进文化形象,殊不知这样的行为反而被竞争者夺走了老顾客,也断绝了新消费者的光顾,导致"老字号"逐渐地萎缩、消亡。文化是发展和变化的,品牌的文化形象也是需要被理解和被接受的,陈旧的文化不能为产品带来发展机遇,"老字号"需要适时的对文化形象进行包装和创新,保留文化中的精髓、延展文化脉络,塑造文化新形象。

"老字号"也可以结合时代发展,借助一些大型活动,通过绘制有趣味的系列故事或情景剧,设计出一系列适合各个消费群体的包装,引发消费者的兴趣,促进消费者的购买行为。如今很多新品牌及国外品牌的创意手法独特,同一件产品有着多种包装样式,只要有消费者需求,就有属于他们的设计。"可口可乐"就是个很好的例子,享誉海内外的"可口可乐"于 1892 年成立至今依然是饮料界的巨头,其品牌形象总是定期作出更

图4-3 "可口可乐"纪念罐
(图片来源:http://blog.sina.com.cn/s/blog_56a7f0880100jfon.html)

新,每隔几年就会对旗下的产品包装更新换貌,迎合消费者不断变化着的消费观。"这种改变始终保持着一种渐进的态度,在革新的同时审慎的保留先前积累的品牌资产"[1],使视觉形象的演变循序渐进。他们还会随着国内外的大型活动生产精美纪念罐。2010 年的上海世博会,"可口可乐"顺利成为其赞助商,并设计了 4 款"可口可乐"纪念罐(图 4-3),融合了中国馆和中国元素,突出了浓厚的中国地域文化,这个国外老品牌虽然历史悠久,却将青春、活力、时尚表现得淋漓尽致,充分体现了包装设计的多元性。

(3)品牌视觉形象规范度不够

在长期的历史发展过程中,"老字号经过重重历练,自觉或不自觉地形成了一套还有很多欠缺的企业识别系统"[2],这个企业识别系统仍存在着诸多问题。

---

① 边东子.国宝同仁堂[M].北京:人民出版社,2010.
② 王辉.传统老字号的企业形象设计[J].商场现代化,2008(23):305-306.

据观察,老字号连锁店铺虽多,却缺乏一个统一、现代、规范的企业识别系统。例如,武汉的"蔡林记"(创建于 1945 年)开设了多个分店,同为直营店铺,企业的牌匾却尺寸形状不一,牌匾边框的花纹和样式也各不相同,"蔡林记"三个大字更是采用两种不同的书法体,这给消费者造成了识别上的困扰(图 4-4)。"蔡林记"的店内陈设缺乏统一管理和规范,给人一种杂乱、无序的感觉,这样的"老字号"虽然历史悠久,但却难以保持长久不衰。实践证明,连锁经营是企业扩大规模的重要途径之一,"肯德基"和"麦当劳"两大国外老品牌都是连锁经营的成功案例,他们有着现代、科学、规范的管理模式,品牌形象个性鲜明,极受年轻人的喜爱。我们要借鉴国外品牌的成功经验,为"老字号"建立完善的企业识别系统,为其连锁店铺树立统一的形象,将企业的牌匾、标志、字体、色彩等元素统一规范,实现连锁经营标准化。在视觉方面,做到视觉一体化设计,将各个分店与总店统一风格,将不规范的招牌字号统一规格,这样有助于企业信息明晰化、有序化,以更好的传递企业理念和服务,从而给社会大众留下深刻的印象。"人们不仅关心产品本身的特点,而且越来越注重产品提供者的情况,优秀的企业形象为产品销售提供了保障。"①只有社会大众对特定的企业形象有一个统一完整的认识,才能提升品牌影响力,将品牌做得越大越强。

图 4-4   武汉"蔡林记"连锁店

(图片来源:http://hb.sina.com.cn/travel/message/2013-06-17/082682881.html)

---

①   杰弗里·兰德尔.品牌营销[M].上海:上海远东出版社,1998.

在市场竞争中,原有的商业艺术设计手段早已无法满足企业和市场的需要,国外产品中所运用和体现的设计方式和设计理念给了国内企业极大的启发。20世纪80年代,设计师从品牌标志设计开始进行创新探索,逐步发展到品牌视觉系统的整体设计,这套系统包括品牌标志、品牌标准字体、品牌标准色、组合规范、辅助图案、品牌象征物等部分。在"老字号"品牌的发展中,大部分企业都停留在一块牌匾、一个书法提名的原始形象中,并且产品没有统一、标准的形象表现方式,只有较少品牌开始寻求整体系统的革新,"双妹""百雀羚"品牌视觉系统创新设计是比较成功的案例,它们一方面吸收了国外先进的设计经验,一方面对中国传统文化元素进行挖掘、整理和应用,创造出了适应市场发展并富有中国特色的品牌形象。人们在使用这些改造成功的"老字号"品牌时,不但能被品牌的形象吸引,同时也能感受到百年历史带给品牌的精神内涵,既有古雅风韵,又有时尚气息。黑格尔曾指出:"需要并不是直接从具有需要的人那里产生出来,它都是那些企图从中获得利润的人所制造出来的。"[1]这是告诉我们,品牌的视觉系统具有影响消费者偏好的能力,产品的热销可以使该品牌的形象风格成为审美潮流,一个成功的品牌视觉系统应该高于产品,也能溶于产品,更能帮助产品。

(4) 品牌信誉遭受质疑

品牌信誉形象是社会公众及消费者对一个品牌信任度的认知和评价。"老字号"品牌信誉的建立需要各方面的共同努力,是关乎整个品牌经营活动的基础。在信誉上,传统的"老字号"仅注重质量信誉,而现代企业的品牌概念中,信誉已经发展为多方面,它包含质量信誉、服务信誉、合同信誉、包装信誉、三包三保信誉等。它们是维护顾客品牌忠诚度的前提,也是品牌维持其魅力的法宝。"老字号"的连锁经营模式由来已久,在管理和分配上逐渐呈颓势。有的"老字号"发展加盟连锁"一哄而上",导致质量及服务难以及时跟上,员工素质得不到保证,卫生及服务出现下降;有的在店铺选址上不当,造成"内部消化"的现象;也有"老字号"分店为牟利益,使用材料作假,最终砸了自己的招牌。因此,"老

① 黑格尔.法哲学原理[M].范扬,张企泰,译.北京:商务印书馆,2010:207.

字号"品牌需要,建立一套完整的经营管理体系,去保证自身的质量、信誉和特色,给品牌形象打好基础。

品牌信誉是品牌获得消费者及社会公众的信任度和支持度,反映着品牌对社会的影响程度。产品形象、品牌视觉识别形象和品牌的文化形象共同构成了形成品牌信誉的基础性因素。对于企业而言,品牌信誉已经成为企业的无形资产,它决定了品牌的价值,形成了企业利益的作用机制。品牌信誉的建设是一个长期的过程,是逐渐被公众接受与认知的过程。在品牌文化和品牌价值观的影响下,使消费者感受到良好的品牌形象,并通过口口相传形成社会的广泛认知,从而促成品牌信誉的实现。品牌的信誉度攸关品牌的生命,想要打造强势品牌,必须加强对品牌口碑的建设。"老字号"国货品牌经过漫长历史的检验,在社会中拥有广泛的知名度和良好声誉,这是老品牌的宝贵优势。在此基础上,要加强对产品形象、品牌文化形象和品牌视觉形象的创新建设,扭转在当代消费者心中老品牌陈旧的固有印象,不断推陈出新,既要体现出"老字号"产品的优良品质,又要体现出其现代特性,为"老字号"在新时代获得广泛的接受度和信誉度打下坚实的基础。

"老字号"品牌应该充分开发适用于自己产品的使用体验,将质量和信誉与消费者体验完美联结起来,保证在最大程度上激发他们的情感与热情,用这种强大的内驱力不断巩固消费者对"老字号"品牌的忠诚度。例如,中国台湾地区老品牌"孔雀饼干"1969年上市,作为一个面临品牌逐渐老化问题的"老字号"饼干,为了重新唤起消费者的注意力和购买力,"使用目前台湾地区年轻人粘着度最高的两个网络平台 Facebook 和 Youtube"[①],号召大家以网络留言的方式提供自己的吃法。在连续三天的活动期间,网友们提交了自己的吃法之后,品牌以即传即拍的手法进行互动,并且以黑色幽默式的表演共拍摄出 25 个由网友提供的吃法所演出的广告,活动成效甚好,而且"孔雀饼干"的销售增长高达五成。由此可见,如果"老字号"品牌善于找到并利用适合自己产品的体验方式,

---

① 孔雀饼干的 25 种吃法[EB/OL].[2014-04-20]. http://www.adquan.com/post-8-27082.html.

在准确结合当下目标族群行为的基础上,一定可以完美唤醒消费者的品牌记忆与情感。

二、"老字号"国货品牌形象设计创新的重要性

"老字号"国货品牌的老化与衰退是不容忽视的事实,许多经营不善的"老字号"企业都面临着存亡的危机。所谓品牌老化,就是"由于某种原因,品牌在市场竞争中的知名度、美誉度下降以及品牌销售量、市场占有率和覆盖率降低等,这些品牌"受冷落"的现象,称为品牌老化"[1]。正因为品牌产品具有一定的生命周期,所以,品牌形象设计必须紧跟时代的脚步进行适时的改良,只有通过不断提升品牌的形象设计才能改善当下"老字号"国货品牌老化的问题。"老字号"国货品牌形象设计的创新是在充分考察市场现状的前提下,对品牌作出的阶段性调整,是品牌传播与发展的核心举措,更是解决老品牌视觉形象陈旧与老化的根本出路。"进入 90 年代以后欧美营销界提出了市场品牌战略,对企业形象理论产生了重大的影响,品牌意识开始逐渐融入形象识别设计中,在日益激烈的市场竞争中,越来越多的公司发现突出品牌形象日趋见效,受品牌理论支配,企业在形象识别的建设中开始引入新的要素,例如品牌定位、品牌个性、品牌联想、品牌体验等等,而所有这些要素构成了消费者所认同的品牌价值。"[2]日本品牌设计师原田进在其所著的《设计品牌》一书中肯定了品牌形象的重要性:"商品的经济时代已经过去,取而代之的是品牌的经济时代,决定消费者购买决策的最重要因素是品牌,而不是品质。在产品的销售过程中,起决定作用的不再是商品的本身,而是企业显明的品牌形象。企业卖的不是差异化的商品,而是差异化的品牌概念……品牌代表的是一种定位、一种理念,更重要的是一种价值。"[3]

品牌形象能够直观地传达一个品牌的风貌和风格,消费者亦可以轻而易

① 余明阳,梁锦瑞. 名牌的奥秘[M]. 武汉:武汉大学出版社,1999.
② 席涛,戴文澜,胡茜. 品牌形象设计[M]. 北京:清华大学出版社,2013:14.
③ 原田进. 设计品牌[M]. 南京:江苏美术出版社,2009.

举、有意无意地从中读懂其中的视觉语言,获得该品牌的表面信息,从而感知品牌的外在和内在。我国 20 世纪 60 年代至 80 年代带有强烈的时代印记的"飞跃鞋",其品牌既缺乏相应的营销手段和渠道推广,也没有足够的知识产权意识。2005 年旅居上海的法国人帕特里斯·巴斯蒂安(Patrice Bastian)无意中看到了"飞跃鞋",一眼就发现了其中的潮流元素和商业价值。随后他找到了当时拥有"飞跃"商标使用权的大博文鞋业,经过协商获得了"飞跃"的口头商标授权。帕特里斯·巴斯蒂安在取得了海外版权后,抢先在欧洲注册了 FEIYUE 商标,经过重新包装、设计,使其身价倍涨,迅速攻下了法国市场,短短四五年内便成为法国市场最大品牌,而在欧洲卖到几十欧元一双的 FEIYUE 鞋实际上与国内"飞跃鞋"品牌均无任何关系。国内"飞跃鞋"与欧版"飞跃鞋"的天壤之别让我们意识到"老字号"国货品牌形象设计的创新是如此重要和迫切。

1. 揭示"老字号"国货品牌的价值

"老字号"是中华民族物质与文化结合的历史遗珍,凝聚着几代人的劳动智慧和奋斗历程。它是我国最具代表性的品牌,在时代的夹缝中起起落落,即便市场竞争愈演愈烈,也有如"同仁堂""恒源祥""楼外楼""双妹"等经受住考验而重新焕发生机的"老字号"品牌,它们承前启后、涅槃而生,逐步实现了向符合现代社会的品牌转换,甚至走向世界。然而,大多数的"老字号"国货品牌没能经受住国内外各种层次品牌竞争的冲击,呈现出颓废、萎缩的状态。"老字号"身着厚重的历史痕迹传演至今,它起源于落后的封建王朝,却要在先进的新时代谋求一席之地。如果不能摆脱落后的"小富即安"思想,积极探寻品牌发展的新路子,将无法应对当今世界快速的发展和变化,甚至被时代淘汰。

牛津大学客座教授拉里·珀西(Larry Precy)是一位广告沟通高级顾问,他曾经做过一个啤酒试验:当顾客不知道所品尝啤酒的品牌时,他们很少能找出不同点;反之,当顾客知道所品尝啤酒的品牌时,他们的情感却是偏向于所知品牌。这说明"品牌的价值与顾客对品牌的文化与情感认同密切相关"①。现如今,大多濒危的"老字号",仍固守旧制、坐以待毙,不懂得品牌价值的重要性。

---

① 凯文·莱恩·凯勒. 战略品牌管理[M]. 李乃知,等译. 北京:中国人民大学出版社,2003.

消费者在选购产品时的主要依据是他们平时是否熟悉这个品牌,"老字号"悠久的历史是消费者熟知的基础,虽然有这样的先天优势,但是长久不变的形象无法从外在表现"老字号"的品牌价值所在,更无法吸引新的消费者去了解。品牌价值不但可以量化具体品牌所具有的价值,还可以揭示出各个品牌所处的市场地位、品牌价值的内涵和规律。为塑造品牌在消费者心目中的特定形象,使之与其他产品区别开来,我们需要挖掘"老字号"品牌的真实价值,为其寻找强有力的品牌核心竞争力。"老字号"品牌需要强化商标注册意识,重视无形资产的评估。但是,作为一笔巨大的无形资产的"老字号"如果没有实际竞争力,最终也会失去品牌的生存能力。品牌价值建设需要在品牌内涵和外延方面进行再创新,重新审视"老字号"品牌在消费者心目中的品牌形象、品牌价值和品牌文化,寻找目前品牌建设中存在的不足之处,进行完善和改进。

在 2014 年中国品牌价值评价信息发布会上,国家质检总局副局长陈钢在致辞中强调:"'中国制造'遍布全球市场,但中国品牌在国际竞争中还处于弱势,某种程度上可以说是'制造大国、品牌弱国'。虽然也培育了一定数量的知名品牌,但具有国际竞争力和世界影响力的中国品牌却寥寥无几。面对世界经济未来发展趋势,中国必须更加重视品牌建设,努力打造一批竞争力强、附加值高的拳头品牌,推动经济持续繁荣发展。"①我国品牌在国际化竞争中,有"联想""海尔""百度""新浪"这样的境外上市品牌,也有 2014 年入选世界最有价值品牌第十的"中国移动"。英国品牌评估机构 Brand Finance 发布 2018 全球 300 个最有价值的电信品牌榜②:"中国移动"名列第三位,品牌价值 532.26 亿美元……它们作为国际化品牌的先驱者,开拓了"中国创造"的品牌之路。全球企业纷纷开始进行品牌的更新与强化,各种品牌理念和形象设计风潮层出不穷。"老字号"品牌需要找到适合自己的品牌创新"加速器",不断地给大众带来惊喜与变化,让消费者以一种新的方式感知我们老品牌的文化与价值。例如,老品

---

① 武志军. 盘点中国品牌内涵和价值　透视中国经济"新常态"——2014 年中国品牌价值评价信息发布现场纪实[J]. 中国品牌,2015(1):27.

② 2018 全球 300 个最有价值的电信品牌榜[EB/OL]. [2018-02-28]. http://www.sohu.com/a/223989097_800039.

牌嘉兴"五芳斋"(创建于1921年),是以粽子为主的食品生产加工企业,虽然历史悠久,但是企业仍在跟随时代不断创新。他们不仅拍摄"五芳斋"《舌尖上的中国》宣传片,而且还通过赞助各种活动传播"粽子文化",如举办"分享幸福的味道""赞助世界大学生龙舟锦标赛"等一些公益活动,倾情演绎着幸福真谛。"五芳斋"不仅拥有自己的特色网站,而且在天猫、京东及1号店等各大电商平台都有自己的旗舰店,可以说是"老字号"品牌中与时俱进的一家老企业。从传统文化中充分挖掘品牌理念与灵魂,然后通过一种创新的语言与形式表现出来,这将带给一个老品牌无穷的张力。

2. 树立"老字号"国货品牌意识

"所谓品牌意识就是指一个企业对品牌和品牌建设的基本理念,它是一个企业的品牌价值观、品牌资源观、品牌权益观、品牌竞争观、品牌发展观、品牌战略观和品牌建设观的综合反映。"①社会经济的发展趋势,使得同类产品品质之间的差别越来越小,"老字号"国货品牌在保证质量水平的同时也需要树立品牌意识。它不只是一个普通的商业机构,而是一个经过百年传承、与中国传统文化紧密相连、有着明显的地域特征的独特文化识别符号,这也是品牌形象设计创新所必须兼顾的要素。在现代经济社会中,品牌是一种战略性资产和核心竞争力的重要源泉,树立"老字号"国货品牌的品牌意识是品牌建设的基础理念,是对其产品自觉维护并创成名牌的强烈意识。"老字号"虽然资格老,但是面对竞争,只有强烈的品牌意识才能为其制定完善的品牌战略,这是现代竞争经济中引领企业制胜的战略性意识。在品牌创新中,形象设计的创新尤为重要,"老字号"产品的材料和制作方式是其他产品难以比拟的,我们需要在其品牌形象上着重入手,对传统元素进行深度挖掘并创新、拓展。

(1) 合理使用意识

合理使用意识即"老字号"对其品牌效用与价值、合理使用品牌重要性的认知。"老字号"品牌的核心竞争力是其流传多年的独有技术,主要靠着师傅带徒弟的方式传授技术,而现在的年轻人多数不会选择这样的工作,造成了"老字

---

① 品牌意识[EB/OL]. [2015-05-20]. https://baike. so. com/doc/5375942-5612045. html.

号"品牌的人才缺失。传统"老字号"的文化基石是儒家文化,讲求"和气生财",所以无论是在经营理念,还是设计理念上都偏保守,这与当今快捷、强势的"新媒体"①传播时代是不相适应的。在产品形象上,"老字号"虽有特色,但却是属于过去的特色,不适应现代的多元化消费需求,更缺少新产品的开发;在技术水平上,虽然有独家秘方,但没有大规模地投入生产,不能大规模地进行销售;在传播上,传统"老字号"早已形成较好口碑,但口碑传播远比不上新媒体传播的速度,所以即使各方面都突出,但没有传播开来,也就很难实现其品牌的价值。唯有不断创新发展,促进品牌的合理使用和宣传,国货品牌才能成为"老字号"及其产品的代表或象征,并使"老字号"品牌形象的其他作用得以有效发挥。

在现实生活中,消费者在产生购买行为时往往会选择自己熟悉的品牌,而"老字号"就属于大众熟悉的国货品牌之一。这种购买行为不仅仅是对品牌产品本身的信赖,更在于消费者具有品牌意识,并认同国货品牌所传达出来的深层次文化含义,将其视为精神文化的需求和民族身份的历史认同。这正是"老字号"国货品牌需要保持、发展以及合理使用的精髓之处,从而保留消费者对其品牌的长久信赖。

(2)增强保护意识

"老字号"国货品牌的创新需要对品牌进行有效保护,为品牌发挥效用提供保障。通过品牌形象设计创新的手段,可最直接地把"老字号"的形象打入市场,维护品牌多方面的形象。如果产品质量过硬、企业信誉度高,则品牌信誉很快建立,而国货品牌发挥其应有效用的前提正在于其拥有较高的知名度和良好的公众评价。

纵观现实,由于种种原因,"老字号"曾遭到发展断层、技艺失传的严重打击。在城市建设中,更多的"老字号"被迫放弃以前有利的地理位置;而因品牌保护意识的缺乏,使非法假冒行为有利可图,其"与世无争"的态度导致商标被

---

① 新媒体(New Media):是一个相对的概念,是报刊、广播、电视等传统媒体以后发展起来的新的媒体形态,包括网络媒体、手机媒体、数字电视等。新媒体亦是一个宽泛的概念,利用数字技术、网络技术,通过互联网、宽带局域网、无线通信网、卫星等渠道,以及电脑、手机、数字电视机等终端,向用户提供信息和娱乐服务的传播形态。严格地说,新媒体应该被称为数字化新媒体。

抢注的事件时有发生,轻者损害"老字号"的品牌形象,降低了形象荣誉感,重者整个企业随之毁于一旦。

不进则退,同理,不"竞"也会"退"。前面提到的天津"狗不理"包子为"天津三绝"之首,其商标自 1997 年被一家日本公司非法抢注,直到 2007 年 10 月,天津"狗不理"集团终于与日方"狗不理"商标注册人办理了退还手续,历经十年之久,"狗不理"商标终于回归原主。而著名的"同仁堂"商标被日本、美国、韩国等多个国家的企业抢注,已无法通过诉讼或赎买讨回。据不完全统计,目前我国知名商标被海外抢注达 200 多起,有 15% 的国内企业商标已无法在境外申请注册。作为品牌形象的重要组成部分,知名商标的价值不言而喻。一个知名品牌的创立,需要数十年、上百年的不懈努力,一旦商标在国外被抢注,就意味着该品牌很可能失去被抢注国的市场,直接的经济损失和潜在的品牌信誉损失无可估量,其品牌形象的发展也会遭到巨大的限制和损害。可见,增强品牌保护意识迫在眉睫。

(3) 创新发展意识

创新与发展难解难分,"老字号"国货品牌应不断发展品牌、增加品牌深度,努力提高国货品牌的市场形象和品牌竞争力。国货品牌如果不能创新,其品牌得不到延伸发展而最终将会被市场所淘汰,不少"老字号"曾一度辉煌而如今却踪影难觅或生存艰难。综观我们身边的"老字号",其品牌形象十分混乱,常常能看到不规范的文字应用和不协调的色彩搭配,运用在产品和包装上使消费者不知所云。例如,南京"金陵折扇"大多用普通的纸盒包装,目的只是为了防止被挤压,类似装毛笔、书镇、筷子的包装盒毫无美感与特色,无法与非同类的产品进行区分。与其相反,上海"老凤祥"(创建于 1848 年)作为中国首饰业的世纪品牌,虽然走过了 170 多个春秋,但今天依旧是中国首饰业的第一品牌。其品牌屹立不倒的重要原因在于每次遇到各种危机时,"老凤祥"总会用独特的创新方式再次引领中国首饰业的发展。

美国著名品牌创建家马格·戈拜(Mark Gobe)曾说过:"当一种文化失去了它的创新精神和想象力,堕落为一种教条的、官僚政治的文化时,所有其他形式的创新思维就会窒息。"①传统品牌并不缺乏文化底蕴,但需要创新发展意识。"老字号"传承了中华文化的内涵,其历史和文化的积淀成为企业竞争的优势,同时更需要与时俱进,对"老字号"长期积存的品牌文化再次整合和提炼,使之符合当下的经济发展趋势,通过创新实现国货品牌文化的整体提升和动态发展。

小结

　　"老字号"品牌的影响力正日益减小,没有宣传就没有动力,缺乏动力便无法发展。"老字号"品牌要坚持对品牌的宣传,及时向受众群体表达品牌的新理念、新思想,巩固该品牌在消费者心目中的地位和影响。同时,还需要加强对品牌形象的保护,保证"老字号"的独特性和形象的合法权益,才能在创新设计中游刃有余,与其他品牌一争高下。如今,我们正处在一个高速发展的现代化、数字化、信息化的时代,新思想、新观念、新材料、新技术的不断更新给"老字号"带来了巨大的压力。在这样的竞争压力下,对品牌形象进行重新设计是"老字号"品牌得以生存发展的重要途径。品牌形象创新需从地域、民族、历史、文化上进行理性思考,保有"老字号"品牌的核心理念、精髓特色,将其真正融入现代社会经济发展中,从而推动"老字号"国货品牌的复兴与发展。

---

　　① 马格·戈拜.情感化的品牌:揭开品牌推广的秘密[M].王毅,王梦,译.上海:上海人民美术出版社,2011:19.

第五章
"老字号"国货品牌形象设计创新机制分析

　　机制,在社会学中的内涵可以表述为"在正视事物各个部分的存在的前提下,协调各个部分之间关系以更好地发挥作用的具体运行方式"①。这里所提到的设计创新机制是指品牌形象设计不断追求创新的内在机能和完善的运作方式。品牌形象设计创新活动是一个螺旋式上升的循环过程,它从创新设想的构思、开发、成品到推广,再到产生经济效益并反馈设计创新的意见,有利于再次创新设计需求。这个过程既有顺序,也有交叉作用,不断地推动设计创新的上升空间。因此,只有在正确有效的设计创新机制的支持和推动下,"老字号"品牌形象创新活动才能真正得以不断循环,持续发展。

　　"老字号"是在社会发展过程中不同历史时期、不同文化背景下所产生的,它所承载的文化内涵、独特的技艺形态、严谨的制作流程、持续性的经营理念和悠久的品牌故事,让"老字号"品牌名扬四海、经久不衰。然而,随着社会快速发展、市场环境的不断变化,人们对"老字号"形象开始慢慢淡忘,日积月累的品牌精神资产面临瓦解。如果不能紧跟时代节奏,"老字号"形象本身趋于老化、管理形式落后、传统传播方式陈旧,不能满足社会多样化消费需求等问题就会愈

---

　　① 机制[EB/OL]. [2017-09-12]. https://baike. so. com/doc/3255049-3429622. html.

加明显。只有向"老字号"注入新的元素、新的理念以及新的传播方式等，才能促进"老字号"品牌形象的创新。在 20 世纪 60 年代，美国奥美广告公司的创始人大卫·奥格威明确提出品牌形象论的观点："品牌形象需突出品牌个性，而每一则广告都应该看成是对品牌形象这种复杂现象在做贡献。"①美国营销专家菲利普·科特勒(Philip Kotler)曾说："品牌是一个名称称谓、符号或是设计，又或者是上述的总和，目的是为了使自身产品或服务与竞争者有所区别。"②"老字号"国货品牌必须梳理品牌发展的新理念，继承企业本身悠久的历史特征、深入地挖掘自身独特的文化底蕴，将这种新理念与历史文化相融合，形成品牌形象设计创新机制，为"老字号"品牌发展寻找正确的、新的定位，从而不断提升品牌识别力，提高产品的知名度，并且结合必要的品牌延伸，来实现"老字号"国货品牌的复兴。

我国于 20 世纪 90 年代开始对品牌理论进行研究，大多是对现有理论的批判与辨析，实证和模型研究直到近几年才逐渐接近西方品牌理论的研究水平。早期的"老字号"有着优等的质量和独特的制作工艺，秉承质优价廉的传统美德世代经营着自家店铺，忽视了品牌形象设计的建设，日积月累就导致"老字号"的视觉形象出现"老态龙钟"，不易识别、不够亲和从而产生负面影响，让消费人群大量流失，从而阻碍企业的发展和壮大。"任何品牌都不可能一蹴而就，它们在发展中必然都会经历肯定、否定、否定之否定的过程，这是所有事物发展的基本规律。品牌的否定之否定，即'变脸'，其本质是重新塑造品牌形象。"③如今，我们面对的是一个全新的媒体时代，在眼球经济的主导下，人们越来越追求情感的个性诉求和品牌魅力，这就要求"老字号"在重新设计品牌形象时，应保持本身特有的传统文化，整合形象资源，不论是基础要素系统，还是应用要素系统，都要注重传统与现代的结合，字体、颜色、图形的设计要符合现代审美，企业的标识、包装、店铺形象等的应用管理要统一规范……这样，"老字号"品牌才能

085

---

① 大卫·奥格威.一个广告人的自白[M].2 版.林桦，译.北京：中信出版社，2008：122.
② 生奇志.品牌学[M].北京：清华大学出版社，2011：4.
③ 萨伯罗托.森古普塔.品牌定位：如何提高品牌竞争力[M].马小丰，宋君锋，译.北京：中国长安出版社，2009.

够在新的机遇中获得永生。

一、品牌定位

1. 核心价值——经营理念

核心价值是一个品牌承诺并兑现给消费者的最重要、最具差异性与持续性的理性价值和感性价值的共同体。它是一个品牌的灵魂,消费者接受一个品牌,归根结底是认同该品牌的核心价值主张,这种由核心价值所赋予一个品牌的信仰和文化,逐渐渗透发展出具有超前性的企业经营理念。理念由核心价值内部驱动,并与之紧密相关,它们作为品牌定位独特的与众不同的核心方向,是一个清晰、有效的品牌成功的关键所在。例如,"加多宝"集团是一家大型专业饮料生产及销售企业,于 1995 年创立。2003 年"加多宝"将"王老吉"定位为预防上火的凉茶饮料,推出首批红色罐装"王老吉"。正是因核心价值精确的市场定位,"王老吉"像失控的印钞机,短短 8 年间,销售额从 1 亿元狂飙至 170 亿元,创造了商界奇迹。通过"加多宝"集团的成功运营,找到"防上火"这一核心价值,并作为它们与其他产品不同的经营理念,通过"怕上火,喝王老吉"这一广告语的成功推广,为消费者和产品之间建筑了一个清晰、有效的交流渠道,从而奠定了这一产品在市场上的销售地位和自身价值。品牌核心价值定位不仅仅是区别,更重要的是向消费者提供价值。美国品牌战略和营销专家埃里克·乔基姆塞勒(Erich Joachimsthaler)指出:"一个清晰、有效的品牌定位,必须是企业上下对这个品牌定义都有恰当的理解和认可,同时品牌定位必须与企业的发展理念及企业的文化和价值观相联系。"[①]它的基本原则就是明确品牌的核心价值,通过相应的沟通方式,以品牌价值冲击目标消费群体的心理,使其对该品牌留下深刻印象。这种品牌所倡导的核心价值一旦与目标消费群体产生共鸣,就很容易形成情感依赖和心理认同,有利于提升品牌的信赖度和忠诚度。

"老字号"在不同的品牌发展阶段,其品牌价值的诉求点也是不同的。①品

---

① 埃里克·乔基姆塞勒. 品牌管理[M].北京新华信商业风险管理有限责任公司,译校. 北京:中国人民大学出版社,2001.

牌初期,品牌价值诉求的重点是产品质量和实用性,满足的是消费者的基本需求,具有一定的品牌附加值。②品牌上升期,品牌的价值核心是较高的产品品质,为满足消费者在质量基础上的更高层次需求,品牌需要具备一定的产品细分和差异化功能,成为有品质的功能型品牌。③品牌稳定期,品牌的核心价值是代表情感、文化和个性等精神层面的需要,品牌附加值在这个阶段开始变大。④品牌成熟期,是品牌的最高级形态,品牌的核心是代表地位、身份、尊严、价值实现等最高层次的需求,其品牌附加值也是最高的。在英国著名广告学者约翰·菲利普·琼斯(John Philip Jones)教授的调查中,90%的人认为附加值在购买决策中起着重要的作用。英国著名的品牌管理专家莱斯利·德·彻纳东尼(Leslie De Chernatony)教授认为:"一个成功的品牌是一个可辨认的产品、服务、个人或场所,以某种方式增加自身意义,使得买方或用户觉察到相关的、独特的、可持续的附加价值,这些附加值最可能满足他们的需要。"[①]所以,产品附加值的增益已经成为消费者的需求趋势。正如物联网生态品牌"海尔"以高质高价的定位彰显"真诚到永远"和"一个世界一个家"的关怀,展示了一个成功品牌应有的价值观和品牌理念。"海尔"的品牌形象不仅仅是两个可爱的卡通人物,也不仅限于其出色的服务,同样也包含不断创新的设计理念,它是品牌形象发展的原动力。

我国的"老字号"品牌以独具特色的商品和服务以及良好的商业信誉和社会形象,积累下广泛的品牌知名度和良好的品牌美誉度。其对工艺的严格要求和对材料、质量近乎苛刻的标准是能取得消费者广泛认同和信誉赞赏的基础,这种以信任和情感构建的消费者忠诚度是"老字号"得以长寿兴旺的根本。杭州"胡庆余堂"创始人——清末"红顶商人"胡雪岩,在创堂之初便亲笔题下店训以告诫属下:"凡百贸易均着不得欺字,药业关系性命,尤为万不可欺。""胡庆余堂"恪守祖训,为保证药品质量,竭力做到"采办务真,修制务精",在药价上提倡"真不二价"(图 5-1)。正是"胡庆余堂"的这份难能可贵的诚实守信与治病救

---

① 莱斯利·德·彻纳东尼.品牌制胜:从品牌展望到品牌评估[M].蔡晓煦,等译.北京:中信出版社,2002:3.

人的情感,让消费者忠诚得以一直保持,并使得"胡庆余堂"至今已饮誉"江南药王"的美称140余年。品牌忠诚性具体表现为消费者会主动分配给自己所忠诚的品牌较高的消费份额,并向身边朋友主动推荐自己喜欢的品牌,并保持自己的消费行为与目标品牌的高度一致,长期持续的购买此品牌。Guest 作为最

图 5-1　杭州"胡庆余堂"(图片来源: https://www.sohu.com/a/343945548_652505)

早研究品牌忠诚度问题的学者之一,提出品牌忠诚的"偏好不变"理论,认为品牌忠诚是某人在一生中的某一段时间内偏好保持不变的特性,奠定了态度忠诚的理论基础。①

　　为了让消费者直接透过品牌形象本身、了解企业的品牌文化和品牌所具有的核心价值,品牌形象设计就应按照企业的价值理念来进行,通过对企业的标志、色彩、字体、包装、广告宣传等进行统筹规划,形成一个品牌形象设计创新机制的动态过程。这个过程实现的不仅仅是人与人之间的视觉信息交流,它更是听觉、触觉,甚至心灵上的感知与触动。可见,它是以人为基点,通过视觉等媒介手段将品牌形象的信息传达给消费者,给人以生理和心理上的不同感受,直接或间接地对品牌形象产生正面或负面的印象。随着消费文化的快速转变,消费群体的情感诉求已经成为构建品牌忠诚度和依赖度的重要驱动因素。要实现这样的目标,就需要在设计创新中,重视品牌文化的作用,发掘文化的内涵精神和外延拓展力。一方面,相对于新品牌来说,"老字号"品牌的优势是凭借其丰富的历史文化内涵和精湛的工艺技术积累了悠久的老品牌影响力与忠诚度。另一方面,对于"老字号"品牌所面临新的挑战来说,急需以一种创新机制将这种老品牌的情感忠诚度激发出来,从而得以继续延伸和提升"百年企业"的品牌文化。

---

① 范秀成,郑秋莹,姚唐,等. 顾客满意带来什么忠诚?[J]. 管理世界,2009(2):83-91.

2. 消费市场——目标群体

在后现代消费主义思潮的影响下,人们已不再满足现有的物质生活条件,而"人"作为社会主体的价值被瓦解,物质被"符号"所替代,符号成为控制一切的工具,消费符号化成为了一切锐不可当的趋势。正如法国思想家让·鲍德里亚(Jean Baudrillard)在著作《消费社会》中写道:"消费社会从根本上意味着消费游离于生产过程,在此基础上,物的实用性消退,非实用性浮出水面。"①当消费成为一种符号,作为一种利益交换的载体,象征着人们的身份、地位与个性。这种消费动机心理的变化,进而在一定程度上导致了人们审美价值观和心理需求的转变,由"理性"走向"感性"、"物质"转向"情感"。20世纪末,日本产品设计师平岛廉久曾指出:物质时代结束,感觉时代已然来临,正式宣告了"人的时代"的到来。

品牌形象是消费者对品牌的所有联想的集合体,要想使品牌形象符合消费者心目中的理想品牌形象,就需要进行品牌形象设计。菲利普·科特勒曾说:"持久的品牌能够给企业带来更多利益,成为顾客和公司之间的一种情感捷径。"②随着当今品牌产品同类性竞争越来越强,市场进一步细分变量也成了在实施品牌定位的过程中,有无特色成败的首选标准。深入挖掘基于目标群体的准确消费市场定位,实质是区分目标顾客差异化和顾客价值差异化,更深层次地挖掘品牌内涵,提炼出有效的、独特的文化诉求点,树立品牌鲜明的特点,为赢得"注意消费者"的新视角建立一个新的突破点。另外,目标群体对于特定的市场定位的认知,在很大程度上依赖于消费者特定的文化感知的基础上,消费者对定位的感知效果与其文化背景、生活环境、价值观念、消费习惯等密切相关。这种特定的文化背景会对品牌的认知造成重要的影响,对特定文化背景不理解的消费者,很难与该品牌定位产生共鸣。"老字号"医药品牌"同仁堂"的传统中医文化定位,区别了市场上西方的药品特性,体现了丰富的文化历史和特性,与消费者内心产生共鸣,得到了消费者的认可,也获得了良好的市场效果。

089

---

① 让·鲍德里亚. 消费社会[M]. 刘成富,全志刚,译. 南京:南京大学出版社,2000:98.
② 菲利普·科特勒,弗沃德. B2B品牌管理[M]. 楼尊,译. 上海:上海人民出版社,2008:38.

大多数消费者在消费物品时,看重的是物品所传达或标示的社会地位、文化内涵和时尚潮流,注重商品的核心价值,从而体现消费者自己个人的品位和追求。"老字号"也需要对消费者进行研究,进行准确的市场细分,它可以借鉴"宝洁"、"可口可乐"等运营品牌的经验,比如可以常年对消费者的形态进行研究。"老字号"需要转变观念,不要仅仅把眼光停留在产品本身上,更要懂得研究当下越来越挑剔的消费者的需求。如奥美广告创始人奥格威曾说:"在最顶尖的企业里,不论要耗费多少精力和多少时间,只要是对顾客所作的承诺就一定要做到。"[①]这个道理不仅适用于广告界,对"老字号"品牌形象的良好运作也同样适用。

国内广告学家赵军曾指出:"品牌是一个以消费者为中心的概念,没有消费者就没有品牌,品牌的价值体现在品牌与消费者的关系中。"[②]这类观点注重品牌与消费者之间的沟通关系,强调品牌价值的最终实现是由消费者来完成的。价值观的不平衡已成为"老字号"品牌发展中的重要矛盾之一。品牌形象的体系来自于消费者对该品牌的整体印象,这个不平衡的关键点主要体现在品牌价值与消费价值的分歧上。究其存在的问题,造成这种不平衡的原因有四点:①现在的消费者更加理性,更注重自我感受,期望更个性化的产品。②消费者需求的变化,其期望值就更高,单一的商品或服务已经很难满足消费者。③在基本需求得到满足之后,消费者仍希望品牌能够满足他们的潜在要求。④随着科技快速发展,企业很难保持技术层面的独特性,产品往往会趋向同质化。因此,"老字号"若仍旧停止不前、固守经营,必将拉大这种价值差距,造成无法挽回的后果。当然,"老字号"中也有创新经营成功的代表,例如,位于北京王府井的"全聚德"总店总是座无虚席,就餐高峰期食客在门口排队等号的情况司空见惯,已经成为北京的一道风景。

从经营上看,"老字号"的发展往往依附于当地的消费群体、零售业态和市井文化,其"前店后厂"式的经营是最为典型的模式。"老字号"大都是通过自身

---

① 汤姆·彼得斯,罗伯特·沃特曼.追求卓越[M].胡玮珊,译.北京:中信出版社,2012:123.
② 赵军.名牌:在传播中诞生[M].武汉:武汉大学出版社,1999.

使用功能和社会功能满足消费者需求的过程发展起来的,需要准确地把握当地消费者的需求偏好,为社会主流需求提供产品和服务,并从中逐渐形成自己的价值体系。例如,中国在饮食口味上有"南甜北咸东辣西酸"之说,不少食品类"老字号"生产的产品就会根据当地原材料优势和消费特点进行制作,形成了一定的工艺技术,如北京的酱菜、杭州楼外楼的醋鱼、成都的夫妻肺片等等。可见,品牌是通过用于和其他竞争者的产品或服务相区分的名称、术语、象征、记号或者设计及其组合,给品牌带来溢价、产生增值的一种无形的资产,而增值的源泉来自于消费者心中形成的关于对其载体的印象。虽然品牌属于企业,但品牌的最终决定权在消费者手中。所以,从"老字号"的角度来讲,品牌是其向市场传递自身形象、文化理念的有效手段,是产品和服务品质的担保和承诺;从消费者角度来讲,品牌是消费者对企业产品、服务质量、企业文化等所有信息汇总的印象。

3. 符号文化——品牌资产

"老字号"实质上是从全国的字号企业中优选的具有历史性和代表性的品牌,并对其进行了规范和定义。它不仅在经营理念方面带有鲜明的文化倾向,而且在历代经营中形成特色的字号、匾额、楹联、店面等也都极具符号价值。"老字号"品牌以其悠久的历史文化底蕴而著称,它的品牌文化属性最终表现为消费者关于历史传承性与民族特色的品牌联想。[1] 这个层面的字号情感受到消费者身份、文化、生活方式等的影响,具有长期性与独特性。文化层的情感是品牌信仰的最高层面,它足以让人通过已形成的品牌认知激起消费者某种有意义的回忆和情感依赖,从而建立起对品牌的长期价值认可与忠诚度。法国奢侈品品牌专家米歇尔·古泽兹(Michel Gutsatz)在接受《中欧商业评论》专访时提到:文化分为民族文化和商业文化,对于中国企业来说民族文化固然拥有,但是缺少开展品牌建设所需要的专门能力,避免照搬过去成功的商业模式,他们必

---

[1] 姬志恒,王兴元. 老字号品牌文化属性与企业价值关联性研究:以我国51家老字号上市公司为样本[J]. 山东社会科学,2014(8).

须去了解、学习和接受国际商业文化。① 这深刻道出了目前国内"老字号"企业衰落的本质原因,历史文化、产品质量和技艺传承等"老字号"企业均有体现,但是唯独不足的是缺乏对商业文化方面的运作,这包括形象设计对品牌资产如何更好地视觉再现。

在百年的历史进程中,我们发现字号名称、牌匾文化形式作为"老字号"铺面形象的独有符号,大多都被完好地保存和继承下来并沿用至今,显示出它们具有较强的稳定性,不会轻易随着社会历史变迁而改变。它们的存在不单是历史性的、文化性的,更是品牌形象设计的重要组成部分,需要我们在创新中究其内涵、扬其精髓,体现出"老字号"品牌的符号价值性。任何品牌的打造都需要时间,尤其是品牌文化要在消费者心中扎根更需要相当长的时间。"老字号"历史悠久、文化底蕴深厚,平均都有160年以上的寿命,有的甚至达到三四百年,有着国外老品牌以及现代品牌无法比拟的巨大优势。历史上的"老字号"服务于上至皇亲国戚、下至市井小民的庞大群体,岁月的积淀已在其品牌上打下了深刻的文化烙印,并产生了不可磨灭的文化情结,正是这种文化烙印维系着"老字号"过往的辉煌。"老字号"的匾额是它最宝贵的历史产物之一,在商业用途中,它被称为"招牌",是指"挂在商店门前写明商店名称或经销的货物的牌子"②,发展到今天,它也自然而然地成为了"老字号"的商标或是标志。它的特殊性在于独特的牌匾文化,融汉语、汉字书法、中国传统建筑、雕刻于一体,是集思想性、艺术性于一身的综合艺术作品,亦是中国独有的一种商业语言、文化符号。牌匾曾广泛应用于商号建筑的显著位置,向人们传达文化、商业等信息。它不仅是商品指示性的标志,更是文化的标志,甚至是文化身份的标志。

"老字号"的发展环境长期处于传统文化之中,极具文化传承的意义和价值。其中,不少"老字号"经营者本身就具有文人的身份,如"王致和""一得阁"的创始人都是会试落第的举人。文人经商,很自然地将所信奉的仁、义、礼、智、

---

① 创顶级品牌,我们缺什么[EB/OL]. [2013-09-18]. http://www.adquan.com/post-4-12401. html.

② 中国社会科学院语言研究所词典编辑室. 现代汉语词典[C]. 6版. 北京:商务印书馆,2012:1643.

信等儒家文化思想和文人之风应用于商业经营,在一定程度上影响"老字号"的形象、价值等取向。多数"老字号"企业最初只是家庭作坊,凭借手工技术和积累经验形成了独特的"祖传"秘方,让"老字号"品牌拥有独特性和神秘感。"老字号"所代表的符号文化是经过历史的洗礼沉淀而成,其中蕴含着传统的民众外显和内隐的生活方式,它承袭了本土文化,反映了当时的人们思想观念、审美水平、生活状况等,它的存在不仅为当时人们的生存创造出各种生活物品,而且也将当时的生活历史细致地记录下来,拥有自己的文化背景和根源,因此,"老字号"符号文化具有深刻的本土性特征。

本土性的符号文化是某一区域的人们在与自然的相互作用过程中形成的认识和智慧结晶。就像日本设计大师原研哉所说:"文化只有具有原创性和本土性才会被人接受。"[①]本土性的文化存在是"老字号"品牌区别于其他品牌的价值点,这种独特的情感精神内质也是让"老字号"品牌在未来发展中获得一席之地的有效制胜点。悠久的品牌文化沉淀与消费者情感的维系是这一层较困难的一步,它是品牌和消费者之间建立纽带的稳固桥梁,也是品牌长久立于不败之地的坚固根基。"老字号"品牌应该以传统文化为基点,积极拓展与时代相符的本土商号文化,以创新为品牌发展的源泉与动力,构筑属于"老字号"品牌与消费者的独特情感联结,使之能在时代的基础上亦趋同步。美国著名品牌"可口可乐"与国内"老字号"相比它在文化层做的就比较成功。品牌作为一种具有象征意义的符号,在人们的生活中扮演着很重要的角色,出现在无数人生活中的关键时刻和转折点,它代表着民主、自由、乐观和经济增长,所有这些都对"可口可乐"的成功至关重要。当被问到为什么消费者会爱上这个品牌,"可口可乐"公司全球设计副总裁大卫·巴特勒(David Butler)说道:"我想我们的品牌在他们的文化中扮演着某种角色。"[②]"可口可乐"代表着乐观、自由的生活态度,把人们生活中想要与别人分享的特殊时刻联系起来了,它这种无形的品牌

---

① 视觉中国[EB/OL].[2013-09-25].http://shijue.me/show_text/514ad44ae744f97a380000d6.
② 黛比·米尔曼.像设计师那样思考:二 品牌思考及更高追求[M].济南:山东画报出版社,2012:101.

评价与认知,正在影响着消费者心目中的品牌情感和记忆,当这种变化达到一定程度时,它会演变成一种持久的品牌文化与忠诚。

美国的品牌战略大师斯科特·戴维斯(Scott Davis)认为:"品牌定位实际上是我们的品牌在消费者心中所处的地位,当顾客联想起我们的品牌时,我们期望他们联想到利益和价值。"①这种隐藏在消费者心中的品牌符号文化经受一定时间的冲洗和作用,逐渐形成一个品牌所在消费者心中所信任的品牌价值。品牌文化是被消费者所接受的和认同的理念、价值、审美等,包括经营行为的总和,它不仅是企业文化的外在体现,也是社会文化的外在反应。大卫·达勒桑德罗(David F. D'Alessandro)提道:"一个好的品牌必须为消费者做三件极为重要的事情:①它们能节省时间。②它们传达准确的信息。③它们提供一种归属感。"②美国百年品牌"耐克"的核心价值是"Just do it"(想做就做),表达人们生活自由、乐观向上的精神。"耐克"的名字含义源于希腊神话中的胜利女神,品牌含义也就是"胜利、成功"的意思。当消费者提到这个品牌时,往往会首先联想到它那标志性的对勾形象,感受到强有力的能量传递。总之,当你置身成功品牌所营造的环境之中,就能深切感受到它的意志体现和精神力量,这种强大的力量就是一个符号文化无形中所带来的品牌资产。

二、品牌识别

1. 形象传达——设计思维

品牌形象是消费者对某个品牌特征的认知和联想,以及对其产品和服务的主观评价。消费者通过接受到的关于品牌的综合信息进行提取,然后形成对品牌的印象或记忆,即品牌形象。"品牌识别是企业为了实现其目标,达到品牌形象的预期效果,而对品牌形象影响要素名称、标志、色彩、标语等进行设计、改进和决策。"③品牌识别要回答:品牌的核心和灵魂是什么? 核心价值是什么? 品

---

① 斯科特·戴维斯.品牌资产管理[M].刘莹,力哲,译.北京:中国财政经济出版社,2006.
② 大卫·达勒桑德罗,米歇尔·欧文斯.品牌战:创建有竞争力品牌的10大规则[M].尚赞娣,译.北京:企业管理出版社,2001:20.
③ 王东生.论品牌识别及品牌识别要素[J].集团经济研究,2007(1):239-240.

牌代表什么？希望被如何理解？希望表现出怎样的个性特点？最重要的关系是什么？[1]马格·戈拜（Mark Gobe）曾在他的《情感化的品牌》一书中写道："设计可以传达情感和感官体验的承诺，设计要在某种程度上偏离标准化和大众生产，摧毁机械的同质和大批的概念，为我们的生活带来一种新的人性之感。"[2]澳大利亚人类学专家多莉·滕斯托尔（Dori Tunstall）说过：设计将无形的价值从人的切实体验中表现出来。让我们尽可能有效地利用设计向外界传递信息，达到"四两拨千斤"的完美效果。我们透过一个个世界知名品牌不难发现：它们针对的是不同的消费者、不同的产品定位、不同的个性、不同的文化品位以及不同的营销方式等等，但是它们无一例外都具有高识别度的品牌形象。例如，上海"百雀羚"的复兴与发展，草木的"绿"色成为品牌的主要色调，而这也与这个品牌定位的"草本"核心价值相适应，整体的新一代包装设计及视觉传达在消费者受众中拥有极高的知名度和美誉度，彰显出复兴的活力与力量。通过鲜明的品牌形象识别，让消费者清楚知道企业需要的到底是一个什么样的品牌，怎样通过设计思维的应用来获得具有长期竞争力的战略性品牌资产，从而实现一个品牌在消费者心目中不可或缺的地位和可持续的发展。

从传达主体与受众客体的类别性质上，将品牌形象划分为显性形象和隐性形象。显性形象指的是传达的载体元素，图形、文字、色彩、造型等可视化符号的品牌综合体。美国著名经济学家肯尼思·博尔丁（Kenneth Boulding）提出："一个象征性形象是各种规则和结构组成的错综复杂的粗略概括或标志。"[3]这里所指的就是品牌的显性形象。隐性形象则是商家通过可视化符号传递出的品牌理念和价值，以及消费者对于品牌本身在脑海中形成的认知、记忆、信任的综合体，隐性形象是品牌特质与消费者感知的交流结果。品牌形象的树立是引起消费者对品牌联想、记忆的最重要因素，它是品牌在市场上最具核心竞争力的一种独特的品牌资产。

095

---

① 范秀成,高琳.基于品牌识别的品牌延伸[J].天津大学学报(社会科学版),2002(4):333-337.
② 马格·戈拜.情感化的品牌:揭开品牌推广的秘密[M].王毅,王梦,译.上海:上海人民美术出版社,2011:146.
③ 威尔伯·施拉姆,威廉·波特.传播学概论[M].陈亮,等译.北京:新华出版社,1984:76.

2. 感官差别——情感体验

中国先哲有言:"相由心生","相"即形象,"形象"指"能引起人的思想或感情活动的具体形态或姿态"①,"有诸形于内,必形于外""腹有诗书气自华",便是人内在心灵的外在表现。中国古代志怪小说《搜神记》卷十:"以问主簿郭贺,贺曰:'大殿者,官府之形象也。'"其中"形象"就是象征的意思。从心理学角度讲,"形象是人们反映客体而产生的一种心理图式"②。肯尼思·博尔丁在他的《形象》一书中也提到:"一个象征性形象是各种规则和结构组成的错综复杂的粗略概括或标志。"③由这个角度,我们把形象理解为人们通过视觉、听觉、嗅觉、触觉、味觉等各种感觉器官在大脑中形成对某一品牌的整体印象或记忆,即各种感觉综合的再现。它不是品牌本身,而是人们对品牌的个人感知,不同年龄、不同性别、不同生活背景的人对同一品牌的感知亦不会完全相同,会受到人的意识和认知过程的影响。

随着社会经济的发展、人们生活水平的提高,商品的同质化趋势越加明显,产品的差异性就显得重要了;从商品刚开始进入市场的感官差别到发展成熟时所带给消费者的情感体验,差别性与情感体验在整个过程就显得尤为重要。由于消费者的消费观念、生活方式及价值观等发生了很大的变化,特别是 21 世纪以来体验经济迅速发展,更多的消费者对商品的情感体验成为影响消费的重要参考。在情感消费时代,使得重心从理性领域转向期望领域,从客观转向主观,进而满足心理需求,消费者购买商品不仅仅是为了满足物质需要,更看重购买商品过程中所表现出的个性和精神需求。在"老字号"品牌发展过程中,世代传承的一块牌匾也成为品牌符号的特有表现形式,它是体现与其他新兴品牌差异性的一个方面。只要继续保持"老字号"的个性,避免和其他品牌符号趋同化,增加"老字号"商品或服务的情感体验,从一种新的视角去审视和设计,就能实现有效的品牌形象差异化表现。因此,我们应在基于消费者对

---

① 中国社会科学院语言研究所词典编辑室. 现代汉语词典[C]. 6 版. 北京:商务印书馆,2012:1459.

② 张凌浩,刘钢. 产品形象的视觉设计[M]. 南京:东南大学出版社,2005.

③ 威尔伯·施拉姆,威廉·波特. 传播学概论[M]. 陈亮,等译. 北京:新华出版社,1984.

于"老字号"怀旧情感的基础上,以情感体验和有效的视觉形象创新来作为激活品牌复兴的必要方法,让传统"老字号"品牌在激烈的市场竞争中找到自己的合适位置。

3. 差异化表现——品牌联想

大多数"老字号"的品牌形象相较现代品牌显得陈旧、落伍,虽然产品质优价廉,但仍无法从同类竞争者中脱颖而出,反而被忽视、遗忘,甚至被仿冒。如果安于现状,长此下去"老字号"将徒留招牌,无物可争。品牌不仅是一个光鲜亮丽的外壳,更是企业无形资产的体现,"老字号"的当务之急可通过创建其完善的品牌形象系统,对互为竞争的品牌进行差异调研,使品牌形象符号表意清晰,具有更强的可读性、可识别性,更好地引导消费群体感知品牌。对"老字号"品牌形象的再设计并非是一个无中生有或是简单改进的过程,而是让消费者对"老字号"品牌从模糊认知到逐步清晰化的过程,并最终呈现出一个可识别的视觉形象,它将成为"老字号"有形的灵魂,重新给予"老字号"品牌强大的生命力。正如梅莉莎·戴维斯(Melissa Davies)在《品牌概论》一书中所说:"品牌代表的是一个价值体系、一套视觉符号和一种态度。"[1]"老字号"品牌对于消费者来说是一种承诺,对某种历史文化、生活品质的承诺,这就是品牌的伟大力量。品牌可以改变人们的生活方式,激发这种内在的人类渴望,帮助人们拥有更好的自我感觉。它是商品或服务的个性化符号代表,包含着企业的经营理念和人文精神所体现的有形和无形价值。

品牌产品的差异化的建构,更多地强调的是一个品牌的个性特征和独特气质。品牌个性代表的是特定的价值观念、审美观念与消费观念,它的附加价值在于品牌的表达能力。差异化的、个性鲜明的品牌才具有高度的联想性,一个成功品牌的识别要素总是能够出现在消费者回忆品牌时的联想中。当提及某一品牌名称时,在消费者脑海中所出现的事物就是关于这个品牌的联想。品牌联想源于企业的品牌传播、口碑和消费者的品牌体验,美好的、丰富的品牌联

---

① 梅莉莎·戴维斯.品牌概论:不仅仅是名字[M].陆以理,李柏英,译.沈阳:辽宁科学技术出版社,2010:26.

想,意味着品牌被消费者所接受、认可。例如,"可口可乐"的基础色红色是它不变的主题,而它的相应核心理念"分享快乐"也融浸在这红色热情洋溢的情感中。色调主题的差异化造就了一个品牌联想的独特性。例如,"IBM"公司的"蓝"色有着技术、先进的含义,让人感受到严谨、上进、开放等时代精神。国内"老字号"品牌"双妹"的复兴,利用视觉的差异化表现及独特的设计构思,成功注入并延续了海派老品牌的传统魅力,传统与时尚相结合,尽情演绎着"东情西韵·尽态极妍"的品牌精神,这是对 20 世纪 30 年代上海名媛文化的价值认同和对经典文化的时尚演绎。因此,差异化的品牌形象会成为消费者品牌联想时的一个关键切入点。正面的力量传递使得一个品牌不断创新与前进。

三、品牌延伸

1. 行业容量——资产转移

品牌资产转移是实现品牌延伸成功的一个重要路径。我国"老字号"品牌可利用已有的品牌资产,以创新设计更新品牌形象、拓展品牌传播方式、带动产品更新换代,以品牌资产转移的方式进而摆脱"老字号"老化现象。同时,行业容量的大小是品牌延伸是否成功的一个关键市场因素。一般来讲,市场容量大,只要企业有实力,就有机会把一个品牌做大做强;而市场容量小,采用单一品牌发展前景相对狭窄,即使成功了,其经济效益也微乎其微,因此,企业发展可考虑采用品牌延伸的方法。当然,"老字号"在向现代品牌转换的过程中,还应在充分了解分析市场需求、技术变化和消费趋势的基础上,不断推进"老字号"品牌的升级和产品创新,甚至通过必要的品牌资产转移实现品牌延伸,拓展多元化经营探索方式,以实现"老字号"品牌转型成功,以适应现代市场。

2. 维护品牌——延伸策略

"老字号"品牌核心价值的包容性有利于促进品牌的延伸力,品牌理念是否可以渗透到延伸产品中去,主要看品牌的核心价值是否能包容延伸产品。明晰品牌的核心价值,使之形成清楚的企业理念,使其成为品牌的核心驱动力,也将

影响品牌的延伸策略。创百年品
牌,就是坚持和维护"老字号"品牌
的核心价值百年不动摇,继承、维
护和宣传品牌核心价值已成为众
多国际一流品牌的共识。例如,老
品牌"万宝路"香烟在 1854 年以一
小店起家,1908 年正式以品牌
Marlboro 形式在美国注册登记,品

图 5-2 "万宝路"广告(图片来源:
https://m.sohu.com/a/313436031_100023749/)

牌发展从香烟延伸到牛仔服等产品,并不是产品的相似性,也不是渠道资源的
共享,而是"万宝路"张扬的"勇敢、冒险、进取"的品牌精神理念(图 5-2)。"雪
碧"是"可口可乐"公司 1961 年在美国推出的柠檬味汽水类型,一经推出,便迅
速成长为世界汽水市场的热销品牌之一。其品牌个性承载着美国文化中"乐
观奔放、积极向上、勇于面对困难"的精神文化内涵,虽然历史发展过程中广
告形式的不断变化,但其所有的广告都会体现品牌的核心价值。品牌核心识
别决定品牌延伸范围,品牌的可延伸性说明核心品牌理论上可以延伸的最大
范围,而延伸产品与核心品牌的相似性决定了可实际延伸的范围。这就是说,
如果"老字号"延伸产品与核心品牌完全相同,则品牌资产的转移几乎完全可以
实现;如果"老字号"延伸产品与核心品牌完全不相似,则品牌资产不能完全转
移;如果"老字号"延伸产品与核心品牌部分相似,则品牌资产只能实现部分资
产转移。因此,"老字号"应在积极维护品牌核心价值的基础上,精准把握品牌
延伸策略的力度。

3. 有形资产 ——品牌创造

"老字号"要实现品牌的再创造,拉近与现代品牌的距离,需要在进行自身、
顾客、竞争者分析的基础上,制定准确而适合的品牌发展战略,应对延伸品牌进
行严格管理。延伸品牌需要准确定位,不能与品牌的核心价值相冲突,强化与
核心品牌的关联度、品牌理念的传承性、产品质量和服务一致性。"老字号"要
在现品牌资产基础上,追求现代品牌效应,改善手工作坊式的小生产规模,通过
规范技术、生产流程、扩大规模,发挥"老字号"品牌有形资产的优势,升级打造

099

出适应现代经济的品牌延伸。"老字号"品牌延伸不一定都是大企业,但必须是有特色的企业,"老字号"应追求在品牌个性化基础上获得较高的目标市场占有率,自觉利用品牌延伸知识体系来运作有形资产、打造品牌形象,实现品牌的年轻化发展,赢得主流消费群体尤其是年轻人的关注与青睐。当然,我们也要明白,品牌延伸既是品牌成长的重要策略,但也是蕴含巨大风险的品牌经营策略,如果品牌延伸不当就会给"老字号"造成难以挽回的后果。一个成功的"老字号"品牌创造的过程一定会检验人们对理念、产品和服务的相关看法,卖出的任何一件产品、说出的每一句话、服务的效果等等,这所有的一切都会积累起来构成品牌的外在表现,即有形资产。"老字号"品牌应充分发挥自身的特色,创新企业体制、经营方式和范围,打造出品牌的核心竞争力。在以消费者为服务中心的品牌精神上,力求将百年"老字号"有形资产能在无形中扩展品牌的影响力,实现品牌的延伸。

小结

"老字号"品牌有着中华民族传统文化背景和深厚的文化底蕴,是中华悠久历史的一部分,它在取得消费者广泛认同下,形成了良好的信誉品牌。"老字号"品牌百年历史中隐藏着许多感人的历史故事,这些故事原型赋予了品牌的精神信仰和理念传承。面对"老字号",我们接受的是传统文化的洗礼,体验的是百年不变的服务。品牌设计师马西莫·维格纳利(Massimo Vignelli)曾说:"表现品牌特征的一件事就是你如果能找到一样有历史的东西,事情往往就简单多了,因为它对人们的想象力可能还有一定的影响。"[①]浑厚的历史文化底蕴可以成为"老字号"品牌发展的一把利剑,成为激活品牌的一个有力传播点,企业应该充分加以利用,打造品牌形象设计创新机制,将自己品牌的特色表达出来,与现代品牌发展相接轨。品牌形象代表企业经营、产品特色或品牌的个性化,包含由口碑效应塑造的支撑整个企业经营理念和人文精神的价值所体现的有形和无形部分。如梅丽莎·戴维斯所说:"品牌代表的是一个价值体系、一套

---

① 马修·赫利.什么是品牌设计?［M］.北京:中国青年出版社,2009:28.

视觉符号和一种态度"。①"老字号"品牌对于消费者来说是一种承诺,是对某种历史文化经历的承诺。象征民族精神的"老字号"品牌不应随着时间的流逝而沉寂下去,它应该像酒一样越酿越香,让其纯正的品牌味道无可抵挡,使其品牌形象焕发新活力,真正成为社会经济发展的重要推动力。

---

① 梅丽莎・戴维斯.品牌概论:不仅仅是名字[M].沈阳:辽宁科学技术出版社,2010:26.

第六章
"老字号"国货品牌形象设计创新的关键因素

在汉语里,"创新"是一个外来词,起源于15世纪,它的英文翻译是 innovate(动词)和 innovation(名词),被解释为:引入新东西、新概念(to introduce something asoras if new)和制造变化(to make changes)。"老字号"国货要致力于品牌形象设计创新,就必须紧跟时代步伐,解决品牌理念落后的问题,并对"老字号"悠久的历史文化特征加以深入地挖掘和梳理,将企业文化与品牌核心价值紧密结合,提炼出适用于现代市场经济的品牌理念,并将这种理念引入品牌创新中,通过品牌形象设计的不断创新提升"老字号"品牌的内涵价值。

"老字号"国货品牌有着其他品牌难以逾越的产品特色、独特工艺、长久赞誉和历史文化背景,这是其自身的无形资产,值得骄傲。但是,如果一味地沾沾自喜、故步自封,忽视了不断变化的市场环境以及消费者的需求,那么"老字号"国货品牌很难适应当前的社会经济发展变化。因此,只有通过创新才能保证其持续稳定发展的态势。对品牌形象设计的创新是"老字号"品牌再发展之路中的重中之重。"品牌其实有一半是与实体无关的形象与信息价值,不论是如何根深蒂固的优异品牌,如果不了解这个现实,就很容易发生大意失荆州的意外。"①大卫·奥格威在 1995 年这样阐述品牌的定义:"品牌是一种错综复杂的象征。它是品牌属性、名称、包装、价格、历史、声誉、广告方式的无形总和。品牌同时也因消费者对其使用者的印象,以及自身的经验而有所界定。"因此,在对"老字号"国货品牌形象设计创新时,要考虑到多方面的因素,总结下来有以下四个关键点:

一、把握显性以及隐性的消费者需求

随着社会经济的发展,人们的生活水平越来越高,琳琅满目的商品让人产生了更高、更多层次的要求,原有的需求结构早已不能满足人们的要求,消费需求结构已发生明显的变化。消费领域的不断扩展,消费内容和质量的不断提高,导致消费需求的多层次和多样化发展,都不可避免地对"老字号"国货品牌形象设计创新提出新的要求和挑战。美国心理学家亚伯拉罕·马斯洛(Abraham H. Maslow)曾说过:"我们可以将消费划分为满足基本需求的物质消费和满足精神需求的精神消费。但是两者不是断裂的,精神消费的追求者不可能不需要物质消费;反过来说,即便是停留在基本物质消费层面上的人们,一样需要精神消费。"我们要提高对"老字号"品牌价值的认识,既要发挥其巨大的经济价值,还要深入挖掘其蕴含的丰富的社会和人文价值,即可控的、有形资产的价值和不可控的、潜在的无形资产价值。

飞利浦全球设计总监斯丹法诺·马扎诺(Stefano Marzano)指出:"尽管巨大的变化正影响着我们的生活方式,但我们深层的本质并没有改变。像祖先一样,我们需要某种有安全的地方、可以休息的地方以及有归属感的地方。"②这句话深刻切合了心理学家马斯洛的需求层次理论,意味着理解人们的情感需要和欲望,这比以往任何时候都更真实地成为成功的关键。消费者需求按照是否在购买行为中表现出来分为两类,一类是显性需求,另一类是隐性需求。显性需

---

① 原田进.设计品牌[M].南京:江苏美术出版社,2009:14.

② 迪人.世界是设计的[M].北京:中国青年出版社,2009:183.

求是指消费者意识到自己需要什么,能够明确感受到并且可以用语言描述出来,企业可以通过市场调查收集整合消费者的需求,进而才能准确把握住消费者的显性需求;隐性需求是消费者自身所没有提出且不能清楚描述出来的需求,这就需要企业自身根据产品升级、市场变化等提出预测需求。在很多情况下,隐性需求是对显性需求的延续,企业一旦满足了消费者的显性需求,其隐性需求也会随之提出,两者在达到目的的具体内容与形式上不相同。一般而言,显性需求较隐性需求更容易识别,但是隐性需求往往才是消费者需求的本质,且会影响企业的决策与走向。就如请朋友聚会吃饭选择什么酒类、什么菜式,从表面上看消费者的显性需求是"社交",但是隐性需求则可能是对朋友的"尊重"。隐性需求的问题主要在于现实问题以及潜在问题的隐藏性,如果不能准确地把握消费者的隐性需求,则很难获得消费者对品牌的认同。当然,对于隐性需求的分析,也可以通过另一种意识形态去挖掘,消费者的意识催动出消费者的需求,了解了他们的潜在意识才能正确把握隐性需求的特征,从而更好地捕捉隐性需求。精神分析学家西格蒙德·弗洛伊德(Sigmund Freud)说过:作为一切意识行为的基础是一种无意识的心理活动。人的精神生活主要由两个独立的部分组成,即意识和无意识……心理活动的意识部分好比冰山露在海洋面上的小小山尖,而无意识则是海平面下那看不见的巨大的部分。[①] 可见,把握潜在意识对于探究消费者的需求有着至关重要的作用。

1. 关注需求,应对挑战

在众多影响消费者行为的心理因素中,需求和动机是最重要的因素,它们直接影响消费行为。人们的任何消费行为都出于某种目的,这些目的的产生是因为人们对于产品的某种需求。消费者需求在以消费者为导向的市场经济中起到了关键性的作用,品牌的维系与发展与消费者的偏好密切相关。"老字号"品牌在市场上所受的关注度、知名度、信誉度和美誉度都能够影响品牌的前途,消费者通过各种媒介接触品牌并快速作出判断与评价,而影响这些判断的因素

---

① 西格蒙德·弗洛伊德.弗洛伊德文选:论无意识与艺术[M].北京:中国人民大学出版社,1998:54-56.

主要包括消费者的收入水平、年龄层次、消费文化等变量。因此,"老字号"企业必须不断调整品牌形象,以适应所面对的变化。世界最大的日用消费品公司之一、始创于1837年的宝洁公司根据消费者的不同需求,不断开发新产品,以满足消费者不同阶段的不同需求。宝洁公司旗下的多个洗发水品牌针对不同年龄层次、不同功能需求甚至不同性别的用户而采取了迥然不同的品牌营销和品牌形象的打造,如分别以"海飞丝"的去屑功能、"飘柔"的柔顺功能、"潘婷"的滋养亮泽功能作为其主要卖点。"这种以准确的市场详细分析创造出的品牌一经推向市场,就给消费者留下深刻的印象,同时也解决了不同消费者的不同需求,使每个品牌都拥有自己的众多爱好者。"①一个如此庞大的公司,旗下的每一品牌都能凭借鲜明的个性及功能而赢得市场,不得不说,宝洁公司对消费者需求的准确把握是其获得成功的关键所在。因此,"老字号"也需要对消费者进行研究,并针对自己产品的目标定位,进行准确的市场细分。品牌形象设计的创新提升,必须要深入市场需求,关注消费者的喜好,以此赢得消费者的忠诚。个性鲜明的"老字号"品牌形象设计对品牌资产价值的提升会起到巨大的推动作用,当品牌的资产价值超出了消费者的预期时,便可以获得相应的满意度和忠诚度。

当代社会,人们的物质生活得到极大的满足,低层次的需求已经不再是消费者追求的最终目标,消费者对物质的消费已经远远超过对物质本身的需求。这样一来,安全的需要、爱与归属的需要、被尊重的需要和自我实现的需要,从不同的角度激发了消费者的心理需求,从而在他们的消费中被重点关注。这样的心理需求可以通过对品牌的选择得以实现,而品牌重塑的关键之一就是考虑消费者心理需求的变化。消费者心理是指消费者在消费活动中,从购买商品前到购买商品、再到购买商品后产生的一系列心理活动。消费者心理与行为的研究是建立在普通心理学基础上,涉及社会心理学、社会学、经济学及市场营销学等多个学科的一门综合性边缘学科,它的萌芽阶段是19世纪末至20世纪20年代资本主义工业革命后,这个阶段的研究仅局限于理论层面,没有应用到企

105

---

① 薛可.品牌扩张:延伸与创新[M].北京:北京大学出版社,2004:287.

业营销活动中;到了 20 世纪 30 年代至 50 年代,由于经济大萧条以及马斯洛需求层次理论的提出,心理学家、经济学家和社会学家开始关注消费者心理与行为问题;1960 年,美国心理学会正式组建了消费者心理学分支,正式确立了它的学科地位,70 年代以后快步发展,到 90 年代发展成熟;进入 21 世纪消费者心理与行为研究被广泛引用,并拓展到伦理道德、社会文化等更大范围的研究。在商品的销售过程中,消费者的消费心理扮演着重要的角色,消费者心理需求是决定行为的内在因素,最终直接影响商品的销售额,更是决定品牌能否继续生存的关键。品牌专家大卫·艾克(David A. Aaker)把品牌定义为:是产品、符号、人、企业与消费者之间的联结和沟通。也就是说,品牌是一种消费者参与并进行理性和感性互动的深层次体验。整合营销传播理论的重要代表人物之一汤姆·邓肯(Tom Duncan)强调:"很多公司眼中看到的品牌,只是印在产品包装上的名称和商标,他们忽略了以下真相:真正的品牌其实存在于利益人的内心和想法中。换言之,即使公司拥有品牌名称和商标的所有权,品牌真正拥有者却是关系利益人。"[①]所以,对于消费者来说,品牌不是某一个标志或者符号,它是一种经过交流判断以后所作出的选择和习惯性的依赖。在消费者消费过程中,"老字号"品牌不仅以产品和符号的方式被消费者感知,更以自己独有的历史积淀和品牌文化加之良好的信誉度被消费者感知。

消费者的怀旧心理是一种对老品牌向往的心理状态,是一种潜在的消费需求,也极有可能变成消费行为。消费研究学者莫里斯·霍尔布鲁克(Morris Holbrook)和辛德勒(Schindler)于 20 世纪 90 年代首次将怀旧研究拓展到营销领域,"视消费者怀旧为一种对事物的喜爱,而这些事物常见于消费者较年轻的时期,如成年期早期、青春期、童年甚至出生前"[②]。接着贝克和肯尼迪(Baker &Kennedy)、斯特恩(Stern)将怀旧的内涵扩展为更为广泛的情感范畴,"Baker

---

① 王钧,刘琴. 文化品牌传播[M]. 北京:北京大学出版社,2010.

② HOLBROOK, MORRIS B, ROBERT M SCHINDLER. Echoes of the dear departed past: some work in progress on nostalgia. Advances in Consumer Research,1991,18:330-333.

&Kennedy 更是把怀旧分为个人怀旧、模仿怀旧和集体怀旧三个类别"①。因此,消费者在选择品牌的时候,可以通过老品牌的历史和品牌故事满足自己的怀旧心理需求。

要想立足于市场、提高品牌的市场份额和资产价值,不仅要从消费者需求出发,还要重视竞争者可能带来的影响。品牌的竞争者通过各种方式与手段企图瓜分市场,削弱对手品牌的价值,重构市场布局,严重威胁到了现有品牌的生存与发展。因此,如果品牌不具备持续的创新能力,就难以应对竞争者的挑战,从而失去现有市场份额。"老字号"国货品牌在外来品牌和国内新品牌双重威胁的背景下,品牌形象设计的创新显得尤为重要。通过品牌形象的全新打造,使得现有品牌及产品具有与竞争品牌及产品不同的特点,创造出独有的特色,以此与竞争者拉开距离,诱发消费者购买欲望,提高品牌的市场竞争力。例如,曾经红极一时的国产品牌"旭日升",作为中国茶饮料的先行者,在上世纪 90 年代率先推出了"冰茶"的概念,并在短时间内创造了年销售 30 亿元的奇迹。然而由于其在成功之后忽略了对品牌的持续创新,在"康师傅"和"统一"等竞争对手的强势挑战之下,没有做好充足的应对准备,而断送了品牌的发展之路。仅在一年之内,"旭日升"就因其创新能力不足、缺少过硬的支撑品牌抵御竞争对手的手段而痛失了市场。由此可见,只有对市场状况充分地把握,明确自身的优势与不足,保持品牌的创新与活力,才能够在面对竞争者挑战时不慌不乱,维系品牌长久稳定的发展。

2. 把握需求,谋求发展

随着商品经济的快速发展以及现代文明的进步,消费者的需求也更加多样化,并不断地向更高的层次发展,上升为隐性需求。正如柳冠中先生所说:"20世纪 80 年代之后,随着技术与社会的发展,丰裕社会到来,人们的需求层次攀升到马斯洛所说的认知、美与自我实现等'高级需要',于是人群开始分化,市场也被精细地划分,生活方式的'类型'日趋多元。在这样的背景下,人们的需求

107

---

① BAKER S M, KENNEDY P F. Death by nostalgia: A diagnosis of context-specific cases. Advances in Consumer Research. 1994:169-174.

开始'差异化''个性化'。"①只有不断地发觉消费者的隐性需求,才能提高品牌自身的存在价值。

目前,大多数"老字号"国货品牌在品牌建设中没有很好地把握消费者的隐性需求,现通过对品牌形象设计的创新,充分挖掘消费者的显性以及隐性需求,对于"老字号"国货品牌的发展势必是有帮助的。通常来说,消费者对品牌最强有力的影响就来自产品的包装。"包装被认为是创建品牌资产的极其节约成本的途径"②,包装上的创新能够推动销售的增长。虽然改变包装的代价昂贵,但是相较于其他营销传播手段来说还是具有成本上的优势。例如,香港设计师李永铨对"上海表"品牌的成功改造,将它的价格提高了近十倍。作为"中华老字号"的"上海表"已有63年的历史。1955年,中国第一批细马机械表在上海试制成功,开创了中国人造手表的新纪元。从此,与上海这座国际大都市同名的"上海"牌手表,走进了千家万户,丰富了人民群众的物质生活,成为一代人生活历程中的"三大件"之一。在上世纪50年代,一只"上海表"售价高达60元。虽然"上海表"有着辉煌的历史,但是现今一只也只能卖到1 500元左右。设计师李永铨试图将其打造成中国制造的高端品牌,对于"上海表"的品牌形象从里到外重新包装,提升手表的附加价值,充分考虑到消费者在购买手表时的隐性需求,使得"上海表"的价格卖到了10万元。他在手表的设计中,加入了代表钟表界最高制造工艺的陀飞轮装置;在包装设计上,打造了高端奢华的形象。纸套是最外层的包装,里面的木盒,每个皆用枫木手工打造,打磨时间长达数月,收藏价值极高。打开木盒,有一个皮做的盖子,里面有一个旅行用的皮包,最底下还有一张出厂证书。一层又一层,每一道包装都创造出一种附加值,包括凹版印刷的信封、信纸,以及铜板雕刻的卡片(图6-1)。这种包装并不会形成浪费,因为不惜工本的包装,已令消费者产生强烈拥有的渴望,也能够满足消费者在购买手表时的虚荣心与满足感。李永铨说:"借着品牌设计,使中国品牌跻身高端

---

① 柳冠中. 设计方法论[M]. 北京:高等教育出版社,2011:55.

② ALECIA SWASY. Sales Lost Their Vim? Try Repackaging. Wall Street Journal,11 October 1989,B1.

品牌世界,从而印证中国品牌绝对可以成功,所需要只是一个契机。我们绝对有能力创造中国的高级品牌,只要我们能满足消费群的虚荣心,一切现在看来不可能的东西,最后都可以出现在大家的眼前。"①

图6-1 "上海表"品牌设计/李永铨

(图片来源:http://www.visionunion.com/article.jsp? code=201412040010)

从某种意义上说,商品的时代性意味着商品的生命。一种"老字号"商品一旦被时代所淘汰,成为过时的东西,就会滞销,结束生命周期。为此,一方面,"老字号"国货品牌的营销人员要使经营的产品适应时代的需要,满足消费者对商品时代感的需求;另一方面,生产者要能站在时代的前列,及时生产出具有时代特点的商品。在北京 2008 年奥运会期间,以经营烧卖著称的"老字号"品牌"都一处"烧麦馆(创建于 1738 年,清乾隆三年)所销售的烧卖,并不是简单的传统烧卖,而是根据奥运文化、奥运五环旗的颜色所创新的产品——"五色烧卖",受到中外宾客的一致好评,这是"老字号"品牌与时代接轨的一大进步。

3. 满足需求,参与体验

随着社会物质文化消费水平的提高,优良的服务已经成为消费者对商品需求的一个组成部分。"花钱买服务"的思想已经被大多数消费者所接受。因此,"老字号"在保留原有传统特色,满足消费者需求的基础上,要让品牌提升,在用户服务和体验上做到与时俱进。大多数"老字号"室内简陋的、老旧的陈设,让人有恍若隔世的感觉,很自然地就把相当一部分消费群体隔离在外了。"老字号"品牌形象的彰显也要有新内容、新气象、新风尚。消费者越来越精明而且很挑剔,通过降低价格吸引顾客已经不再非常有效,"老字号"产品往往物美价廉

① 李永铨,等.消费森林×品牌再生[M].北京:生活·读书·新知三联书店,2012:113.

109

却并不受欢迎,消费者宁愿花更多的钱去消费其他家的优质产品。"顾客是上帝"的宗旨不仅仅体现在产品上,更体现在用户体验上。消费市场日新月异,产品不断更新换代,新品牌不断涌入市场参与竞争,没有用户会永远忠实于某个品牌,保持优质的体验度才是"老字号"的救星。"品牌体验就是消费者通过与品牌的深度接触而产生的个别化经历和感受。它不仅包括品牌识别与终端体验,还包括服务体验、产品体验等等。"[1]"老字号"品牌虽然也有"走过路过不要错过""尝一尝,不甜不要钱"的体验宣传,但在社会文明程度不断提高的趋势下,这样的叫卖方式已不适用于现今市场的竞争模式。然而,这种"先试用后购买"的体验化形式是千百年来都不曾改变的,应该在此基础上提升品牌体验式营销的高度,设计现代化的体验形式,并以此作为品牌互动的起点,寻找新的体验平台让消费者与"老字号"产品有接触的机会,满足消费需求,实现"老字号"与"新"市场的接轨,从各种途径感受"老字号"深厚的文化底蕴。

当达到"先试用后购买"时,我们不能仅满足于这个表面化的吸引形式,它只是互动体验的一个开始。完整的品牌体验主要包括感官体验、产品体验、服务体验三个维度。"老字号"品牌的传统体验方式仅能满足简单的感官体验,主要体现在视觉、触觉、嗅觉、听觉上。很少有"老字号"可以达到产品体验范畴,这需要其产品在造型、材质、使用等方面能有吸引消费者之处,使产品与消费者之间产生有效的互动。而服务体验则是接待、咨询、售后服务等,在高品质的老品牌中也会产生简单的顾客服务,但它局限于身份、地位、金钱等特殊因素,难以做到对消费者一视同仁的服务态度,如订制产品、订购服务、个性化选择等。当代广告设计要尽可能满足消费者需求,致力于最大限度满足消费者的情感需要,以参与体验为基础是品牌制胜的关键:荣获 2014 年戛纳广告金狮奖的户外类广告"THE SOCIAL SWIPE"[2](社会刷卡),它以一种"体验"的创新形式转变了原有户外广告观看的单一形式,这种"互动"体验使慈善捐款的视觉效果变得更加直观化,能够促动观者的内心情感,使他们主动行善。作品中以"Feed

---

① 朱琪颖. 品牌形象设计[M]. 上海:上海人民美术出版社,2013:10.
② 广告门:http://www.adquan.com/post-1-27740.html,2014-10-18.

them"为主题的广告,视觉上是一块面包,如果你主动刷卡行善,那么画面中的面包会因为你的行为切下一片来,这种将"刷卡"赋予了意义的主观情感体现,让人们真实感受到了行善的意义与价值,从而有效扩大了影响力(图6-2)。

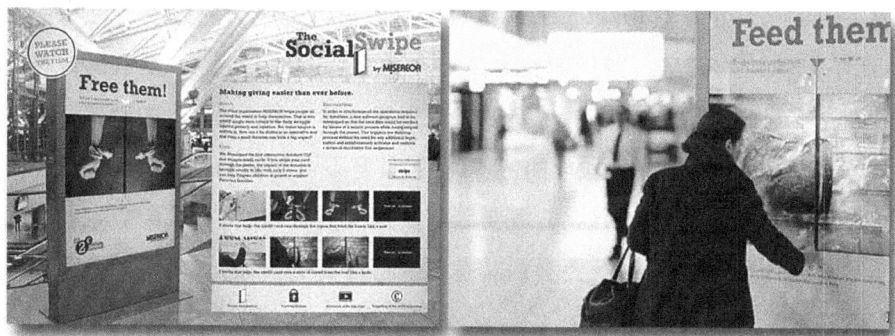

图6-2　户外广告《THE SOCIAL SWIPE》
(图片来源:http://www.adquan.com/post-1-27740.html)

再有,"苹果"公司的成功之处就在于一直为消费者提供最好的品牌体验。无论是"苹果"形状的标志、纯白的包装、大型透明的建筑还是丰富多彩的广告画面,在视觉上都传递出简约时尚的气息;铝镁合金、钢、原木、玻璃的使用让触觉充满科技感;其品牌造型、界面制作都引领着设计的潮流,给用户简单易用、直观统一的产品体验。同时,"苹果"的体验店面向全球客户长期开放,无需支付高额的体验费用。

二、产品和服务给消费者带来的价值

产品是传递品牌形象的实物载体,服务是表达品牌价值的重要途径,两者都是需要与消费者直接接触,"老字号"品牌可以借助产品与服务向消费者提供实质性的价值,亦可以通过产品和服务深化消费者对品牌的印象。"产品本身对于消费者的品牌体验、品牌的口碑效应及公司的品牌传播具有重要影响。也就是说,伟大的品牌的中心必定是个伟大的产品。"①法国哲学家、社会学家让·

111

① 凯文·莱恩·凯勒. 战略品牌管理[M]. 卢泰宏,吴水龙,译. 北京:中国人民大学出版社,2009:176.

波德里亚(Jean Baudrillard)在《消费社会》一书中,阐述了当代消费的一些特点:"消费社会不仅仅意味着财富和服务的丰富,更重要的还意味着一切都是服务,被用来消费的东西绝不是作为单纯的产品,而是作为个性服务、作为额外赠品被提供的……正是这种额外赠品、这种个性效忠的热情为它赋予了完整的意义,而不是单纯的满足。当代消费者沐浴在关切的阳光中。"①消费的时代性就是不断觉察到社会环境的变化,从而调整其消费观念和行为,以适应时代不断变化的过程。"老字号"是中华民族的宝贵财富,具有不可估量的社会价值。要提高对"老字号"国货品牌价值的认识,既要看到其巨大的经济价值,还要看到其蕴含的丰富的社会和人文价值;既要看到其有形的可计算的价值,更要看到其无形资产的潜在价值。要根据"老字号"的特点,深入发掘"老字号"的历史文化内涵。一些"老字号"国货的传统产品和服务已不适应现代生活的要求,但如果借助"老字号"的品牌价值和独特工艺,对其产品和服务进行一定的改进和创新,以适应现代人的生活需要,它们就有可能重新焕发生机与活力,释放出巨大的经济能量。

　　"企业必须认识到:无论它把产品和服务销售给个人还是团体,现在的顾客需要体验……当体验不比服务短暂时,参与体验的个人渴望结果比记忆更长久,超过了商品、服务或体验单独的贡献……引发出比体验本身更值得向往、更有价值的东西。"②消费者通过对产品与服务的深切体验,会发现品牌是否能够给予其所期望获得的价值。因此,在对"老字号"国货品牌的品牌形象设计创新时,也需要重视"老字号"国货品牌的产品与服务所能提供给消费者的价值。尤其是拥有悠久历史与独特文化的"老字号"国货品牌,在提供产品的附加价值方面更具有优势。"老字号品牌凝结着民族精神、历史文化和地理属性,是一个城市的文化内容和历史象征。"③品牌具有象征的作用,代表着一定的符号形象,不同的品牌传递出不同的价值观或者品牌特质。消费者在选择品牌时,往往表达出自己是什么类型的人或者是他们向往成为什么类型的人,而品牌所带给消费

---

① 　让·波德里亚. 消费社会[M]. 南京:南京大学出版社,2000:178-179.
② 　派恩二世,吉尔摩. 体验经济[M]. 北京:机械工业出版社,2002:171.
③ 　姚圣娟. 关于振兴中华老字号的思考[J]. 华东经济管理,2008(1):112.

者的是能体现出消费者的自身价值。品牌与消费之间的关系是相互作用的。

1. 审美体验——情感效应

古代哲学家庄子在《庄子·知北游》中说:"天地有大美而不言。"①"美"是人的心理对客观事物产生的一种互动与交流的感受,是满足人们心理需求的必要条件。符合人们审美习惯和心理需求的事物,有利于引起我们感觉与情感的认知判断。人们喜欢选择让自己感到愉悦的物品。我们可以格外利用美所引发的记忆与联想,让消费者对品牌形象作出一定的期望反应,从而触发一系列的品牌情感效应。在中国数千年的历史中,诸多思想家把审美同社会、人生联系起来加以观察和思考,形成了崇尚空灵的审美理想、崇尚有无的审美境界、崇尚传神的审美创造。中国最早的设计著作《考工记》有言:"天有时,地有气,材有美,工有巧,合此四者,然后可以为良。"阐述了古人对一件器物的"美"的要求,不仅是材料品质和技艺的精湛,而且对造物时机也很有讲究。《园冶》中写道:"虽由人作,宛自天开。"②这是古人对造物"美"的境界和品评。从历史角度来看,人工物以最真实、客观的方式呈现了不同历史时期的民族审美和文化特性。人们总是更乐于追求、更愿意接受美好的事物,正所谓"爱美之心,人皆有之",对于企业来说,良好的品牌形象也代表着一个企业的信念、价值观念等。

然而随着当今消费文化的快速转变,"美"不再单单成为一个品牌的制胜点,同时以"体验"为基础与消费者进行的品牌情感化互动成为另一个突破口。正如美国著名政治家、科学家本杰明·富兰克林(Benjamin Franklin)说过:"告诉我,我会忘记;给我看,我会记住;让我参与,我会理解。"体验的特性无形中帮助消费者记忆了品牌的商品信息,积累了品牌情感,成为品牌突破瓶颈的重要途径。据尚扬媒介正式发布的《2014年中国消费趋势前瞻》报告指出:"如今的消费者消费的不再仅仅是商品本身,还包括在购买消费过程中的各种感官刺激和消费体验。这种购买消费过程的审美体验需求贯穿在消费者从认知到购买的整个路径中。84%的消费者表示喜欢在环境好的地方购物,而这一数字在

113

---

① 孙通海.庄子[M].北京:中华书局,2007:188.
② 计成.园冶[M].胡天寿,译.重庆:重庆出版社,2009:1.

2010 年仅为 57%。消费者的这些需求促使品牌和商家在为消费者打造多感官多维度的整合与创新体验的同时,更要注重表达商品或品牌背后所代表的意义与文化。"①2017 年 10 月,第三方数据服务提供商 TalkingData 发布了《2017 新消费趋势洞察报告》,提出了新消费的兴起:"新消费指的是以消费者为核心,以满足消费者需求为目的,重构人货场的关系,通过消费者需求逆向推动商品生产和服务提供,同时,消费场所多样化、消费方式全渠道化,不再局限于某些特定场所……从消费诉求上来看,90 后新生代消费者非常注重消费体验感受,效率、自由、科技感是他们最希望得到的体验。"②"老字号"品牌产品以其独特的工艺和质量叫人称赞,这种独具的"美"的传承应该切实保留与发扬,让它们成为一个品牌独特的文化与灵魂。美不仅仅是关注形态、材料或是色彩,它更多的是一种无形的整体传达,当感受和情绪凝聚成一种"美"的时候,这个品牌就会在消费者的情感意识建构中发挥出重要作用。美可以将品牌文化悄无声息地传达到消费者心中,让他们感受品牌的存在与价值,唤起消费者的内心情感,从而影响他们的决策和行为。

"美"如何在消费者心中形成感觉,尤其是影响他们的判断、行为,构成品牌的记忆,唤起消费者情感,这些都对品牌的长期发展有着至关重要的影响。我们倾向于把美和情感联系起来,好的形式感和物品美的传达可以给人留下完美的第一印象,相应地弥补物品的不足,并且为构建品牌情感打下良好的基础。如老品牌"双妹"的复兴,不仅利用视觉的差异化表现及独特的设计构思传达出时代之"美",而且也成功延续了海派老品牌的传统魅力。"双妹"品牌历时百余年,以"双妹 Shanghai VIVE"的新名称被重新推出。上海家化根据以往对品牌的市场经验以及对"双妹"品牌模式的探讨和品牌定位的测试,用"上海制造"吸引大众的注意力。通过宣扬品牌的上海血统,以期引导大众回忆当年"双妹"在

---

① 《2014 年中国消费趋势前瞻》:本次报告参考了全国约 60 位趋势观察员和市场领域专业人士的信息反馈,运用了多个中国消费者连续研究数据库对中国消费者生活形态进行可视化的数据追踪,并融合社会化媒体的声音得出消费趋势报告。

② 深度解析 2017 新消费趋势[EB/OL].[2018 - 03 - 01]. http://www. ebrun. com/20171010/249068. shtml.

上海的辉煌,且试图增添海派的名媛气质以及上海风情,达到兼具传统和时尚的双重目的。"双妹"旧有的品牌形象伴随着月份牌的广告至今仍然历久弥新,其中两位女性的形象代表着经典且传统的东方女性含蓄、内敛的气质(图6-3)。而新的"双妹"更加符合现代女性的审美喜好,在保留原有的优雅形象的同时,更具时尚气质。新"双妹"标志舍弃旧标志中两位女子的完整身影,取而代之的是插画的女性头像,与原有标志中的"双妹"相呼应,新的标志更具有装饰性,凸显出新"双妹"时尚、现代且兼具高雅的品牌形象(图6-4)。设计师强调"复刻彼时华光",同时为了进一步体现新"双妹"东西交融,选定黑色和红色作为品牌的基础色,在黑色背景的映衬下,瓶身的红色与流畅的线条诠释出上海女人的神秘和性感,也显露出浓郁的"夜上海"风情。重生后的"双妹"在品牌渊源与海派历史文化特质上都与历史一脉相承,但是在品牌形象上焕然一新,充满了强大的生命力与蓬勃的活力。消费者在购买商品时,既是对"双妹"的品牌形象的认可,也是认为重生后的"双妹"相较于之前的形象,更加能够体现出消费者自身的价值。"双妹"的高调回归也让我们看到了"双妹"对于品牌形象与消费者需求如何结合的良好把握。

图6-3 旧"双妹"
(图片来源:http://jingxuan. guokr.
com/pick/20434/)

图6-4 新"双妹"/橙果设计
(图片来源:http://jingxuan. guokr.com/
pick/20434/)

"老字号"品牌应该思考如何以"美"来唤起消费者心中的品牌情感,通过"美"来展现品牌的历史文化故事,这是重新认识自己必须要做的,也是发展成为一个强大品牌必不可少的。通过"美"来引发消费者情绪,唤醒他们的感觉,使之逐渐获得具有长期竞争力的战略性品牌资产,从而实现一个品牌在消费者头脑中的可持续发展。"美"对于品牌来说是一种趋于抽象的理念感觉表达,而它的形成是以物品的"第一印象"为基础,由此经过长期积累沉淀形成品牌情感。在认知心理学研究中,认为通过"第一印象"最先输入的信息对客体以后的认知产生的影响最大,第一印象作用最强,持续的时间也长,比以后得到的信息对事物整个印象产生的作用更强。就像国外著名百年老品牌"宝洁 P&G"所谓的"第一关键时刻",即是当消费者在货架上看到一个品牌并决定是否让它走进自己生活的时候,就与这个品牌产生了共鸣,发生了情感联系。在这个信息传播过度的社会里,充分利用"美"来把握消费者感知品牌的第一印象变得十分重要。如日本设计师原研哉举行的展览"再设计 RE-DESIGN:二十一世纪的日常用品"①要求我们重新面对自己身边的日常事物,回到原点,唤醒我们的五感,审视我们周遭的设计,从这些为我们所熟知的日常生活中寻求现代设计的真谛。其中,日本照明设计师面出薰与他设计的火柴,顶部鲜艳的红色可燃物与天然小树枝结合,以其独特的"美"吸引了观者的注意。想象它们随着指尖轻触而滑动点燃,这种过程让我们的想象力顿时跨越万年,联想到祖先与火交织在一起的远古生活图景(图 6-5)。面出薰的火柴设计强烈地唤醒了自然、火与人类,正是这种"美"在悄然引发你的灵感,挖掘出深埋在生命中的无限信息,赋予生活神秘性。

图 6-5　再设计 RE-DESIGN
(图片来源:[日]原研哉《设计中的设计》)

现代艺术设计的变革与社会生产力的变革密不可分,伴随新的生产方式而来的新的物质生活方式深深地改变着当代人们的审美观念,而这种改变直接促成了当代中国艺术设计领域的觉醒。随着人类精神要求的提高,相应的审美要求不仅更加多元化,而且以"美"与"体验"为基础出发点的情感驱动始

① 原研哉.设计中的设计[M].广西:广西师范大学出版社,2012:22.

终是品牌追求与提升的不竭动力。所以，审美体验性原则作为"老字号"品牌形象情感化设计的重要原则，首先需要提取老品牌特有的符号文化信息，然后组合再创造出能够传递现代感的品牌体验互动形象，不仅可以让人们从新形象的"美"中感受到"老字号"品牌的亲切温馨，而且也能在体验中感悟到品牌文化的与时俱进。

2. 情感互动——以真换情

我们的社会正在从一种建立在庞大物质之上的"空间"文化转向一种根本改变了的"时间"文化，这种文化突出的是以"真"为特征的情感互动。快节奏的生活，令人们的思考失去了一些真诚和真实的东西。在这里，品牌所能做的就是帮助消费者更好地感受他们是谁，帮助他们找到较多的信任、真挚和真实。品牌形象作为一种身份体现，应该在一定程度上帮助人们认识到生活中某种深层的情感需要，更好地回归自我。品牌形象需要以"真实"的产品和"真诚"的联结来完成与消费者的对话过程。例如，创建于 1957 年的"多芬 Dove"品牌发起的"真美运动"，其中户外广告的设计是利用成熟女性为产品代言人，她旁边附有一个标题："皱纹？美丽？"这种选词应用引起了人们的思考，这是一个很棒的思路(图 6-6)，它通过品牌形象的真诚传达来帮助消费者重新认识自己，找回自己，不仅提高了消费者对品牌的忠诚度，而且完美展现了品牌文化及理念。品牌形象需要以令人信服的方式与受众在每一个体验点上保持一致性和持续性，让消费者通过品牌形象的"真诚"感受到情感和价值，触发消费者的归属感和认同感，让消费者共同参与或进入一个群体，找到情感共鸣。

图 6-6 "多芬"户外广告
（图片来源：http://www.pinpaibao.org/brand/dove/）

随着生活质量的快速提高，人们对这种"精神层面"的需求也在日益渐长。消费行为将愈来愈多地受到情感因素的影响，人们的兴趣与情绪对消费需求有着一种放大和强化作用。一个品牌的物品设计不仅要满足实用功能，而且最主要的是让消费者在使用中产生愉悦的心情。正如美国心理学家唐纳德·A. 诺曼(Donald Arthur Norman)所说："如果产品根本不能做一点儿使人产生兴趣的事，那么谁会关心它做得有多好呢。"①如创立于 1971 年的品牌"星巴克 Starbucks"，曾在《财富》周刊公布的"美国最受赞赏的公司"排行榜中，一举夺得餐饮业的魁首，被视为美国当代文化不可或缺的象征。2014 年"星巴克"发布了一则新的广告:《Meet me at Starbucks》，它一反之前聚焦于产品的做法，将视角转向"星巴克"的顾客，包括听力残疾人、讨论拼贴画的女士、老年夫妇以及青年朋友，展现他们在"星巴克"里形形色色的生活。"这支全球性广告在 28 个国家的 59 家星巴克分店里拍摄完成，动用了 39 名摄像师和 10 名摄影师。据美国《广告时代》报道，这组片子在各地的取景工作都在一天内完成，素材长达 220 小时。"②广告片覆盖了全球主要城市，包括纽约、里约热内卢、波哥大、北京、孟买、多伦多、巴黎和柏林，展现出各地人群各式各样的生活细节与生活风貌。在片尾，"星巴克"的口号出现在视频中:有时候，沟通最好的办法，就是面对面。因为"星巴克"的品牌设计不只是喝咖啡，更在传播一种经验、文化，提供新的交流氛围。"星巴克"把以人文驱动的产品作为一种真正的品牌，令消费者陶醉在饮用咖啡所带来的浪漫感受之中。这里的产品并不仅仅是咖啡或者"星巴克"咖啡馆这个地方，而是整个经历与体验。

一个品牌就是让消费者满意的承诺。它通过不断改变来展现出与众不同的创造力，来为消费者找到事情的存在意义与价值，赋予他们更多的"感受"能力。品牌用这种自身的"真诚"来唤醒消费者的内心感触和情感，从而加深与消费者的情感联系，达到一种无形资产的品牌积累。如目前全球最大的电子商务

---

① 唐纳德·A. 诺曼. 设计心理学 3:情感设计[M]. 何笑梅，欧秋杏，译. 北京:中信出版社，2012:51.

② 广告门:http://www.adquan.com/post-1-28620.html，2014-11-9.

网站"亚马逊 Amazon",它是一家没有店铺的销售公司,它的服务没有瑕疵,从情感层面看,它属于那种你可以完全信任的公司,它可以将你购买的东西送到家门口,而且收到的商品十之八九就与你期待之物相同。当你听到这家网站的雇员谈论自己的业务时,他们谈话的内容就是人、服务、便利、价格和人与人的联系。这种情感的"真挚"和"认真"所带给消费者的感动对品牌起到了重要的作用。"品牌所具有的意义非常深远。品牌与消费者之间的关系可以视为一种合同协定。消费者对品牌的信任和忠诚暗示着他们相信这种品牌会有一定的表现。当意识到购买这种品牌的好处及利益时,并且只要他们在使用产品时有满足感,消费者就很可能会继续购买下去。"①由此可见,产品与服务给消费者带来的价值对于品牌形象设计的方向有重要的影响。

　　"老字号"品牌依靠口碑传播的形式依然延续至今,传统的保守观念让"老字号"趋步不前,广告对于现存"老字号"品牌的宣传来说显少被应用。当一个品牌形象有"人"的属性和"真"的情感价值时,它才具备建立情感联结的可能性,才能有效地将品牌传达与消费者联结起来。"老字号"品牌应该尝试着发掘出孕育在自己品牌中的"真挚"情感,使它能够通过一个具体的载体完美地向消费者传达出来,而不应该只是抱着传统墨守成规的态度去发展。这种以"真"唤"情"式的品牌联结方式,不仅能使老品牌从濒临消失的边缘起死复生,而且也会随着时间的流逝,使企业的无形资本逐渐丰厚起来。所以"老字号"品牌形象的改进首要的就是要抓住时代特征,善于利用新型的传播媒介,将品牌理念与定位以创新的情感形式重新传递到人们心中。"老字号"品牌广告创意的确定,不仅要着眼于它的内容与传达,更重要的是存在于过程中的一种互动与感觉,这种潜在的意识沟通会为品牌打下稳定的情感根基,从而逐渐建立起品牌的忠诚度。"老字号"品牌应该在充分利用广告传播性质的基础上,以"情"感人,牢固消费者对"老字号"品牌的情感和忠诚度,从而复兴老品牌。

　　"随着科学技术和企业管理水平的全面提高,消费者购买能力的增强和需求趋向的变化,服务因素在国际市场的竞争中已经取代产品质量和价格而成为

119

---

　　① 凯文·莱恩·凯勒.战略品牌管理[M].卢泰宏,吴水龙,译.北京:中国人民大学出版社,2009:8.

竞争的新焦点。"①产品的销售离不开服务,同时,服务也需要依靠产品销售才能实现其价值。美国著名电脑制造品牌"IBM"公司总裁曾经公开表态:"我们公司不卖电脑,而是卖服务。"②1989年美国波士顿的福鲁姆咨询公司在调查中发现,顾客从一家企业转向与之竞争的另一家企业的原因,10人中有7人是因为服务问题,而不是因为质量或者价格的缘故。因此,产品服务已经成为能够左右消费者决策、与品牌形象紧密相连的重要组成部分。如何提高"老字号"产品的服务质量,带给消费者满意的购物体验,是企业和品牌将要面对的重要课题。

三、企业的核心能力

企业的核心能力对品牌形象设计的创新有着关键的作用。企业的核心能力不是光靠产品或者光靠技术就可以形成,它是一个系统的工作。在此我们可以借鉴奥美国际(O&M)在20世纪90年代中叶随着整合营销传播观念的风靡提出的"360度品牌"的概念。"360度品牌的发展要求和思维模式的转换,它要求我们不是从一个狭窄的点——无论这个点是广告、公共关系,或者是包装或售后服务考虑品牌,而是把品牌作为一个整体看待。只有采取整体的观念,真正的、可以实现品牌体验的大创意才能在每一个消费者接触点被发展和实现。"③"360度品牌管理"的流程主要分为四个步骤,分别是审问、检验、界定和传播。从品牌的资产出发,分析每项品牌资产的优势和弱势,以寻找品牌获得市场成功所面临的最大问题。检验品牌与客户之间的关系,挖掘隐藏的品牌与消费者关系的真知。界定品牌的DNA,对品牌进行品牌写真,找到品牌的核心价值,再通过各种传播途径加以释放。最后一步是传播品牌,以不同的方式将品牌传递给所有与其相关的目标群体(图6-7)。"360度品牌管理"的方法在于它不局限于目标消费者接触点的数目,创造行销活动,无论何时何地都使消费者与品牌的互动最大化,在每一个与消费者的接

---

① 薛可.品牌扩张:延伸与创新[M].北京:北京大学出版社,2004:337.

② 王芳华.服务营销[M].山西:山西经济出版社,1998:13.

③ 布莱尔,等.360度品牌传播与管理[M].北京:机械工业出版社,2004:8.

触点上实行传播管理。整合所有的品牌元素就构成了品牌的资产,每个元素对于"老字号"品牌资产来说都非常重要。这些元素对于品牌的形象、识别、认知起到了非常重要的作用。

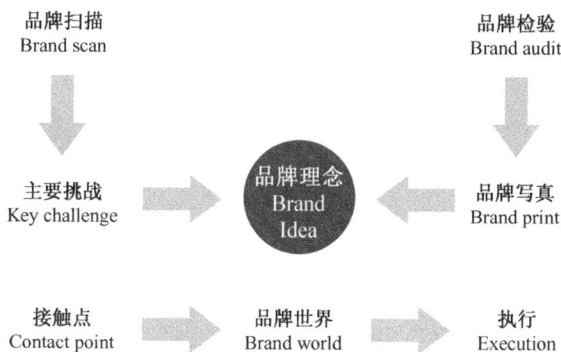

品牌扫描 Brand scan		品牌检验 Brand audit
主要挑战 Key challenge	品牌理念 Brand Idea	品牌写真 Brand print
接触点 Contact point	品牌世界 Brand world	执行 Execution

图 6-7　品牌管理流程
(图片来源:作者自制)

以"老字号"品牌"回力"为例,它是中国最早的时尚胶底鞋品牌,相比解放鞋而言,其简洁的设计在那个同质化的时代显得卓尔不凡。但是好景不长,改革开放以后大量的运动鞋品牌涌入中国市场,对"回力"形成了不小的冲击,由于其品牌定位一直在便宜、耐穿的低端鞋市场,再加上因未能为品牌重新定位以满足消费者的需求而走向破产,"回力"球鞋渐渐被人们淡忘。近年来,"回力"球鞋面对国内萎缩的市场,毅然将目光转向了海外市场,迎合着英文名Warrior(勇士),"回力"球鞋在海外的复古风潮中迅速走俏,成为了欧美潮人的新宠(图 6-8)。在美国、马来西亚、法国、荷兰等多个国家都受到了空前欢迎,在欧洲,"回力"的身价至少翻了 25 倍,达到了 50 欧元,这是"回力"鞋再生的第一步。随着国内国货回温的浪潮,"回力"鞋也顺势再度回归了人们的视野,在对自身产品的打造上没有放弃白色鞋面、红色花纹的具有纪念意义的经典款,同时产品涵盖了设计师和学生的手绘鞋款以及休闲鞋,一共 150 多个系列,近2 000 种款式。其产品范围涉及各个层次、式样,价格更是从十几元到几百元不等,满足了不同消费层次、不同年龄层次的消费者。从品牌名称到产品设计,从品牌把握住的回归契机到品牌在各个节点与消费者的互动,无不凝聚着品牌的

121

核心价值与能力。卓越的品牌实力为"回力"品牌的再生提供了足够的动力，为品牌的回归奠定了良好的基础。

图 6-8　"回力"球鞋
（图片来源：http://www.warriorshoes.com/）

1. 体现品牌价值

"'老字号'的店铺都各自经历了艰苦奋斗的发家史而最终统领一行，其品牌也是人们公认的质量的同义语。"①有人认为"老字号"就是老商铺、老商店，但是并非如此，其实"老字号"不仅仅是指经营时间长的店铺的名号，更是指商家在长期的经营历史中形成的被广泛认可的优秀品牌。如在生活中一说起中药店铺商号，人们会自然而然地想起"同仁堂"，这种意识是在人们长期的生活中形成的，是扎根于人的心中的。"老字号"在传播品牌内涵、企业文化的过程中，显示出了强有力的支撑。许多"老字号"品牌属于国家非物质文化遗产，蕴含着中华民族特有的精神价值、社会价值、文化价值，传承着中华民族特色的生命力和创造力，"老字号"以其独特的品牌文化和技术工艺，承载着人们的记忆，是企业的无形资产。

"老字号"品牌的传承亦是精神层面以及物质价值的传承。随着社会的进

---

① 袁家方."老字号"一个熟识的"模糊词"[J].北京商业，2010(01).

步,很多品牌物质层面的价值已经不具备绝对的市场竞争力,因为消费者已经不满足于功能性的商品或者服务的使用,而是追求与品牌精神层面的共鸣。"老字号"品牌需意识到并善于利用这个特点,它所拥有的丰富的字号精神内涵是其先天的优势,可以通过字号与人之间的衔接关系,挖掘出当代人与社会之间新的精神追求,用饱满的文化内涵吸引消费者,争取更多的忠诚消费者,最终实现"老字号"品牌价值的传承和增长。"老字号"的标识只有当品牌与情感挂钩时,才具备精神和灵魂,才能承载品牌与消费者之间的承诺和服务,在此之前,它仅作为符号存在。它是一个品牌身份化的象征,可以传达情感和感官体验的承诺,凝聚着众多意味。"创造当下,绝不能只着眼于现在,必须以未来五十年或一百年为基础。"①优秀的品牌形象与适时的品牌更新是保持"老字号"品牌活力的原因之一,老品牌的形成归根结底是市场经济的产物,因此也必将随着市场和经济的变化而不断作出改变和调整,以此避免被市场淘汰的结局。随着时代的变迁,人们观念的更新,以品牌为核心的市场竞争逐渐取代了以产品为核心的市场竞争。这就导致了品牌创新在影响市场的诸方面因素中的地位倍增,成为企业提升品牌竞争力的主要手段。"老字号"国货品牌悠久的品牌历史和深厚的文化底蕴是其品牌创新的宝贵财富,深入挖掘其内涵,通过对品牌形象各要素的创新,建立老品牌于市场中的核心竞争优势,给消费者提供个性化服务的同时,积累品牌资产,体现品牌的价值。

2. 延伸品牌理念

越来越多的传统企业运用移动互联网,推出自有企业的品牌 APP(应用软件)以补充完善原有传播和销售渠道。社会化新媒体营销的关键之一是体现"engagement"(参与),这些品牌打造的 APP 都不忘与消费者进行互动,充分利用 APP 与生俱来的社交属性,内容从消费者中来,然后再到消费者中去,最大化地发挥品牌 APP 传播的价值。"老字号"国货品牌形象应把握机遇,抓住品牌故事,拥抱互联网,通过几个字、几幅画、几段话来传播老品牌的文化内涵,以在时代进程中一脉相承。

---

① PIE BOOKS. 企业美学力[M]. 台北:商周出版社,2009.

例如,"无印良品"(MUJI)是日本最大的生活方式商店,倡导纯朴、简洁、环保和以人为本等理念,所有的一切简单却又认真贴切地照顾消费者的生活需要。其推出的 iPad 行事历 APP——MUJI Calendar(无印良品的日历)①,该APP 是免费的,用户可以在上面建立行事历,同时可以和 Goolge Calendar(谷歌行事历)进行同步。APP 界面中通过不同灰度级的灰色跟红色,使不同事件能得到有效组织;可以对事件信息有效的分类,比如分为同事或是朋友等等;支持拖拽组织事件功能。在这个行事历里面加入了 to do 的功能,名称借鉴了Foursquare(四方),也就是设定去做的事件。日程表追求舒适流畅的使用感,在不知不觉中融入消费者的生活,对于移动办公来说非常方便。从类似于这个MUJI 行事历的案例中可以看到品牌的延伸服务将会发挥更大的作用。除此之外还有 MUJI to GO,它是无印良品辅助旅游的一款 APP;MUJI NOTEBOOK(无印良品的笔记本)是朴实无华的笔记类 APP。这些 APP 会让用户在使用过程中忍不住想起 MUJI 实体店内的产品,有效延伸了品牌理念。这些"无招胜有招"的新玩法,貌似"乱花渐欲迷人眼",但其背后是企业互联网思维的体现;看似不务正业,实则将品牌理念植入目标消费群,是企业与消费者的共赢。三款 APP 体现出"纯朴、简洁、环保和以人为本"的产品设计理念,作到了方便消费者生活。而且,设计风格也与 MUJI 一脉相承,进一步强化了品牌在消费者心中的形象。

3. 文化由内而外

文化是一个社会和群体形成的共同的信念、价值观和行为方式。企业文化与品牌文化都是文化的一种表现形式,它们的形式内容与文化都密切相关。对于多数企业,品牌文化是企业文化的一部分,企业是品牌人格化的主体,如果品牌文化是"老字号"的"灵魂",那么企业文化就是"老字号"的"作坊"。有时消费者只知品牌而不知其所属公司企业,说明品牌文化在形成之后,也具有一定的独立性。例如,南京老品牌"绿柳居",很多人不知道它所属的公司全称为"南京

---

① [案例] 无印良品为何不务正业[EB/OL]. [2017-10-29]. http://socialbeta.com/t/case-study-of-muji-app.html.

金都饮食服务有限公司"。

"品牌的一半是文化。"①对品牌而言,如果产品的质量、工艺、性能、包装等是其身体,那蕴含在其中的文化就是品牌的大脑。"品牌创建的过程就是将文化精致而充分展示的过程。品牌是文化的载体,文化是凝结在品牌上的企业精华,也是对渗透在品牌经营全过程中的理念、意志、行为规范和团队风格的体现。"②文化的传播和取向,是品牌形象创新的重心所在,它是消费者与产品产生共鸣的桥梁,使品牌成为一种象征植入消费者的记忆。未来品牌的竞争能力包括品牌与社会文化价值的融合力、品牌与消费文化心理取向的融合力等等。企业从创立品牌之初,就应不断地将自己的企业文化融入品牌之中,使其在竞争中更显示出独特的性质。因此,"老字号"须挖掘品牌定位和文化价值,使之保持适合市场的需求,并不断升华。"老字号"品牌文化已经逐渐成为影响企业发展的关键因素之一,品牌文化的创新可以增强员工的凝聚力、塑造企业独有的气质,老品牌需要多年的细心呵护,才能形成良好的信誉。同时,我们应该看到,对于品牌的个性特点和文化内涵,每个人对它的理解都不是一样的,需要去细心了解。品牌通过对视觉传达语言进行准确的描绘与设计,才能使人们在"老字号"的品牌形象中找到企业的价值魅力、文化魅力,才能和消费者之间产生一种沟通和交流。因此,"老字号"品牌形象设计要具有鲜明而又丰富的文化内涵和特性,能够很好地体现出店铺的形象,同时把产品推销给消费者。

对于"老字号"国货品牌形象设计创新,我们要做的不是僵化地保持和传承,重要的是如何在传统的基础上创新,使传统的"老字号"具有新的生命力和文化内涵。因此,在设计上运用传统元素符号,不应该简单地把旧有的传统元素生硬地借用,而应该深层次地理解它所代表的内涵和文化韵味,否则只是生搬硬套的传承和发扬是没有任何意义的。"老字号"国货品牌承载着中国传统文化的精髓,是儒家商业文化的载体。"老字号"品牌大多注重文化

125

---

① 杭间.设计道[M].重庆:重庆大学出版社,2009:276.
② 周越.包装品牌塑造与促销设计[M].北京:印刷工业出版社,2009:2.

内涵和社会认同感,常以儒家的伦理道德和处世哲学作为字号的内容和经营之本。由内而外的"至诚至信"的企业文化,影响着人们的日常生活,在无形中引导着人们要养成良好的社会风气,影响着人们的价值观念。这些对于现代商业文化的发展和社会精神文明建设,都具有积极的意义和重大的影响。

四、求稳存异,实现双赢

"老字号"国货品牌形象设计创新的最终目的是为了实现赢利,在对形象设计的创新中,如何能够获得赢利也是必须要思考的一个难题。"无论是定位问题还是核心价值问题,品牌一旦被确认为支柱,一切与之相关的信息传递都必须以品牌为中心。然而能自始至终地贯彻这一点的企业屈指可数,因为既要考虑全局又要面面俱到的确具有相当大的挑战性。"[①]当下也不乏许多成功的品牌案例,在分析成功品牌的例子时,不仅可以借鉴国内的案例,也可以借鉴国外历史悠久的成功品牌。例如,"可口可乐"在成立之初,设计了品牌标志,销售虽然有进展,但是仍然不理想。1934 年,"可口可乐"公司聘请了著名设计大师雷蒙德·罗威(Raymond Loewy)更新了品牌的文字识别标志,其设计的标志主要以红色的斯宾塞英文字体为主并加以设计变形,字体下面是延续流动的波浪形曲线。新的文字识别标志给消费者带来新的视觉冲击,使得"可口可乐"的销售量连翻了数百倍。2003 年,香港著名设计师陈幼坚先生为"可口可乐"设计了新的中文标志,中文字体继承了英文版标志字体的特点,与英文版的标志和谐统一,使消费者能够迅速联想到经典的原版标志,以期实现"可口可乐"在品牌形象识别上的全球统一。在这个新的中文标志的推动之下,"可口可乐"在中国的销量也得到了大幅度增长。"可口可乐"公司已有 100 多年的发展历史,可以称得上是世界级的"老字号",从它的发展历史中我们可以发现,"可口可乐"公司针对不同的文化背景,对其品牌形象不断升级提高,注重品牌的统一性与整体性,传递出品牌的核心价值,创造了巨大的财富价值。由此可见,对于"老字号"国货品牌的形象设计而言,一切的品牌形象设计都是为最终能够实现赢利而服务

---

① 凯瑟琳·费希尔.品牌再设计[M].上海:上海人民美术出版社,2001:12.

的,因此,应对"老字号"国货的品牌形象进行积极、主动的改造,建立起优秀的品牌形象,积累无形资产。

例如,"香奈儿(CHANEL)"[①]于 1913 年在法国巴黎创立,是一个有着百年历史的著名品牌,它时尚简约、简单舒适、婉约大方、青春靓丽,其时装设计永远保持高雅、简洁、精美的风格。在 20 世纪 40 年代成功地将繁复的女装推向简单、舒适的设计。1930 年代,香奈儿女士以一朵山茶花让小黑裙焕然一新。此花娇柔精致、纯净无瑕、极为优雅、毫不张扬的形态,令香奈儿女士钟爱一生,更凝聚了她对美、魅力和简约的期望。自 1960 年起,从最简单的白色绢花到纷繁多样的服装配饰,山茶花从"香奈儿"品牌中绽放,完美体现着"香奈儿"高贵优雅的独特品位(图 6-9)。山茶花是"香奈儿"品牌的一个经典元素,它的形象发展和在时尚界的闪耀夺目,表现出了个体形象与整体形象设计的异同协调之美,达到了叠加与整合的效果,实为元素应用之典范。

图 6-9 "香奈儿"山茶花系列
(图片来源:https://www.chanel.cn/zh_CN/)

品牌形象设计是系统化的构成,单纯地只重视品牌形象的统一性和系统性,容易在设计方面出现僵化、固化的状态。美籍奥地利生物学家路得维格·贝塔朗菲(Ludwig von Bertalanffy)强调:"任何系统都是一个有机的整体,它不

---

① 香奈儿(CHANEL):Coco Chanel(原名:Gabrielle Bonheur Chanel)于 1910 年在法国巴黎创立香奈儿品牌。该品牌产品种类繁多,有服装、珠宝饰品及其配件、化妆品、护肤品、香水等。

是各个部分的机械组合或简单相加,系统的整体功能是各要素在孤立状态下所没有的新质。"①系统化并非是建立在僵化、单纯的标志推广形象上,而是将品牌形象设计中的元素纳入其中,既不能孤立元素,也不能淡化元素,应借助统一的规范模式和系统的文化理念,发挥超出单个元素的能量。实现一个品牌形象的系统化,需要整体协调合作。品牌的建立源自于个人和社会的双方需求,即卖出他人所需、买进个人所求。"老字号"也不例外,它的形象塑造和优化不能仅在企业内部完成,需要面向社会公众,在社会文化中寻找积极因素,优化出新颖而独特的品牌形象,在形象设计过程中增强品牌意识,重视品牌战略。针对"老字号"品牌生存越久远,积淀的有形、无形之物越多的特点,需要对这些杂乱无序的元素进行协调,在创新中反复整理归纳,不断地完善品牌的规范。同时,对各种资源进行优化组合,发挥出最大功效,完成品牌效益的最大化。在不同载体上运用品牌的视觉形象,以统一的形象体系面对消费者,形成全方位、立体、交叉式的信息可视化传达,实现品牌形象的叠加整合效果,达成个体与整体双赢的局面。

1. 树立危机意识

"老字号"品牌文化包含着中华民族的创新精神,体现了传统社会价值、经济价值和人文价值,承载着中国几千年的文化积淀,是劳动人民智慧的结晶,是中国传统文化中原创性的内容。现代文化产业的发展,最重视的便是原创。现在中国的文化产业之所以落后于西方发达国家,最根本的原因便是缺乏原创的东西,很多"中国制造"始终没有走出别人的阴影而走向"中国设计"。中国的"老字号"蕴含着丰富的独创内容,对于我们现代文化产业的发展具有重大的影响作用。因此,对"老字号"非物质文化遗产的保护与开发,应树立危机意识,积极与文化产业和文化创意结合起来发展。

我们要清醒地认识到,"老字号"具有的价值更多的是它的潜在价值、文化价值,这些都需要去挖掘和重塑,而不是直接拿来用。这种特殊的无形资产,当企业兴旺发达时,可能价值连城,但是当企业衰落低迷时,则可能一文不值。

---

① 维格·贝塔朗菲. 一般系统理论基础、发展和应用[M]. 北京:社会科学文献出版社,1987.

"老字号"都经历了一段艰苦奋斗的历程,最终形成了现在的状态,而现代经济的发展,使"老字号"显得有些失落,但它仍以自己的特色独树一帜。在这些闻名遐迩的老店中,有始于清朝康熙年间为朝廷提供中医秘方秘药的"同仁堂";有创建于清咸丰三年为皇亲国戚、朝廷文武百官制作朝靴的"中国布鞋第一家"——"内联升";有1870年应京城达官贵人穿戴讲究的需要而发展起来的"瑞蚨祥"绸布店;有明朝中期开业以制作美味酱菜而闻名的"六必居"……这些"老字号"是中国悠久历史文化传承的一部分,在这里感受到的是传统的洗礼,体验的是百年不变的品质和从始至终的关切服务。因此,在社会地位、技术认证、经济保障、政策支持等方面,国家应给予"老字号"便利,并协助"老字号"培养传承人。

2. 坚持品牌至上

"老字号"的品牌形象是一笔巨大的无形资产,集中体现在知名度、信誉度和影响力上。"老字号"是一种城市和时代的记忆,是与城市共同成长的。一座城市之所以能和其他城市相区别,是因为它具有自己独特的个性和地域文化。这些个性不仅仅是因为它拥有独特的山川地理特性,更重要的是它拥有独特的文化标识。"老字号"给这些城市积累了一笔宝贵的无形财富,它们已成为城市的一张张名片。因此要保护好和运用好"老字号"品牌的力量,充分发挥品牌在市场竞争中的作用,以品牌产生的认同力量来吸引消费者。

中华"老字号"的金字招牌,给人们留下了深刻的印象,已经深深扎根于人们的思想之中,在无形之中影响着人们的消费、生活。"老字号"不仅可以给企业带来巨大的财富,更能够为企业增加巨大的无形资产价值。虽然目前国内还没有专家或者组织对"老字号"进行价值评估,但是和一些新兴的企业相比较,从知名度和美誉度等方面,我们仍能感受到"老字号"产品具有巨大的潜在市场,在消费者心目中仍具有很高的品牌价值。和新兴企业相比较,虽然没有现代先进的技术支撑,但是由于它在延续传统工艺的同时也加入了一些时代的元素,特别是"老字号"所具有的独特工艺、优秀品质和良好商誉,使得"老字号"品牌在一定条件下都可以转化为经济价值。

129

3. 强化品牌传播

"老字号"国货品牌很难走出去的首要原因是经营意识问题。我们需要积极引导和促进"老字号"企业发挥品牌形象的优势,择优支持一批"老字号"企业,打破部门、地区和行业的限制,实现品牌的延伸和增值,以无形资产吸引、带动有形资产,向规模化、集团化和国际化方向发展。"老字号"品牌具有深厚的文化底蕴和积淀,这些因素可为品牌加分,但同时也会让经营者困惑,要不要或者有没有必要走出去? 现有的"老字号"品牌传播意识淡薄,品牌传播投入不足,品牌知名度不具有引导力,这些都成为阻碍"老字号"创新发展的因素。

原中国文物学会会长罗哲文认为,一些食品品牌比如"全聚德"烤鸭、"六必居"酱菜等都是我国传统"老字号",这些店铺都有着很好的工艺技术、流程和传统,它们的饮食文化中蕴含着丰厚的文化底蕴,作为我国的非物质文化遗产也无可厚非。"对企业提出的关于'要拥有我们自己的核心技术,要拥有我们民族的世界品牌'的要求,或许是对'老字号'非物质文化遗产保护的最好诠释,'老字号'的非物质文化遗产有助于我们创造自己的品牌,弘扬中华文明。"[①]例如,著名"老字号"茶叶品牌"吴裕泰"(创建于 1887 年,清光绪十三年)和"张一元"在北京都有相当的知名度,但是在上海、广州、深圳、郑州、武汉、长沙,知道它们的消费者却很少。传统"老字号"品牌要走出去,首先是树立强烈的品牌传播意识。在信息化时代的今天,消费者购买和选择产品的重要指标就是对品牌的认知度和熟悉度,如果"老字号"品牌没有被消费者认知,不被消费者熟悉,就很难实现"老字号"的经济价值。"老字号"品牌所体现出的一些优良传统是值得我们倾力去传承和探索的,在新形势下"老字号"品牌的再生之路可谓任重而道远。

小结

随着各种思潮和流派不断产生并流行,现代消费者逐渐形成了现代审美观,许多"老字号"陈旧的形象设计可能早已不适合现在的环境,毕竟时过境迁,

① 王文丽. 老字号企业品牌要素解析[J]. 现代商贸工业,2010.

旧标识的墨守成规与现代理念已经格格不入,再加上国际化浪潮的袭来,"老字号"企业长期沿用一个旧形象显然违背了发展的原理。企业要想取得长久的发展必须在传统形象中融入符合现代审美的新理念、新文化和新方法,才能打开国内外市场。"老字号"国货品牌形象设计的创新是品牌与时俱进、增加品牌价值的根本保障,"老字号"国货品牌形象设计创新是为了求新,而不是为了求老,要在充分了解品牌历史和文化内涵的基础上推陈出新,只有创新才能有所发展。面对激烈的市场竞争,"老字号"品牌想要持续发展,对其品牌形象设计的创新要遵循以上四个关键点,加强品牌的创新力度,利用品牌形象设计的创新来提升品牌的自身资产与价值,以期获得更为广泛的社会经济效益。

131

第七章
构建"老字号"国货品牌形象设计创新模式体系

    品牌形象创新是品牌生命力和品牌价值所在。它在为人们创造新的物质生活方式的同时,实际上也在创造一种新的文化。这里说的品牌形象是指品牌的视觉形象,是以品牌视觉识别系统为主要内容的可视的品牌形象。今天的商品广告已经从以产品信息为中心向以客户体验为中心的品牌信息转变;今天的消费环境也已从简单的日常生活供求关系,发展为物质、精神和文化之间的连锁反应。更加个性化和情绪化的行为被带入消费中,尤其是年轻消费者,他们消费商品除了满足生活功用,更多地被用于表达情感和象征的价值,起到在人与人之间进行交流与沟通的作用。"老字号"由于品牌形成年代久远,正面临着品牌形象老化过时等诸多问题。现存"老字号"国货品牌大多已经越过了质量竞争阶段,但又停滞于此阶段,无法进一步发展,这是"老字号"品牌形象遇到的重大瓶颈。如今,几乎所有知名企业都把品牌和产品创新作为自己的战略目标。纵观世界一些百年品牌,如"可口可乐""香奈儿""欧米茄"等,其品牌能长盛不衰的原因之一就是不断进行品牌创新。在信息传播速度飞快的今天,品牌形象创新可以使产品及时覆盖目标市场,增强产品的竞争力,使企业可以寻求更大的发展空间。面对全球化发展以及新的竞争环境,"老字号"如何与时俱进,如何重塑发展是值得思考的问题。有少许的"老字号"品牌不仅延续了其传统魅力,还创造出新的局面;但大多数的"老字号"则因为经营模式陈旧、品牌形象缺乏创新、消费群体单一等因素面临消亡。如今,"老字号"不仅要面对国内新品牌的激烈竞争,而且还必须面对国外知名品牌的挑战。因此,"老字号"需要对品牌价值进行战略规划和重塑,对品牌理念、形象等做规范化的创新设计,以保证品牌价值的实现。

对品牌形象的创新是"老字号"创新转型的第一步。这里所说的创新设计,并不是完全摒弃"老字号"原有的品牌视觉形象,而是要对其品牌形象进行升级,是将"老字号"品牌文化的传承与现代技术和艺术相结合,打造品牌形象设计创新模式。"模式一词的指涉范围甚广,它标志了物件之间隐藏的规律关系,而这些物件并不必然是图像、图案,也可以是数字、抽象的关系,甚至思维的方式。模式强调的是形式上的规律,而非实质上的规律。"①这里所说的设计创新模式是一种参照性指导方略。由于国内对于"老字号"国货品牌形象设计创新模式的研究尚未成熟,进而导致这些品牌在转型的道路上无章可循。我们在创新设计的过程中,不能照搬所有的传统元素,而是要取其精华,需要有选择地继承并挖掘符合时代发展的元素加以提炼运用。与此同时,探讨"老字号"国货品牌的创新转型之路,首先需要构建合理且行之有效的创新模式体系。

一、四种创新模式

(一) 延伸创新模式

延伸创新模式是利用自身的品牌、资源和规模进行的创新的思维方式,包含两层含义:其一是市场营销学中的"品牌延伸"(Brand Extensions)概念,主要指拓宽产品线,品牌延伸是将现有的成功品牌用于新产品或修正过的产品的一种策略,品牌延伸所推出的新产品被称为延伸产品。所谓延伸创新就是挖掘品牌定位和文化价值,使之保持适合市场的需求,并不断升华,进一步吸收优秀设计或者将已有的优势资源和能力延伸到新的设计进行创新。中国企业的品牌

① 360百科:https://baike.so.com/doc/4044734-4242759.html,2017-2-5.

133

战略,很多是借鉴日本等亚洲企业的一些具体做法。最明显的共同点就是,中国企业和日本企业一样,大多采用统一品牌战略,以一个品牌覆盖企业的全部产品,而较少采用品牌延伸战略。① 延伸创新模式主要是针对现阶段"老字号"品牌形象所出现的一系列问题,用现存资源来解决,作到品牌形象的再创新,使品牌的价值有一定的延伸。"它并不是简单地借用表面上的品牌名称,而是相关种类的若干系列产品可以拥有一个品牌"②,包括推出新标识、新色彩、新包装等等。其二是将固有品牌形象的"基因"进行合理的延伸,也就是立足于"老字号"品牌本质,深入发掘品牌的文化价值,将品牌合理定位,并进一步吸收优质的资源或是将已有的优势成本和能力延伸到新的层面进行品牌形象的创新设计,以保证"老字号"品牌形象与其依存的市场实际需求接轨。这种创新模式在很大程度上能够节约成本,这是由于在消费者的经验和知识愈加丰富、个人的消费诉求和需要愈加明确的情况下,改变消费者的认知要付出昂贵的代价,与其切断消费者对"老字号"品牌原有的认知,不如利用消费者对品牌的认同,继承进而升华原有的品牌形象。

1. 合理延伸,拓展品牌形象

"品牌延伸策略"是市场营销学中一个较为成熟的理论,它通过延伸产品线、拓展品牌宽度的方法将品牌已有的成功和信誉"最大化",并以此维护良好的品牌形象,进而创造更大的经济效益。品牌宽度包括品牌旗下产品组合及理念的多样性,宽品牌旗下产品往往种类多元、跨度较大,窄品牌产品种类少而同质。"品牌宽度是典型性的长期结果,典型性受品牌宽度的影响,品牌宽度及典型性与消费者对品牌延伸的评价高度相关,窄品牌适合延伸到与现有产品类似的近延伸,宽品牌则在远领域有强延伸能力。"③营销学家对品牌延伸对品牌形象的影响各执一词,归结起来分为两种:一是合理的品牌延伸能够提升品牌形象;二是品牌延伸行为具有先天缺陷,必然会对品牌形象产生负面影响。品牌

---

① 品牌延伸战略[EB/OL].[2015-11-01]. http://wiki.mbalib.com/wiki/品牌价值.

② 孔清溪,陈宗楠,朱斌杰.品牌重塑:老字号品牌突围路径与传播策略[M].北京:中国市场出版社,2012.178.

③ 陶骏,李善文."中华老字号"品牌复兴:品牌延伸及反馈[J].经济管理,2012(2):98.

的延伸也是品牌策略的一个重要的方面,通过老品牌向新品类延伸,扩大经营范围。"品牌的自然延伸对于提升'老字号'的品牌价值具有很大的帮助。品牌的价值只有被资本市场认可了,才是合理、真实的价值。"①在对品牌进行延伸创新时,要对"老字号"企业的能力有合理客观的认知,延伸品牌形象要准确定位,强化与核心品牌的关联度,坚持品牌理念的一致性。品牌形象的延伸创新也会带给消费者一种新鲜的感觉,使消费者明确感受到品牌的丰富与创新,从而增加对品牌的好感度。

相对于规范性,延伸性是指"形象设计系统必须具备可变化的弹性和适度拓展力,在不同的环境下应用自如而不会显得呆板与僵化"②。一个品牌的核心价值是品牌识别的关键所在,代表了品牌最中心的要素,是品牌的精髓。所以,"老字号"进行品牌延伸时,延伸的产品应与"老字号"原有品牌的核心价值相一致,应体现"老字号"原品牌的价值理念,避免对品牌形象力的"稀释"。需要注意的是"老字号"如今薄弱的势态,且进行品牌延伸花费的成本相对较大,一旦品牌延伸失败,多年来积累的品牌资产将会受到重挫。因此,在延伸设计中可采取较为保守的策略:借助"老字号"的品牌美誉度、知名度支撑延伸的产品,设计不同的视觉形象,对延伸品牌和原有品牌作适当的区别设计,在形象协调的前提下创造不同的产品形象系列。如此,即使延伸创新效果不理想,也不会对"老字号"品牌造成太大影响。这既实现了对"老字号"的保护,又完成了品牌延伸的策略,是一举两得的举措。

(1)品牌延伸策略的优势

包括品牌大师戴维·A.阿克(David A. Aaker)在内的很多学者认为,品牌延伸对品牌形象的影响是否正面,取决于品牌延伸的内容与品牌形象的契合度是否足够高。只要延伸行为能够体现和强化品牌形象的个性和优势,那么必然会产生正面的影响。例如,众所周知的美国"苹果"品牌,它由研发计算机起家,但曾经由于非理智的产品延伸面临破产。1997年,史蒂夫·乔布斯(Steve

135

---

① 许敏玉.中华老字号品牌发展瓶颈及对策[J].企业经济,2012(1):62.
② 刘扬,代玥,周行.品牌形象策划设计[M].重庆:西南师范大学出版社,2013:56.

Jobs)决定将现有的 15 条产品线缩减至 4 条,成功挽救了"苹果"。20 多年后,品牌宽度延伸到数位音乐随身听领域,推出了 iPod。这种创新依托了"苹果"品牌在计算机领域的优势,并且承袭了"苹果"一贯的设计至上、关注细节、发扬特色的品牌文化理念,取得了巨大的成功,为企业带来了巨额收益。后来,"苹果"又将产品线延伸至手持电话领域,造就了今天的 iPhone,取得了史无前例的成功,将品牌形象提升至新的高度。"苹果"在视觉形象上的延伸同样值得后来者借鉴。近年来"苹果"推出的全系列产品几乎都沿袭其一贯的视觉设计风格,进而强化了品牌形象(图 7-1)。

图 7-1 "苹果"产品系列
(图片来源:https://www.apple.com.cn/)

徐城北先生在《转型艰难老字号》中提到:"字号是老事物,标识是新事物,二者有联系,但又不是一回事。字号是有形的,而标识可以有形也可以无形。"[①]虽然"字号"通常以一块牌匾来展示,挂于店铺显眼之处,但牌匾上的几个字,其内在含义和经营项目却没有直接的联系,除了与创始人有关的。曾有人将"老字号"用得最多的字整理成了一首七言诗:顺裕兴隆瑞永昌,元亨万利复丰祥。泰和茂盛同乾德,谦吉公仁协明光。聚益中通全信义,久恒大美庆安康。新春正合生成广,润发洪源厚福长。这首诗虽规整,却无平仄,没有内在的含义,但很多字号名称往往是从中抽取几个字稍加斟酌而成。这样的命名方式,多带有讨吉利的意愿,虽比不上现代品牌夺人耳目的品牌名称,但作为"老字号"的一种命名文化,它又是特立独行的一种存在。在品牌形象延伸创新中,需慎重考虑其文化风格的去与留。今天的"老字号"国货品牌大都由作坊式的"字号"经

---

① 徐城北.转型艰难老字号[M].北京:新世界出版社,2007:62-63.

济发展而来,手艺则是通过师徒之间的言传身教代代相传。因受到生产规模和方式的局限,"老字号"原有的产品往往"少而同质",大都属于"窄品牌"。此外还需考虑到对品牌现有的产品进行品牌延伸,产品之间的相似性和契合度会对消费者的情感迁移产生积极的影响,而"老字号"国货的品牌形象已经具备了其典型性,在发展中长期依赖消费者的情感诉求,因而"近延伸"的方式更加适合"老字号"国货品牌形象的创新。值得注意的是,即使作为"窄品牌",也要适当拓宽品牌的宽度,这样能够帮助品牌塑造更饱满的形象,获得更多元的利益,对于品牌的长足发展也具有重要意义。

如今,"老字号"除大品牌外许多都没有进行品牌识别规划,而是花更多的费用去设计包装,最终在终端传播上失去统一视觉。凡是成功品牌一般都有品牌形象统一的规划,例如,我国香港的"李锦记"品牌,20 世纪 90 年代香港设计师陈幼坚对"李锦记"进行了品牌视觉形象的整合设计改造,仍然定位于传统,再设计后,经典的形象大大地提升了品牌价值,迅速树立起中华酱料品牌的一面旗帜,成为享誉国际的民族品牌形象。在某种意义上看,"品牌延伸"是一种稳健的品牌发展策略,一来能够扩大品牌的影响,增加品牌市场覆盖率,使品牌形象更加深入人心。二来能够保持品牌形象的活力,延伸消费者对品牌的体验和感受,增加品牌寿命。美国新营销教父赛斯·高汀(Seth Godin)曾说过:"在我看来,'品牌'是一种替代品,替代的是人们的期望、体验、不同世界观间的联系以及公司的产品或服务承诺,同时'品牌'也是这些东西的一种委婉说法,是一种简化的表达方式,这让我们能够每天在上千种品牌中作出选择。"[①]进行品牌形象的延伸设计创新要符合人们的现代品牌观念,能迎合时代的潮流,符合当下人们的审美,也就能赢得更大的市场,创造更大的价值。

（2）品牌延伸策略的风险

另外一些学者主张品牌延伸必然会混淆、稀释和弱化品牌原有形象,势必

---

① 黛比·米尔曼. 像设计师那样思考(二):品牌思考及更高追求[M]. 百舜,译. 济南:山东画报出版社,2012:147.

会产生负面影响,破坏明晰的品牌形象,这种观点也不无道理。因此在进行品牌延伸时,应当做好充分的准备,适度进行品牌延伸,综合考虑其与原有品牌的契合度。"苹果"曾经面临的困境告诉我们,不当的品牌延伸决策易造成原有品牌形象的损害。美国"派克"钢笔(创立于 1888 年)素来以其优异的品质和高昂的价格占领高端钢笔品牌市场,有"钢笔之王"的美誉。然而,20 世纪 90 年代,"派克"品牌的总经理为扩大销售,决定进行品牌延伸,进军低档钢笔市场,推出了仅售 3 美元的低档钢笔,结果非但没有成功进军低档钢笔市场,原有的高档钢笔的市场份额也被竞争对手瓜分掉很大一部分,更使得"派克"品牌形象大受影响。因此,品牌延伸策略若使用不当不仅会损害品牌原有形象,使品牌形象与消费者对品牌的原有认知脱节、冲淡品牌特征,还会产生"株连"现象,影响原有产品的销售。由此可见,品牌延伸要注意对产品种类、数量、周期的控制,扩展品牌的宽度须量力而行。作为"窄品牌"的典型,"老字号"国货的品牌形象创新更是如此。

2. 延伸品牌基因,创新品牌形象

延伸创新模式中占主导地位的思维模式应该是形象思维,形象思维是三大思维模式之一,"形象思维是事物的形状、结构、位置、形态等因素在人脑中的反应,人以视觉、听觉、味觉、触觉、嗅觉的感觉器官对事物的大小、色彩、声音、味道、机理进行感知。设计的形象思维更加注重通过直觉和理念创造生动的个体和典型的形象,而形象也为设计提供了思维载体和表达语言,因为通过综合类比和联想加以归纳的设计造型是形象的功能与审美的最佳体现"[①]。有学者提出"品牌基因"的概念以概括某个品牌在其发展领域与其他品牌竞争的过程中,为了市场环境的改变和进步而产生的各种"进化",决定了品牌核心价值和个性。"品牌基因"既能够保证品牌在市场竞争中的优势,也会成为拓展品牌宽度的障碍。品牌延伸之所以存在风险正是由于"品牌基因"的作用。

"老字号"品牌的创新途径或是"一味守旧",或是"另起炉灶",前者过度保

---

① 周至禹. 艺术设计思维训练教程[M]. 重庆:重庆大学出版社,2010:83.

护"品牌基因",使品牌无法完成"进化",进而不能适应市场经济和消费者日新月异的审美要求;后者完全摒弃品牌原有基因,使可作为品牌优势的历史积淀荡然无存,同时也切断了消费者心目中已建立的品牌联想。比如,当下风靡全球的奢侈品中的大多数品牌都已逾百年历史,品牌形象无论是经典程度、时尚程度还是旗下子品牌或子系列的丰富程度都是同类的新兴品牌无法比肩的。究其原因,这些品牌强大的"基因"已传递到其产品的每一个细胞当中,同时又与时尚碰撞实现品牌的自我"进化",这便是其长葆活力的秘诀。因此创新"老字号"国货品牌形象也不应凭空捏造一个虚假的意象,而是要有理有据地从品牌基因出发导出灵感。"老字号"国货"要让消费者一听见品牌名称,眼前就浮现立体且复合的形象。……'传统'与'革新'这两个截然不同的元素并行不悖,才能成为令人向往、意境深邃的品牌"①。

(1) 发掘品牌文化内涵,合理定位品牌

"老字号"的深层文化内涵是"品牌基因"的重要片段,是其固有品牌形象体系中的核心内容。日趋激烈的市场竞争与其说是品牌的竞争,不如说是品牌文化的竞争。品牌的文化内涵包括了品牌的兴衰史、经营理念、独特手艺等等,这些通常能够在其店训、店址、建筑、传说中得以体现。说到底,品牌的文化内涵正是品牌形象所要传达的信息。相比于新兴品牌,"老字号"的文化特征更加鲜明、历史痕迹更加显著、信誉积存更加厚重,这些都成为了"老字号"品牌的核心竞争力。"老字号"品牌卖的不仅是商品,更是其本身的品牌文化。如北京"同仁堂",300 年来长盛不衰,堪称中华"老字号"品牌中的典范。这正是由于"同仁堂"人始终秉持"炮制虽繁,必不敢省人工;品味虽贵,必不敢减物力"的古训,进而形成了同仁堂品牌文化,并在消费者心中树立了良好的形象。延至今日,"同仁堂"结合现代制药规范升华了这种"诚实守信"的品牌文化,提出了"配方独特、选料上乘,工艺精湛、疗效显著"的文化理念。"同仁堂"称其"中医药文化是在继承祖国传统中医药文化精华,并融入宫廷制药规范的基础上,经过 300 余年的实践与创新,中医与中药的结合,所形成的具有自身特色的品牌形象、价值

139

---

① 佐藤可士和. 佐藤可士和的超级整理术[M]. 常纯敏,译. 南京:江苏美术出版社,2009:110.

取向、质量文化、经营理念和队伍建设的总和"①。

对品牌进行合理定位的意义在于确定目标市场,并对其提供一种差异化的利益,进而在市场中谋得其他品牌无法替代的"一席之地"。"老字号"国货品牌在定位时更要充分考虑市场需求和同类品牌的情况,寻找自己最与众不同的所在作为品牌优势。在市场饱和度增加、边际收益递减的态势之下,品牌只有有所专注、有所专长,才能具有足够的市场竞争力,避免分散品牌资源和消费者的注意力。例如,"百雀羚"品牌自 1931 年成立以来倡导"天然、安全、不刺激"的护肤理念,20 世纪八九十年代,它也面临了许多国货品牌正在面临的发展瓶颈。直至 2007 年,百雀羚品牌沿袭一贯的"天然、安全、不刺激"的准则,提出"草本护肤"的理念,成为国内首个主打"草本护肤"的老国货品牌,新的品牌定位为百雀羚重新打开了市场。2010 年,"百雀羚"为品牌设计了全新的视觉形象,推进了品牌的进一步发展(图 7-2)。2013 年,彭丽媛参观坦桑尼亚妇女与发展基金会时,将"百雀羚"品牌的产品护肤礼盒作为"国礼"相赠,成为该品牌再攀高峰的良好契机。如今,"百雀羚"与"草本"在消费者的认知中已密不可分,甚至成为"草本护肤"的代名词,与上海家化主打的中草药护肤品牌"佰草集"形成了分

图 7-2 "百雀羚"新品牌形象
(图片来源:http://www.pechoin.com/)

---

① 同仁堂:同仁堂文化[EB/OL]. [2016-04-01]. http://www.tongrentang.com/brandstory/culture.php.

庭抗礼的局面。"百雀羚"的复兴为其他"老字号"国货的品牌形象设计创新提供了良好的借鉴,不难看出,在继承良好品牌文化的基础上对品牌自身重新进行审视和定位,成为"百雀羚"品牌实现复兴的关键。

"老字号"品牌"王麻子"剪刀(创建于 1651 年,清顺治八年)与杭州的"张小泉"(创建于 1663 年,清康熙二年)素有"北王南张"之称。在各大卖场,"王麻子"的产品活跃在货架的高、中、低档各个区域,价钱从 5 元到 150 元不等。然而,产品质朴无华、包装简单易损,远落后于其高超水准的品牌口碑,种种原因,具有 300 多年品牌历史的"王麻子"一度停产,并于 2003 年初递交了破产申请。经历了破产风波后,其商标归属北京栎昌王麻子工贸有限公司,但"王麻子"的品牌依然未变,它的刀剪仍在生产,并聘请洛可可设计师为其重塑品牌形象。因为最早"王麻子"品牌的建立就是以剪刀质量好而闻名四方,"王麻子"剪刀铺卖出的剪刀都装在一个印有"王麻子"字样的纸袋里,在国人心目中的权威地位一直未曾磨灭,因此"王麻子"在本土历史上强烈而备受赞誉的品牌印象积淀正是最好的一个卖点,只需要将这个卖点美化延伸。[①] 在新包装设计中,向四周扩散开的红色渐变,似两扇门左右分开,紧接着是以店招形式呈现的"王麻子"名称,同时映入眼帘的还有门环和剪纸的金色图案。在图形元素运用中,使用了剪纸造型的门神,通过联想可知完成剪纸必不可少的工具就是剪刀,恰好剪纸和"王麻子"剪刀都是中国的非物质文化遗产,这两者的结合,更加体现出"王麻子"的厚重历史和传统文化底蕴(图 7-3)。

当然,传统元素的运用是从创新的角度实现文化的传承,将"中国式设计"推向世界。它不是简单的图形或文字,也不是众多图案的堆砌,它有着自己独特的意义。在品牌形象设计中融入传统图形元素,并不是单纯地对这些传统元素符号进行复制与套用,而是对其进行分解和重组,使原本的传统元素变成一个新的符号元素。"老字号"拥有生于传统、长于传统这样得天独厚的优势,使传统元素的表现更加和谐匹配。创新设计的关键就在于传统元素中经典文化

① 让中华老字号不老的包装设计[EB/OL]. [2017-10-10]. http://www.visionunion.com/zhuanti/wangmazi-lkk.

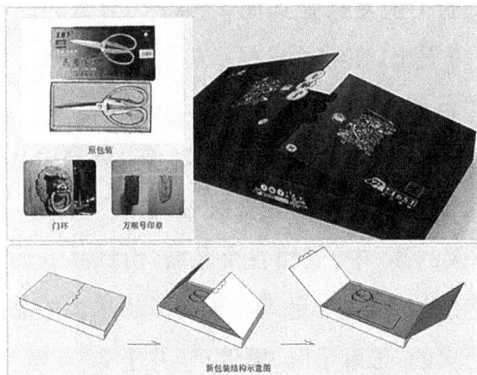

图7-3 "王麻子"包装设计/洛可可
（图片来源：http://www.cndesign.com/）

与现代思想的融汇，达成与现代设计语言互补相融的形象效果。"老字号"品牌历经百年文化变迁，我们应以批判性的姿态更积极主动地对现代文化与趋势进行审视，将传统文化中的养分转化成品牌文化的核心价值与资源，建立起具有生命力的文化传承。例如，"老字号"品牌"陈李济"在2010年以创建410周年庆典暨新闻发布会为载体，开展了"品牌文化重塑年"系列活动。2017年"陈李济"创造了"全球最长寿药厂"的吉尼斯世界纪录，将"南药"文化品牌推至新的历史高度。品牌文化的现代提升，不仅让人们更好地认识了"老字号"品牌"陈李济"的价值和内涵，吸引了社会各界的目光，而且在获取终端客户的认同的基础上最终带动了企业的发展，并为"老字号"企业转型定位提供了原动力。

（2）接轨实际需求，发展品牌形象

品牌依附于市场而存在。如今市场经济飞速发展，市场环境瞬息万变，消费者需求更难满足。如果"老字号"品牌一味的"倚老卖老"，"无法带给消费者新鲜感，未能持续向消费者传达最新信息，那么很快就会被消费者归入老化的行列并被渐渐遗忘"①。因此，无论是品牌形象的内涵还是外延，都应当根据最新的市场需求进行延伸和升华，以实现"品牌基因"的进化。延伸创新的优势就

---

① 孔清溪，陈宗楠，朱斌杰. 品牌重塑：老字号品牌突围路径与传播策略[M]. 北京：中国市场出版社，2012：175.

是能够有效地利用资源与原有平台,得到更有意义的创新成果,从而打造更高的品牌价值。"老字号"新形象的建立应该以其固有的品牌文化体系为基础和根据,也要明确整个设计过程的目的——创新。诚如奥地利设计家奥托·华格纳(Otto Wagner)所说:设计是为当代人服务的,而不是为古旧复兴而产生的。完善的品牌视觉形象不仅应当意蕴深远,同时应当与时俱进。这些因素都对包括"老字号"在内的所有商业品牌有了新的要求,使"老化"了的品牌形象的更新换代成为了必然。

联想对于延伸创新模式来说是很重要的一步。联想是形象思维的重要手段。不仅仅是事物的相似性可以引发联想,接近的实物也可以引发联想,对比也可以引发联想,就像我们看到死亡就想起诞生一样。凡是建立在事物相关性的联想,都是一种由此及彼、由近及远、由表及里的推进式联想,通过对两种以上的实物存在的关联性与可对比性,来扩展可见的一种事物,引发更多的设想、预见和猜测,产生更为丰富的含义。① 例如,我国香港"手造甜品"的翻新就是一个生动的例子。中式糖水店在香港随处可见,但"手造甜品"首家进行品牌革新,成功地将家庭糖水店转行为企业集团经营的商家。2016 年,就算是在前几年经济放缓的情况下,"手造甜品"也顺利地进驻了高级美食广场,开设了八家分店,短短两年内营业额激增至 6 000 万港币。在香港,大部分的中小型企业都是守业型,数年经济低迷更是淘汰了不少产业。"手造甜品"的复活,不仅是品牌创新及业务转型的成果,更重要的是它传承了珍贵的本土文化,并成功开发出属于自我的品牌文化。② 由此可见,通过将其品牌形象延伸改变来提高其品牌价值与品牌核心竞争力也是很好的一种方法。

"老字号"化妆品品牌"双妹"在经历了品牌形象升级之后迎来重生并跻身高端品牌行列。蒋友柏先生的团队对"双妹"品牌的历史和内涵追根溯源,将品牌文化与海派文化风情紧紧联系在一起,融入时代特征,对品牌形象进行升华和延伸。结合外资的优势,将"双妹"品牌定位为面向海外市场和国内高端市场

① 周至禹. 艺术设计思维训练教程[M]. 重庆:重庆大学出版社,2010:104.
② 席涛,戴文澜,胡茜. 品牌形象设计[M]. 北京:清华大学出版社,2013:28.

的化妆品品牌。品牌视觉形象方面,相较于旧的标志,新标志中的女性在妆容和气质上精致、时尚、优雅,兼具上海名媛和新都会女性精神的文化气质。同时,标志融合了装饰艺术风格的纹样,体现了 20 世纪 30 年代上海滩东西交融的独特地域文化。新"双妹"在产品包装中融合了民国时期的建筑风格,刚柔相济且时代文化特征明显。极具时代特色的美女月份牌是"双妹"品牌当年最常用的广告形式,新"双妹"的广告和海报设计对"美女月份牌"的特点进行了发展和延续,加入当代时尚的视觉元素,形成了更强烈的视觉冲击力和更独特的韵味。

（3）重字号情感,展品牌怀旧风格

当下的消费者每天都会接收到大量的商品信息,将接收到的信息转换为购买行为需要企业付出更多成本、给予目标受众更多的接触机会。对于消费者而言,只有当品牌成为一种承诺,能够承诺给消费者相应质量的产品和服务,消费者才能形成某种消费习惯或对该品牌产生长久的信任,而承诺源自于品牌的核心价值。品牌核心价值既有众所周知的功能性价值,又有情感与自我表达上的价值。只有当"老字号"品牌具有足够丰富的价值,其产品才能产生让消费者十分心动的情感附加值,触动消费者内心诉求与自我表现需求。以美国社会心理学家罗杰·布朗（Roger William Brown）、雪莉·特克尔（Sherry Turkle）为代表的社会心理学派则以品牌情感为基础,强调唤起消费者与老品牌的怀旧联结,他们认为:"品牌激活的关键在于品牌意义的复活,它的机理在于唤醒消费者怀旧情结。"[1]在他们的理论中,品牌的激活可以充分利用消费者的怀旧偏好,通过相似的包装、元素符号等,唤起消费者对以前美好情景的回忆。字号的"旧"不是过时的、腐朽的象征,它是一种历史的印记,代表了一段回忆,可以细细品味,也可以承前启后、与时俱进。"老字号"在实施品牌形象创新的过程中也可运用新旧元素相融合的方式,这样做一方面可以打破字号陈旧、过时的枷锁,另一方面又可以保留其独特的品牌文化魅力。所谓"旧"的怀旧元素,被企

---

① BROWN S, KOZINETS R V, SHERRY JR J F. Teaching old brands new tricks: retro branding and the brandmeaning[J]. Journal of Marketing, 2003, 67(3): 19-33.

业通过一定的方式融入品牌设计中,引起消费者对过去某段时间、某个情景的特殊回忆,诱发出对这段回忆的特殊情感,并将这种情感和品牌形象结合起来,使消费者在品牌身上找到某种独有的感情寄托和感情回味(图7-4)。品牌的怀旧风格正是通过抓住这种独有的情感触发,提升其在消费者心中的印象,进而增加消费者的购买机会,最终以情感为纽带连接品牌和消费者,增进了两者之间的依赖感和忠诚度。

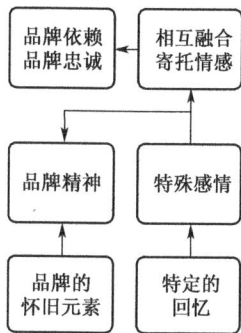

图7-4　怀旧元素
作用机理
(图片来源:作者自制)

随着各种思潮和流派不断产生并流行,陈旧的形象早已不适合现在的环境,旧标志的墨守成规与现代理念已经格格不入。"老字号"企业百年如一日,长期沿用一个标志形象显然违背了发展的原理,要想取得长久的发展必须在传统形象中融入符合现代审美的新理念、新文化,才能立足于全球化的市场环境。任何品牌的创新都不可能一蹴而就,必然会在发展中经历肯定、否定、否定之否定的过程,这是事物发展的基本规律。在传统与现代之间找到突破口,设计出既有传统韵味,又不失时代美感的品牌形象,是"老字号"改革中必须跨越的一道屏障。

"小厨师(Little Chef)"①是英国的一家著名快餐连锁店,成立于1958年(接近我国"老字号"申请条件之一:品牌创立于1956年及以前)。作为一家英国人家喻户晓的快餐店,它在很多英国人的心目中都拥有深固的形象,特别是它的棒棒糖,让很多英国人留下了温馨的回忆。在其最鼎盛时期,曾经在英伦三岛拥有435家连锁店,如今由于业务萎缩,减少至162家。在竞争激烈的快餐店市场中,其不变的形象日益老化,逐渐处于下风。RCapital收购小厨师的业务后,希望重振小厨师昔日雄风,便委托英国设计公司Venturethree为其重塑新形象。显然,针对小厨师这样拥有悠久历史的品牌,不能简单地推倒重来。一方面,品牌形象要变得更加生动、新颖、有活力;另一方面,品牌形象必须尊重其传统,顾及众多消费者的感受。为了平衡两者,在新的品牌形象设计中,代表着品质、尊重和优质服务的厨师

145

---

① 绝对品牌[EB/OL]. [2015-04-18]. http://www.bbbbrand.com/582.html.

形象被保留了下来,成为联系新老形象的纽带。最终,我们看到了更显友好、更加简练而充满活力的新品牌形象,但仍旧可以轻易地被老顾客辨认出来(图7-5)。小厨师的品牌形象更新既尊重了传统,保持了原有品牌的灵魂,又具有时代精神与创新意识,是以现代设计语言表现传统品牌的成功案例。

图7-5 "小厨师"(Little Chef)品牌形象
(图片来源:http://www.bbbbrand.com/582.html)

3. 延伸创新模式实践探索

品牌视觉形象的延伸就是指在保留其原本风格的同时,针对现有不足再进行创新,以迎合不断发展变化的消费市场。延伸创新模式的特点就是能够有效地保留"老字号"原本的设计风格及理念,在保留原本的消费群体的基础上吸收新的消费群体,同时,还能给消费者带来一种全新的、不一样的感觉,不变中蕴含着改变,能够更好地增加品牌知名度与吸引力,从而促进"老字号"企业的发展。

(1) 尽"扇"尽美——"金陵折扇"品牌形象设计

"金陵折扇"又称宁扇,领苏扇、杭扇、川扇、岳扇等地方流派之首。"折扇是南京著名的传统手工制品之一,早在宋代,南京制扇业就已远近闻名。明初,明成祖朱棣在南京登上皇位后,十分欣赏江南的许多民间工艺品,他发现折扇舒展自如,灵巧美观,携带方便,于是'命工如式为之',即下诏令宫内工匠制扇,并吸取外来工艺制作。从此,竹折扇'自内传出,遂遍天下',无论宫廷还是民间,使用折扇形成习俗,一直影响到清代,前后达3个世纪之久,现今秦淮河的南岸仍保留着'扇骨营'这一古老地名。"①明清时期，折扇更是发展到了鼎盛阶段，故宫博物院收藏的康熙年青花瓷盘上便印有"名媛画扇"图(图7-6)。清代藏书家甘熙老先生在其《白下琐言》中记述："吾乡造作纸扇骨素有盛名，其面用杭连纸者谓之本面；用京元纸者谓之苏面，较本面良，三山街绸缎廊一带不下数十家，张氏庆云馆为最。楷磨光熟，纸料洁厚，远方来购，其价较高。"②其中描述的便是我们熟知的"金陵折扇"。

图 7-6 马湘兰画扇
(图片来源：http://collection.sina.com.
cn/cqty/20120223/154056956.shtml)

"老字号"品牌"金陵折扇"作为传统工艺行业消费品，现仅在南京夫子庙和栖霞区一带能见其踪影，且品质一般，远不及当年街头巷尾人手一把的盛况。有时"老"是一种资本，但有时也会成为突破的束缚。"老字号"因企业人员少，规模小，思想落后，没有与时俱进的思维与创新的理念，从而与现在的市场竞争格格不入，入不敷出，长而久之逐渐失去活力。另外，工艺的继承方面也逐渐凸显问题，随着科技的发展，已经很少有人愿意去学习或是从事手工艺方面的工作，更不用说是像以前的继承人一样专心制扇了，因此工艺面临失传的危险。20世纪80年代以来，随着电风扇、空调的普及，"金陵折扇"逐渐失去市场，20世纪末停产。2002年金陵扇厂相关证照被工商部门注销，延续600多年的金陵折扇，就这样没落了。

如今，位于南京栖霞区甘家巷的金陵王记扇庄，成为南京唯一一家保留"金陵折扇"传统手工制作技艺的制扇企业，庄主王克礼也成了"金陵折扇"制作工艺的唯一传承人。2007年，"金陵折扇"制作技艺被南京市人民政府列入首批南京市非物质文化遗产名录。但是，当时的"金陵折扇"的包装非常简单，基本由

147

---

① 非遗文化——金陵折扇[EB/OL].[2016-08-01]. http://www.nanjing.gov.cn/xxgk/qzf/qhq/qhqlyj_28573/201612/t20161207_4300385.html.
② 甘熙.白下琐言[M].南京：南京出版社，2007：46.

一个符合长度的长方形纸盒装
着——仅仅只是盛着,既没有固定
的绳子、扣环,也没有特殊的图纹、
装饰物(图 7-7)。甚至,这样的纸
盒也不是折扇所"专属"的。市场上
大多数折扇的摆放也只是折起堆
放,或插入桶中,扇架的使用也是少
数。"金陵折扇"在当代发展非常缓
慢,几乎停滞,其中的原因与市场的
趋向性是不可分割的。折扇与折扇

图 7-7　"金陵折扇"
(图片来源:作者自摄)

之间的竞争已经十分弱化,货源就几处,导致市场上大家进的都是相似的货
色——大量的印刷制品。要说没有市场竞争的压力,那也是不恰当的。它作为
旅游商品的一部分,需要与其他古玩、特色饰品等争奇斗艳,但这种竞争失去了
折扇本身的属性。在面对五花八门的南京特色商品之时,"金陵折扇"的群体
显得弱小而没有特色,渐渐地力不从心起来,毕竟人们需求扇子已经不再是
纯粹的祛暑目的,而扇子除了折扇又有团扇、蒲扇等,也都是随处可见的,印
刷的折扇就更没有吸引力了。"金陵折扇"急需一场新变革、一段新里程来扭
转逐渐凋零的局面。"金陵折扇"工艺研究所所长倪世金说:"我们用了整整
两年时间,恢复了金陵折扇制作技艺,让'金陵折扇'重新走进人们的生活,并
将它从市级非物质文化遗产升格为省级非物质文化遗产。"[①]"金陵折扇"的传
统工艺是大家所认可的,它有别于其他扇种的传统工艺和文化代表,有着不
可替代的意义,是金陵文化的重要部分,在创新机制中值得永久保留和继承,
并借机发扬和传播。

第一,打造金陵特色,延伸折扇品牌文化。

中国文人将折扇看成一种身份的象征,体现着个人的文化素养。应用延伸

---

①　老厂长"出山"金陵折扇再舞市场[EB/OL]. [2014-11-06]. http://wm. jschina. com. cn/
9653/201106/t858654. shtml.

创新模式根据"金陵折扇"所表达的主题来设定,抓住包装对象、材料、造型、结构等细节,作出合理的设计,并适当突出文化主题,展现金陵特色。传统与现代结合以创新设计思维方式,找到一个能让市场满意、让买家接受的"点",进行放大和渲染,造就古为今用的新面貌。"金陵折扇"的标志可以这样创新设计:提取打开的折扇的受光部分的形状作为基本形态,抽象简单地描绘,以生动的折扇形态点明主题。扇子的形状也与"金"字相似。颜色选择金色与紫色,既生动艳丽又吉祥富贵,暗含"金陵"的"金"。金色代表金陵,金色散发出古都南京特有的文化气质;紫色象征着紫气东来,同时也象征着"雅",紫色作为亮点,增添活力。字体以造字工房悦园体为基础,增添折角,突出折扇"折"的特征,给人飘忽清雅、有风徐徐之感,扇叶接风,希望继承与发展金陵折扇。标志整体焕发出"金陵折扇"在新时代的新魅力与新特色,传统与现代并存,沉稳与活力齐驱(图7-8)。

"金陵折扇扇面有的用安徽净皮宣纸裱糊数层,表面涂以柿漆防水,晒不翘,淋不透,堪称'一把扇子半把伞';有的用桑皮纸,柔韧轻滑,使用日久而'形不走,色不褪、纸不破';少数用丝绢,经加矾处理,雪白匀净、典雅光泽。"[①]可见,扇面的材料多用纸类、绢布类,在扇盒的制作上,应承其风格,不宜太过特立独行。所以,选择纸料和布艺,或者合适的木料进行创作,既应景又符合现代设计的理念——绿色环保。尽"扇"尽美,即

图7-8 "金陵折扇"标志设计/朱艾琪
(图片来源:学生毕业设计作品)

扇之所致,其美之所尽,以扇为本,琢其风韵。在中国传统文化中,十分重视"系统而整体"的观念。老子认为,整个宇宙的演化是:"道生一、一生二、二生三、三生万物",世界上的"多"由"一"演化而来,因而"一"与"多"是内在的统一,是一个不可分割的整体。孔子的"尽美矣,又尽善也"和亚里士多德的"美在于统一体",培根的"美不在部分而在整体"不谋而合,都说明了整体美的重要性。

---

① 金陵折扇[EB/OL].[2017-03-03].http://www.360doc.com/content/17/0709/21/22751477_670136310.shtml.

第二,注重人文关怀,从包装外形入手。

品牌形象的产品包装本身成为体现"金陵折扇"内涵价值的一个方面。众所周知,在我们的物质和精神世界里,包装可谓无处不在,不论是出于安全保护还是售卖的目的,抑或是为了引发众人的兴趣,包装设计已成为兼具实用性和创造力的一种媒介。对于"金陵折扇"的品牌创新,可以通过对扇盒的新设计来改善折扇的整体形象。我们希望创造出的是全新的包装设计,使"金陵折扇"以新的姿态展现在世人面前,努力从功能、内涵、品牌、市场方面延伸和完善品牌形象,体现出折扇的金陵风姿,而非仅仅做装饰化的处理,从而使"老字号"也能焕发出艺术性和时代感。"金陵折扇"在扇盒的设计方面,要尽量将外在的盒与内在的扇相统一,将其设计成一个完整的整体,最大限度地散发出"金陵折扇"的美。比较市面上的包装,可以改进的地方有很多。首先,在扇盒之内,除了用丝绒布作为填充物,也可放入柔软的棉花、纸料、泡沫等,用以衬托出不同气质的扇子,可柔可刚,精致美观。其次,从储存运输方面考虑,可以设计一张或两张纸折叠而结合成的扇盒,既便于平时存放,又有设计感;对于折扇来说,扇盒的受力点、垂直面需要加厚,以便有效地保护到扇子;另外,不能停留在插入式的扇盒设计上,应适当运用缎绳、盘扣、扇袋进行固定和悬挂。再次,在促进销售上,需要的就是新理念,要有别于其他扇子,尤其在外形上是需要考究和另辟蹊径的,一个单调的方盒显然不能完美地传达折扇的气韵。可以考虑"金陵折扇"扇形和扇套的包装,使折扇在包装内固定并展开,且对展开的角度进行精确控制,这种设计适用于店面的成堆摆放和展示,能够给予购买者直观的感受(图7-9)。

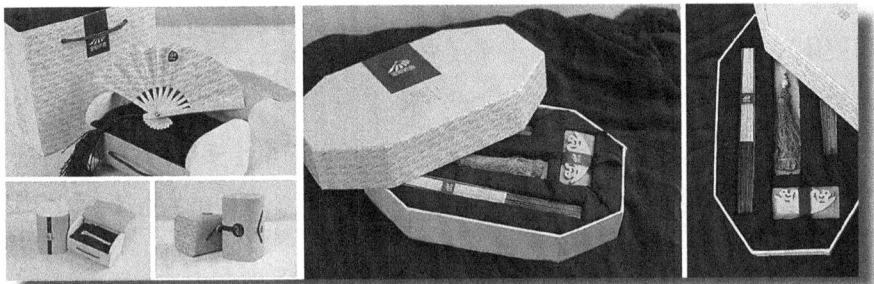

图7-9 "金陵折扇"包装设计
(图片来源:学生毕业设计作品)

150

第三,形象创新,推动城市旅游文化发展。

"金陵折扇名天下",将其当作一个品牌来设定,既要有高处不胜寒的"孤芳",又要有平易近人的"群芳",这就形成了"高"、"低"不同的品牌层次。"高"针对少数消费人群,提供订制、专属的服务,适用于个性收藏;"低"是面对广大消费人群,以满足日常使用功能为主,可批量生产;还有一种设定,介于前两者之间,兼具收藏和使用功能,适用于文化人群。"金陵折扇"在品牌延伸方面可以与城市的旅游文化经营接轨,"老字号"在创文化名城中起着重要的作用,其丰厚的文化内涵成为城市的一种具有独特魅力的旅游文化资源(图7-10)。因此,"老字号"可以在城市的旅游文化中发挥作用。另外,折扇企业还需要转变观念,不要仅仅把眼光停留在产品上,要懂得研究消费者的需求,对消费市场进行细分,在消费者越来越挑剔的今天这一点相当重要。可以借鉴"宝洁""可口可乐""强生"等运营品牌的经验,他们多年来不间断地对消费者的形态进行研究,制定出新的发展方案。奥美广告创始人奥格威曾说:"在最顶尖的企业里,不论要耗费多少精力和多少时间,只要是对顾客所作的承诺就一定要做到。"[①]这个道理不仅适用于广告界,对"老字号"品牌的良好运作也同样适用。另外,"金陵折扇"可以推广体验式消费,让消费者既能购买到心仪的产品,又能同时

图7-10 "金陵折扇"品牌形象设计
(图片来源:学生毕业设计作品)

---

① 汤姆·彼得斯,罗伯特·沃特曼.追求卓越[M].胡玮珊,译.北京:中信出版社,2012:123.

参观折扇的制作过程,了解扇面、扇骨、雕刻等制作的流程,这对传播"老字号"的传统工艺和文化内涵有很大的帮助。

拥有600多年历史的老品牌"金陵折扇"能在充分挖掘自身文化底蕴的基础上,创造出新时代的"折扇精神",打造出在市场上让消费者耳目一新的产品,这对"老字号"品牌形象的创新提出了更高的要求。"数折聚秋风,一捻生秋意"的"金陵折扇",气韵绵长。"金陵折扇"品牌形象创新必须适应当下时代,在适应中继承和发展,在品牌涅槃重生的同时,也应完成对传统"老字号"文化的延续。

(2)整"旧"如新——"绿柳居"品牌形象设计

清真"绿柳居"(始创于1912年)菜馆始建于民国初年,因坐落于南京市秦淮河畔绿柳之中,故名"绿柳居",以经营正宗素菜和精美清真佳馔闻名遐迩。每个"老字号"都有许多娓娓动听的故事或传说,它是人文智慧的折射。"素菜在中国有着悠久的历史,早在周朝以前,就有以蔬菜豆叶为食物的'藜藿之羹'。东汉时随着佛教的兴起,南京素菜逐渐发展起来,南朝梁武帝笃信佛教,更加提倡素食,那时的南京素菜最具规模,形成了寺院素食、宫廷素食、民间素食三大流派,所以南京堪称我国的素菜之乡。"[①]金陵老品牌"绿柳居"沿袭和继承了中华民族优秀的文化传统,并凭借独特的工艺,取得了社会的广泛认同。"绿柳居"走过了百年发展历程,早已成为南京城市文化的重要组成部分,在百姓心中有一句话叫作"吃素食就到绿柳居",可见其已成为南京人耳熟能详的品牌。来南京游玩的人多半会带些"绿柳居"外带食品回家,当地居民也常将"绿柳居"的菜品摆上自家餐桌。然而,这个创立于1912年的"老字号"品牌却只维持了旧有的风格和特色,现在的"绿柳居"品牌形象变化甚少,除了品牌标志、标语、包装外,其他都很少变动,几乎所有南京"绿柳居"店面,单从布局上看就会发现有很多不妥之处。

1995年,"绿柳居"花费大量资金打造位于户部街的五层新楼时设计了菱形

---

① "老字号"——清真绿柳居菜馆[EB/OL].[2014-06-22].http://njcom.gov.cn/www/njcom/ywlmview_a390603166466.htm.

如意纹中部带有绿柳居字样的标志。1999年,为了申请老字号注册商标设计了由"LLJ"三个字母组成的图形标志。近年来为了适应小型快餐连锁店的开设,又为"绿柳居"设计了卡通蔬

图7-11 "绿柳居"现有标识
(图片来源:作者自摄)

菜形象的标志。"绿柳居"现有标志是由一个卡通白菜图形和著名书法家武中奇先生的书法字体"绿柳居"三个字组合而成(图7-11)。从视觉的直观印象来看,这个标志与原有的"绿柳居"字号无法很好地结合使用,虽然在现有标志中体现了"中华老字号"的字样,但一颗白菜远远无法表达"绿柳居"的真正文化内涵,其识别度并不高。从色彩上看,这个标志的绿色多被认为是深绿、暗绿、陈旧的绿色,作为餐饮企业,容易与茶类混淆,而且略显陈旧。通过对消费者的采访得知,绿柳居常常将现在的标识和以往的旧标识一起使用,让人们觉得这是多家店合并的企业,难以辨别哪一个是该品牌的主要标志。同时,食品包装和店铺的装潢尤其是店铺室内设计密不可分,风格上需要统一,不然会让人费解。然而如今"绿柳居"的食品包装与店铺之间似乎没有太多联系,现阶段的零售店只是提供摆放物品的一个很不固定的、很随意的空间,这个空间没有刻意装饰,甚至没有"绿柳居"标志,换作任何的商品都可以摆放。再谈及包装本身,深绿色作为主色调在包装上频繁出现是可以的,但是在之前的调研中,我们觉得这个颜色太过接近茶产品包装,识别度不够高,反复应用会造成缺点放大化。因此,绿柳居的品牌形象改良迫在眉睫。

第一,整合品牌资源,重塑品牌形象。

当不少"老字号"由于受传统观念的影响而故步自封并遭到市场淘汰的时候,南京"绿柳居"也同样面临着市场经济热潮下的危机。"绿柳居"虽拥有金字招牌,名气却大不如前,其品牌的延伸和拓展极少,因此在现今,往往给人留下古老、走向衰落的印象。且其品牌知名度也有着地域的限制,远不如"重庆火锅""北京烤鸭""天津狗不理"在全国乃至世界的知名度。这些虽是危机,同时也是转机。那么,如何在市场经济热潮中开辟新的道路、避免被市场和时代所吞没,成了"绿柳居"最需要考虑的问题。传统"老字号"需要注入新鲜血液,在

153

注重服务和企业软实力的今天,"绿柳居"和很多"老字号"一样,在企业制度、生产技术和品牌形象推广等多方面都有待革新。整"旧"如新,意在修整陈旧的、落后的因素,使之如同新的一样。品牌形象创新中品牌标志的重新设计非常重要,尤其在"老字号"翻新进程中是处于首要地位的。

"绿柳居"标志创新设计:造型上将"绿"的偏旁设计为垂下的柳叶又似美食的热气,传达了品牌餐饮特性,同时将"傍柳而食"的品牌故事巧妙地融入进去;石头印章造型和书法字体古色古香,散发出百年"老字号"特有的古老而悠久的气息。色彩上选取与店名相呼应的草绿色,象征着勃勃的生机,充分反映了素食清真的特色,传达了品牌清雅纯净、自然环保的饮食理念,且容易识别和记忆。标志整体上将垂柳和文字相结合,加上印章效果,渗透出"绿柳居"餐饮理念的同时,也展现了其"名冠金陵"的优雅(图 7-12)。"老字号"品牌的革新需要的就是用心整合品牌资源,如同欣赏一件老物件,使传统理念与现代审美碰撞出新的体会,再以此做创新发展,让新老消费者都能接纳。简而言之,整"旧"如新计划的目的就是要赋予旧物新的生命。

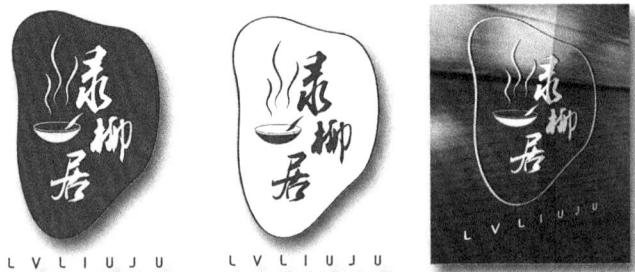

图 7-12　标志创新设计·吕玲、谢菁冉
(图片来源:学生设计作品)

第二,关注文化符号,提升品牌价值。

"绿柳居"不仅仅是一种传统美食品牌,也是一个渗入南京人民生活的文化符号,它代表着岁月与真情的温暖回忆。"绿柳居"的早点每天供不应求,店外常排队长龙,早点食物深入南京百姓的餐桌,曾一度成为南京人长久不变的早点情怀。"绿柳居"的零售业非常发达,几乎在南京的大型超市都设有柜台,供应数十种冷冻、休闲、酱卤、面点的成品、半成品以及定型包装精品。但是，美中不足，"绿柳居"形象的识别度欠佳，远看时，除了一道绿色的标志以外，其余元素都非常小而且没特色。"绿柳居"的主要颜色绿色被生搬硬套地应用在各种展台、各类装饰上，显得没有特色，缺乏辨识度。一个品牌想要走向高端，走向市场，离不开精细打造和自主创新。仅说展台这一细节，不是说装饰要多繁复、多高雅，而是在不同的区域，不同的物件上关注细节，体现细微的变化。不脱离整体的创新是"绿柳居"零售展台迫切需要的。这里所有装饰服务的是品牌核心文化——健康，所以过分局限在深绿色上是不可取的。"能够满足广泛需求和喜好的唯一方式是设计各式各样的产品。"①在这里设计各式各样的产品指的是商品外在包装形式要多样化。标志创新是设计形成多样化的重要内容，文字和图形如何设计、相互如何搭配协调，如何让人过目不忘是"绿柳居"打造品牌价值的关键因素。外带小食是"绿柳居"广为人们热捧的系列，如何在外带包装设计上突出老品牌的文化气息，打造品牌价值，也是创新设计的重点。将一组传统小吃食品的图形创新设计用于包装袋上就可以让这个外带的食品富有活力生机，让人印象深刻，再配以品牌标志，就可以让这个品牌有了新的生命力且又容易被接受（图7-13）。

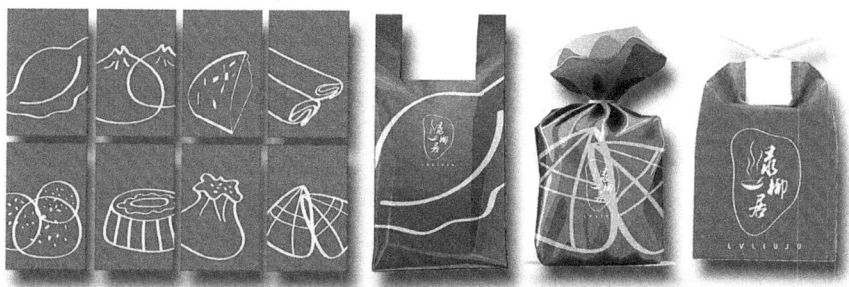

图7-13 "绿柳居"图形设计和包装设计
（图片来源：学生设计作品）

---

① 唐纳德·A.诺曼.设计心理学3：情感设计[M].何笑梅，欧秋杏，译.北京：中信出版社，2012：30.

中国是礼仪之邦,懂得分享与礼遇,才更能彰显礼仪之邦的魅力,"绿柳居"正是传递这种美好的最佳载体。我们可以先从特色菜品开始,在前来消费的人群中打响知名度,"以菜名店"。这些背景丰富又美味精妙的特色菜品是"绿柳居"餐饮形成流行风潮的最佳切入点,其所蕴含的民国历史、饮食文化、江南文化与精美素食天衣无缝地融为一体,这是"绿柳居"餐饮美食的中坚力量。诸如通过服务员对"绿柳居"的经典菜肴的典故来源、制作工艺的详细讲述,举办特色美食交流活动、餐桌重点推荐,设计悬挂菜品和其典故的介绍来装饰店内环境等方式,为特色菜肴造势,吸引消费者的眼球,扩大其影响力,为"绿柳居"品牌文化建设增添个性,让特色菜品跳出菜单,才能让消费者在诸多选择中区分异同,发现特色。这些举措不仅能促进人们对"绿柳居"饮食文化和高超制作技艺的深度了解,也增添了"绿柳居"身为"老字号"的昔日传奇色彩,能够极大程度地提高"绿柳居"的品牌竞争力。

第三,突出文化精髓,优化视觉传达。

"老字号"餐饮品牌最值得保留的是"字号"的文化精髓,店铺外貌则是品牌的视觉传达窗口,由此可见,突出"绿柳居"的文化要素,优化店铺形象是品牌立足的关键部分。店铺入口创新设计:木刻凸显自然气息,水景配柳叶营造出脱俗雅致氛围,这种中式风格朴素清新,彰显"绿柳居"餐饮品牌地位(图7-14)。然而在店铺创新过程中,会涉及各类元素,尤其是"绿柳居"的文化要素。店铺的设计也是展示这个"全新"品牌的关键,它传达到消费者眼里的,是"绿柳居"百年的文化精髓——素菜素食精神,也是新时代下"老字号"品牌带来的与众不同的体验。网页创新设计:重点突出六朝古都中"绿柳居"这一声名远扬的品牌历史和全新形象,其名称的唯美来历、店面的素雅设计以及长期积淀的信誉和优质的素食餐饮,为南京城市品牌形象独特的魅力和吸引力增添了几分颜色,成为南京城市的文化象征之一,具有美好的发展前景(图7-15)。"绿柳居"的创新设计就是一个整"旧"如新的过程。文化的思维创新,包装的图形创新,店铺的展示创新,理念的统一创新,都是打破固执,打破陈旧,迎来新生的过程。对于中国的"老字号"企业来说更是如此,品牌本身具有不可估量的隐藏价值,以及深厚的文化底蕴,所以这一部分本身就是应当被保留下来的。同时,"老字号"品牌历史悠久,本身具有一定的、稳定的消费群,如果品牌形象创新将原本的形象完全颠覆,消费者不能很快适应和接受,那就可能会流失相当一部分消费群,这样做就会承担很大的风险。所以,对于这类企业来说品牌视觉形象的延伸创新模式就更加合适,即在保留"老字号"本身韵味的同时作出一系列的改变与延伸。

图 7-14 "绿柳居"店铺设计
(图片来源:学生设计作品)

图 7-15 "绿柳居"网页设计
(图片来源:学生设计作品)

品牌延伸在品牌管理中是把双刃剑,用得好即可大展宏图,用不好则会一败涂地。任何品牌在延伸的过程中都要适可而止,因为品牌的内涵并不是无穷尽的。"老字号"在进行品牌延伸时,不能盲目地增加连锁店,而应注重旗舰店和旗舰产品的培养,利用消费者对老品牌的依赖,扩张原有的生产线,使"老字号"的产品得以扩展和延伸,进而获得品牌的更高价值。像"手造甜品"这样的分支线已经高于普通的连锁经营,"老字号"品牌应该学习和借鉴,将其投入合适的生产线中,有助于对原品牌形象的加强和巩固。再如,"我们所熟知的珠宝行业的领军企业——卡地亚,被誉为'皇帝的珠宝商,珠宝商的皇帝',在百余年的发展历程中,始终与皇室、明星、名流的名字紧紧相连。"①"卡地亚"就是坚持走自己的品牌道路,上百年来它的主体形象一直都没有大的改变,都是以红色包装配以欧式图案花纹作为主线,只是在品牌的宽度上进行了一定的延伸,增加了产品的种类以及宣传的风格,就是所谓的不变中又有改变,这也成为品牌

157

① 郭春旭.珠宝[M].长春:吉林人民出版社,2009:40.

创新延伸模式的成功案例之一。

这种延伸创新的本质实际上是一种"品牌基因"决定下的"渐进性"的发展。消费者的怀旧情结和民族认同感是"老字号"国货品牌相对于其他品牌独有的优势,对其品牌形象进行延伸创新和重新定位时要充分利用这一点。在某种程度上说,对"老字号"国货品牌形象的延伸创新就是对消费者"旧的记忆"进行延伸的情感设计,同时满足消费者最新的需求。在我们看来,这也是对于"老字号"品牌形象的首选创新模式。"一方水土养育一方人","一方水土培育一方文化",任何体现当地当时设计特色的根本,永远是当地当时的人文精神,一个民族、一个国家都是如此。在"老字号"品牌形象涅槃重生的同时,我们也应深刻认识到品牌文化的延续是在传承中不断变化,在适应时代中不断创新和发展。

(二)颠覆创新模式

"颠覆性创新理论"是由 Innosight 公司的创始人、哈佛大学商学院教授、创新管理大师——克莱顿·克里斯坦森(Clayton Christensen)提出的,1997 年,他在《创新者的窘境》*The Innovator's Dilemma* 一书中首次提到"颠覆性技术(Disruptive Technologies,也称'破坏性技术')"一词。在初级阶段,这种"破坏性技术给市场带来了与以往截然不同的价值主张。一般来说,破坏性技术产品的性能要低于主流市场的成熟产品,但它们拥有一些边缘消费者(通常也是新消费者)所看重的其他特性"[①]或拥有诸如更加便宜、使用更加便捷等明显的优势,这种创新模式并非参与主流市场的竞争,而是开辟新的市场,谋求未来的发展。颠覆创新的另一种类型是竞争现有主流产品市场上的低端消费者,以开辟新的发展入口。所谓颠覆性创新模式,是对现有"老字号"的品牌形象进行颠覆性创新,打造新技术、新形势条件下对现有品牌形象能起到替代作用的品牌创新模式。颠覆性创新模式的特点就是具有丰富的想象力和准确的判断力,以及对市场有着敏锐的洞察力。在颠覆性创新模式中起主导作用的思维方式应是创造性思维中的灵感思维。

---

① 克莱顿·克里斯坦森.创新者的窘境[M].胡剑桥,译.北京:中信出版社,2010:10.

"颠覆"和"延伸"互为反向但并不对立,颠覆创新的存在也并不否定延伸创新的合理性。通过"移动硬盘"发展的例子可以看出,进行延伸创新的品牌将硬盘做得体积更小、容积更大,而进行颠覆创新的企业利用有线网络和无线网络的飞速发展开发了云存储技术。尽管现阶段由于无线网络还未完全普及,云存储的发展随之受到阻碍,但我们可以预见在无线网络实现"全覆盖"之后,云存储必将替代移动存储设备。云存储也将从新兴市场的非成熟产品变为主流市场的成熟产品。

"颠覆创新理论"可以为"老字号"国货品牌形象的创新设计提供一定的借鉴和参考,同时也具有一定的风险和局限性。

1. 颠覆性创新模式的应用价值

如果将颠覆创新模型(图7-16)运用于品牌形象的创新设计,可以看到一旦旧有品牌的延续性创新一直持续,就会超过市场的实际需求,而消费者就需要为超出需求的部分买单,这样下去势必会导致客户群的流失;而破坏性创新一旦开始,通常会首先迎合低端市场的需求,而后经过延伸创新,再逐步占据高端市场,成为主流品牌或产品。

"老字号"国货品牌形象在进行颠覆创新设计时可以借鉴国外一些老品牌的例子,例如,1985 年日本东芝电脑公司推出了世界上第一台笔记本电脑:"东芝"T1100,它采用的是 Intel 80C86CPU ,256KB 内存,并带有 640 × 200 分辨率的 9 英寸单色显示屏,没有硬盘。这款笔记

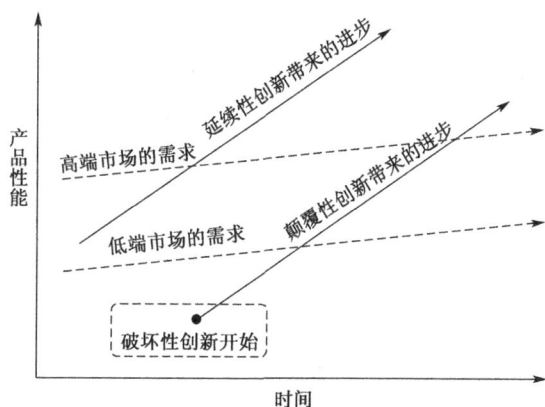

图 7-16　颠覆创新模型
(图片来源:作者自制)

本电脑的推出具有划时代的非凡意义,它完全打破了传统电脑的概念,电脑第一次可以如此便携地移动,在当时人们完全不敢想象。这对于当时的市场环境来说显然可以称作是颠覆创新。以此为契机,在随后的 20 世纪 90 年

159

代,"东芝"从一个以家用电器、重型电机为主体的企业,转变为包括数字技术、移动通信技术和网络技术的 IT 行业先锋,笔记本电脑也成了市场中的主流产品。

虽说新时期"老字号"品牌形象再设计需要很好地关注品牌本身的文化价值即历史内涵,但是也不乏特例。有的老品牌在历史的长河中可以说已经销声匿迹很久,在消费者眼中早已不再存在,或者说只是存在于记忆中。对于这类已经几乎没有品牌认知力的老品牌来说颠覆性的创新模式相对比较适合。因为只有完全颠覆以前的形象,作出较大的改变才能使消费者眼前一亮,同时又对品牌有一定的熟悉度,这样反而可以勾起消费者的好奇心及购买欲。

设计上打破传统,独树一帜。美国品牌 Gloji 汽水饮料在其包装瓶设计上别具一格,反传统地采用了灯泡的造型,使人眼前一亮(图 7-17)。这种出乎意外的、不平常的、个性化的设计会给消费者新奇、有趣的感受。一件成功的包装可以激发消费者的购买行为,是缔造品牌视觉形象的关键因素之一。"老字号"要想在市场中求生机、寻出路,商家须定期对其包装设计进行审视,当然,这种创新需要经过详细的市场调研,重新审视自己的包装形象,作出合适的市场再定位,结合现代包装设计理念,开发出新颖独特的包装新品,满足消费者不同层次的需求。

正如"飞跃"运动鞋所走的品牌创新之路一样,一位欧洲商人看中"飞跃"良好的品质,为其重新定位品牌文化与品牌形象,让其从原来每双 28 元人民币的售价一跃跳到了 50 欧元,这一系列对品牌创新模式的革新,不但挽救了整个品牌,还使其产生了质的飞跃(图 7-18)。这是发生在"FEIYUE"品牌身上的故事:2010 年,"飞跃"运动鞋在欧洲掀起了一阵时尚狂潮。虽然产品的外形、品质并没有太多改变,依旧是原来的样子,但是通过品牌形象创新后的"FEIYUE"在欧洲市场一举成名,著名的 Playboy 女郎安娜·尼古拉·史密斯亲自上阵为其代言,"FEIYUE"的品牌价值也随之上升到了原来不曾有过的高度。"FEIYUE"的产品核心并没有改变,改变的只是品牌形象与宣传,可以说是颠覆性的一种改变。我们"不难看出,欧洲'Feiyue'品牌的成功取决于设计师对时尚品牌推广的娴熟把握,更是品牌定位推广巨大功效最有力的佐证。'Feiyue'的成功也同时体现出品

图 7-17　Gloji 包装瓶设计
(图片来源：https：//www. 2008
php. com/tuku/12792. html)

图 7-18　"飞跃"运动鞋
(图片来源：https：//www. feiyuesports. cn/)

牌再设计的重要性以及巨大的影响力"①。颠覆创新对于这类难以存活的品牌来说就是一棵救命稻草，创新就意味着变革、发展、新技术、新方法等等。"作为世界级的'巨无霸'GE 公司，将使用多年的'Bring good things to life'口号改变为'Imagination at work'，其目的就是要昭示其在各大领域的创新精神，以此彰显 GE 制造的产品能推动人们前进。"②所以要具体问题具体分析，针对不同的"老字号"品牌，不同的品牌历史、品牌文化选择相对应的品牌形象创新模式，不能一概而论。

2. 颠覆创新模式的局限性

在众多"老字号"国货的发展历程当中，运用颠覆创新模式对品牌形象进行改造的寥寥无几。究其原因，是"老字号"国货的传承性决定了这一点，传统而独具一格的手艺往往是"老字号"吸引消费者的重要原因。而颠覆的创新在某种程度上要求品牌与之前的形象和定位截然分开，这与"老字号"的传承性显然是背道而驰的。其次，颠覆创新往往需要比延伸创新大得多的成本消耗，其结果又是不可预计的，因而投资风险较大。现存的亟待创新品牌形象的"老字号"品牌往往不具有这种经济能力来负担大风险、大消耗投资。再次，在进行颠覆创新的最初阶段，面向新市场或低端消费者的属性决定了这种模式无法在短时

161

---

① 林曦，印钱钞. "老字号"品牌形象的再设计[J]. 商场现代化，2009(27).
② 中国品牌网：http：//www. cbrand. com. cn/news_detail. aspx？ id=323.

间内创造更大的利益,有时收益甚至是微乎其微的,这就会对"老字号"品牌和企业造成更大的经济压力。

克里斯坦森认为消费者的需求是"理性的",因此消费者需求的变量可以被预估,而消费者的购买需求往往不是那么理性。正如我们周围不乏追求新款iPhone 手机的消费者,其消费动机并不是需求的提升,只是因为沉溺于某种虚荣心和满足感中。克里斯坦森曾多次寓言苹果公司从 iPod 到 iPhone 和 iPad 这种延伸创新模式必将会导致苹果公司的衰败:"他曾经在 2006 年预测 iPod 即将消亡,在 2007 年表示 iPhone 不会取得成功,也曾在 2012 年预测称,集成化的iPhone 和 iPad 最终将败给三星(Samsung)和谷歌(Google)的模块化产品。"[1]但到目前为止,我们看到的事实并非如此。创新洞察管理顾问公司(Innosight)公司总裁斯科特·安东尼(Scott D. Anthony)也认为延伸性创新往往比较容易在大公司环境下成功,而颠覆性创新几乎无法在大公司成功。尽管如此,我们还是不能否认颠覆创新是一个具有巨大潜力的理论,对当代的品牌形象创新和企业管理具有很大的借鉴意义。但对于传统"老字号"国货品牌形象而言,这种创新模式有其先天的缺陷和风险。因而在对"老字号"国货品牌形象进行创新设计时,要统筹考虑多方面的因素,谨慎选择创新模式。

"老字号"品牌"全聚德"是颠覆性创新的典范。随着"全聚德"业务的不断扩张,"仿膳饭庄""丰泽园饭店"和"四川饭店"三大老品牌分别纳入"全聚德"股份有限公司,完成了整合。"全聚德"集团如今成为多个品牌企业文化的融合,继续沿用"全聚德"文字商标已不能涵盖旗下四大品牌餐饮企业,也无法满足其打造"世界一流美食"的宏伟目标(图 7-19)。在 2010 年"全聚德"集团推出新的集团标识,将中国纹样太极图形进行变形,使其外形酷似一条中国龙,图形看似简单,却涵盖了"全聚德"三个字的首写字母"QJD",从企业文化、理念、精神等层面出发,将"全聚德"既古老又年轻、既传统又现代的独有特色融入标志图形中,延伸出能够诠释企业文化理念和行业特征的企业标志。此图形既有古时笔

---

① 网易财经:颠覆性创新理论不适用于苹果[EB/OL]. [2014-12-04]. http://money. 163. com/14/1204/08/ACJUHK1R00253G87. html.

墨的洒脱,又有现代图形的简约,是一个简约却又颇有内涵的图形标志,可谓一个成功的国际化标志(图7-20)。"全聚德"的大变脸,也是其从一家传统餐饮企业发展成为一家上市公司的成功转型,这是促使其换新标志的一个重要原因,"全聚德"的换标之举是值得"老字号"学习和借鉴的,它的新标志也向我们展现了"全聚德"坚持走国际化道路的信心和决心。

图7-19 "全聚德"旧标志
(图片来源:作者自摄)

图7-20 "全聚德"新标志
(图片来源:https://www.logonews.cn/2010112014061101120137.html)

实践证明,"老字号"要想走得更长远,就要有魄力有胆识,要敢于重塑品牌形象,因为具有国际化视野的图形标志更具视觉冲击力,也更易打动消费者,因此,"老字号"在挖掘中华文化深厚底蕴的同时,要勇于在新形象中融入新的时代元素,在消费者心目中创造持久的价值。

3. 颠覆创新模式实践探索

（1）时尚年轻——"谢馥春"品牌形象设计

扬州化妆品品牌"谢馥春"（创建于1830年,清道光十年）是一家有着将近两百年历史的老字号。创始人谢宏业取"谢馥春"为店名,"谢"为姓,汉语中有凋零衰败之意,故加"馥春"二字,"馥"字意为馥郁芬芳,并与"复"字谐音,与"春"字相连,寓回春之意,即青春永驻。"谢馥春"基于东方人生理特征,讲求天人合一,比之西方化学合成品,亲和安全,更符合回归天性和功效性。"谢馥春"曾在1915年荣获美国巴拿马万国博览会的国际银质奖章和奖状,有"中华首妆"的称号。1994年谢馥春牌系列化妆品获中国妇女最喜爱商品奖。然而,在世界经济大潮中,中

163

国的化妆品市场被进口品牌占据大半江山,国货化妆品的生存现状堪忧。"谢馥春"的光环不再、处境尴尬。2001 年企业生产开始逐步萎缩,于 2003 年企业歇业清算。危机只是暂时,要用创新的经营理念发展传统文化,建设品牌文化,这是关键。2005 年 10 月成立了"扬州谢馥春化妆品有限公司","老字号"重获新生。然而"老字号"的重生面临的问题还没有解决,虽然"谢馥春"在企业定位和产品推广上面作出了一些调整,但是企业主打品牌定位不清晰,视觉形象等方面还不能完全满足市场不断变化的需求。

  "谢馥春"现有品牌形象存在的问题是显而易见的:品牌标识的配色、花纹繁琐陈旧,不符合现代消费者审美要求;品牌包装大多采用易脏、易损坏的纸质包装,包装配色使用混乱、无根据;缺乏系统、完善的品牌形象体系。"谢馥春"作为最早建立起的"老字号"化妆品品牌,其原有视觉形象是中国传统的仕女图形象,并配有中国传统的纹饰纹样;包装较多采用了纸质包装且多品种间均采用单独设计,整体感不强。

  "谢馥春"现在的标志是由一幅古代仕女的半身像和"谢馥春"三个字组成,整个设计还是过于传统。虽然标志采用的是中国传统样式,但是用现代人的审美来看,略显古老和复杂,不能体现其现有的市场定位与理念(图 7-21)。"标志,简单说就是符号。它以精炼之形表述

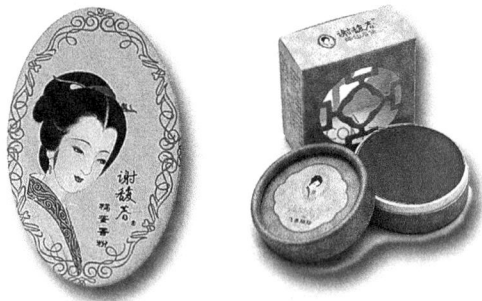

图 7-21 "谢馥春"现有标志及包装
(图片来源:http://www.xiefuchun.com/)

一定含义,并借助人们对图像的识别和联想等思维能力,传达与产品、企业相关的特定信息。"[①]标志图形采用中国画中的仕女形象,显然不能和现代年轻时尚女性相联系,也不能引起客户的购买欲望。"谢馥春"产品现共分为三个系列,分别是:古典系列、现代护肤系列、清洁洗护系列。我们可以以其现代护肤系列为设计切入点,分析其品牌视觉表现之不足。现有系列产品为了打破"谢馥春"的

---

  ① 侯晓盼.方寸故事:中国近代商标艺术[M].重庆:重庆大学出版社,2009:17.

传统形式,而采用粉色重新包装生产,虽说较之前相比在产品包装方面有较大变化,但是整体使用粉色并不能很好地诠释产品,仅仅是为了顺应潮流而作出的生硬改变。从包装来看,造型较之前变得更加简单。但是,设计一直追求的是简约而不简单,没有细节的包装很难让消费者对其有更加深刻的印象。其品牌主打产品为鸭蛋粉,其特点是粉饼呈丫蛋形,包装自然也迎合产品内容,外观设计成椭圆形,但其包装不容易让消费者取出,使消费者感觉携带和使用不方便。而另外一些系列产品采用纸质外壳和塑料内装,包装设计低端感明显,并且纸质外包装更容易沾染污垢,影响消费者使用情绪。从 2011 年开始,"谢馥春"将品牌的门店布阵在国内著名的旅游景点里,但实体门店装修风格凌乱,不够统一,陈设和配色略显陈旧,而且门店始终开不多、做不大,渠道之困着实迫在眉睫。

在新的竞争环境下,"老字号"化妆品想占有更大的市场份额,确实需要冷静地思考在激烈的市场竞争中与"洋品牌"竞争的方针策略。国货品牌渐渐没落,其品种单一、包装简陋、价格低廉的现状导致其无法抢占市场,更无法谈论打造高档化妆品品牌路线。随着"双妹"等老牌化妆品品牌的成功转型、"第一夫人效应"下"百雀羚"的声名鹊起,国货化妆品也面临着难得的机遇。在这种情况下,"谢馥春"品牌转型势在必行,品牌形象亟待创新。若想让"谢馥春"在激烈的化妆品品牌竞争中脱颖而出,那么颠覆性创新设计其品牌视觉形象是条必经之路。古人常道"人要衣装马要鞍",消费者对品牌形成的第一印象往往来自于它的图形、色彩、包装以及广告等。

第一,品牌年轻化,突破传统束缚。

"谢馥春"要想颠覆性创新品牌形象,除了追求美观时尚之外,还应符合以下三点要求:首先,识别性。可识别性是品牌形象首要的性质,具有识别性才能在品牌和品牌形象之间建立联系,使品牌视觉形象对消费者产生作用。识别性也让品牌形象在同行业或非同行业的品牌中凸现出来,是品牌创新精神的体现。缺乏识别性是当前很多"老字号"品牌形象存在的问题。其次,文化性。品牌视觉新形象也应当被赋予深刻的文化内涵,"有意味的形式就是一切艺术的

共同本质"①。文化是品牌形象所要传达的信息,是品牌形象的内在支撑体。最后,系统性。建立品牌视觉识别系统对品牌形象的形成尤为重要,基本元素和应用元素应当统一、规范,以保持品牌形象对外传播的一致性和一贯性。此外,品牌内的不同系列也应该保持各自风格和视觉元素的统一。

根据对"谢馥春"品牌定位的分析和选择,我们将以时尚年轻的设计风格为导向,打破传统形象的束缚,展现品牌新风采。而打破传统不是对"老字号"原有的品牌视觉形象盲目的摒弃,而是对原有的品牌形象进行颠覆性创新。作为化妆品老品牌,传统的仕女形象在品牌创立初期符合品牌定位和审美需求,而在新的视觉形象设计中我们须根据现在的审美需求进行各种尝试。如今的消费者对时尚品牌的审美一般为更简洁、更易于识别,形式更简单,更具有自己的个性。这就需要我们在原有"谢馥春"品牌内涵中提取精华,进行颠覆性再设计。针对"谢馥春"品牌形象存在的问题,我们对"谢馥春"品牌形象的核心——品牌标志部分进行了重新设计。"谢馥春"品牌标志创新设计思路:根据当下化妆品消费人群的特点和"谢馥春"的产品特点,将"谢馥春"定位为面向 18～28 岁左右年轻女性的中低端彩妆品牌,品牌特点为"精致、时尚、玩味"。设计力求突破"谢馥春"现有标志,寻找能被当代人尤其是年轻消费者所接受的、也利于准确传播的艺术呈现方式。因而,在设计新的品牌标志时,运用了传统工笔画的艺术表现方式,将品牌标志设计为额首的卡通少女头像,图形突出时尚化、年轻化,耐人寻味(图 7-22)。很快,智能化屏幕时代来临,绝大多数电器、数码产品的交互界面乃至杂志、书本以及街边的广告墙等原来存在于二维

图7-22　"谢馥春"品牌标志创新设计/魏梦娇
(图片来源:学生设计作品)

---

① 克莱夫·贝尔.艺术[M].南京:江苏教育出版社,2005:37.

平面上的一切静止的内容都能够以屏幕为介质运动起来。因此,我们在"谢馥春"品牌标志的设计中融入了动态的元素,使标志图形在一个正方形"窗口"中运动,从"窗口"透出的图形可以作为某一系列产品专属的系列标志。这种动态的设计使品牌标志更加具有延展性和趣味性。"动态"标志使整个设计更加具有前瞻性,而前瞻性是品牌谋求更高层次发展的先决条件。标准色确定为黑色、红色,辅助色为黄色,这几种颜色选自中国传统"五色",较能体现中华文化的精髓。同时,原标志中西方古典纹样装饰部分的使用较为牵强,很难与"谢馥春"的品牌文化等内容联系在一起,故而将其舍弃。文字部分将原有的行楷简体字改为长宋繁体字。之所以选择长宋体,是由于长宋体看起来比宋体更加修长、时尚,同时又兼具宋体字的稳重整齐、易于传播等特点,也更符合当代审美;繁体字则更能体现出中国文化的韵味。

第二,注重视觉体验,满足现代审美。

"老字号"化妆品原包装设计大都存在诸多问题:形式单一、材料简单以及色彩凌乱等,品牌形象创新需要在产品包装上下足功夫,方能在琳琅满目的商品中熠熠生辉、独树一帜,让消费者一眼看中。包装是品牌本质在狭小空间中的体现,它通常能够提供给品牌的表达空间非常有限。也正是由于有这样的限制,我们的创新才显得更加有意义。"谢馥春"原有的产品包装大多采用纸质包装,虽然复古、亲切,但整体配色及花纹繁琐、陈旧,缺乏时尚感,不符合现代消费者审美;各系列产品包装雷同,无法区分,不能体现各个系列的鲜明特点;部分产品包装结构不合理,不利于携带和运输,也不适应现代网络营销环境。针对"谢馥春"原有产品包装存在的各种问题,我们结合当下年轻消费者的审美需求,将传统水纹和现代包装理念相结合,凸显简洁时尚的视觉体验,并针对不同的产品系列采用不同的包装形式,做到协调统一。如鸭蛋粉系列,可以采用黑色暗水纹团纸盒结合 logo 作为外包装,内盒采用更为简洁的圆形粉饼盒设计。根据产品分类分成面部护理、彩妆、护发三部分,并在各个部分的包装应用放大 logo 相应的某一部分,打造一种年轻人玩味的消费形式和心理(图 7-23)。"一个定位高端的化妆品品牌,其市场领导地位的确立背后一定有一套完善的营销传播策略。具体涵盖高价定位策略、包装策略、品牌形象、公关造势、广告

167

传播等。"①在全球经济一体化的当下,欧美化妆品对中国市场的抢占使得国货化妆品的份额逐渐缩小,再加上国内新品牌的崛起使得"谢馥春"品牌面临的挑战越来越严峻。国货化妆品"谢馥春"品牌从标志到包装都存在着老化与不完整的现象,因此,如要改变"谢馥春"品牌发展现状,那么就要接受现实的挑战,利用颠覆性创新模式整体改善"谢馥春"品牌形象。

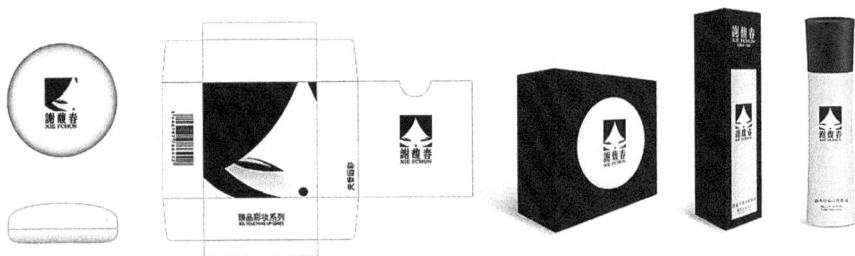

图 7-23 "谢馥春"彩妆包装创新设计
(图片来源:学生设计作品)

第三,发挥品牌潜能,勇于视觉创新。

"老字号"品牌"谢馥春"并不缺少文化底蕴和良好的口碑,缺少的是现代化妆品品牌的营销理念、时尚精致的品牌形象、严谨的管理模式等等。如果要让"谢馥春"的品牌潜能发挥到最大化,那么就不能墨守成规,需要的是勇于颠覆性创新、重拾自信! 任何产品都具有一定的生命周期,所以品牌必须紧跟时代的脚步进行视觉形象的改良,帮助企业延长其产品的生命周期。"谢馥春"现有网站设计中规中矩无明显特色,过多采用传统配色,类似大红和正黄,设计风格略显老套难以被当代年轻消费者所接受。再看,"谢馥春"新网页设计,大块的版面分割和对比强烈的色彩应用,易于吸引浏览者的注意力(图 7-24)。这种设计颠覆了传统"老字号"网页设计的风格,在视觉效果上体现得尤为突出。网页不同于传统媒体之处在于信息的动态更新和即时交互性。为了保持浏览者对网站的新鲜感,"谢馥春"网页还需要定期或不定期地进行改版,同时在保持网页视觉形象一贯性的基础上,不断创新推出新的产品,以满足消费者不断求新的消费观。

---

① 蔡勇."老字号"化妆品如何蜕变成"奢字号"[J].广告大观(综合版),2011,(6):41.

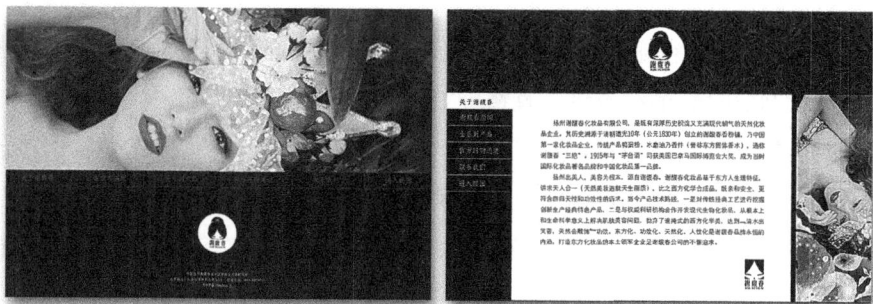

图 7-24　"谢馥春"网页创新设计
（图片来源：学生设计作品）

　　总之，"谢馥春"必须在合适的时机对品牌视觉形象分阶段地进行改进，使品牌形象与时代发展相一致，这也更是解决百年老品牌视觉形象老化、单一、陈旧的出路。"苹果"公司在不同时期对其品牌文字标识提升的成功案例为我国"老字号"的品牌形象提升提供了方法和借鉴，使其在每个时代都可以恰当地抓住消费者的心思，引领消费的步伐，走在时尚的前沿，并通过品牌形象的提升为产品创造高品牌价值。将"谢馥春"品牌的自身优势当成一种独特的美学来经营和发扬，吸收优秀案例的成功经验对品牌不足之处加以改进，以吸引消费者的目光从而接受它。

　　以上是我们对"谢馥春"品牌形象进行的分析和颠覆性创新设计，希望能对"谢馥春"品牌形象的提升有一定的参考价值。

　　（2）舒适美观——南京"张小泉"品牌形象设计

　　自古就有南有"张小泉"（1663 年），中有"曹正兴"（1840 年），北有"王麻子"（1651 年）的说法。张小泉，明末安徽黟县会昌乡人，其父张思家为逃避战乱到了杭州，并在市中心城隍山脚下的大井巷搭棚盘灶，架起炉砧，开设了一家"张大隆剪刀铺"。后来，张小泉继承父业，所铸剪刀，选用闻名的龙泉钢为原料，创造镶钢工艺，使剪刀更为锋利耐用、开闭自如，因而名噪一时，吸引了众多的外地顾客，生意较之以往益发兴旺。张小泉还将自家的"张大隆"招牌摘下，换上了"张小泉"店名，并且还在剪刀上刻上"张小泉"字样，而且服务项目上实行包退包换,不管生意大小,对待顾客一视同仁。清末,"张小泉"曾在南京举办的南洋劝业会上获得银奖;在 1919 年巴拿马国际博览会上获得金奖。三百多年来,历代"张小泉"的继承者一直恪守"良钢精作"的祖训,工善其事。"快似风走润如油,钢铁分明品种稠,裁剪江山成锦绣,杭州何止如并州",这是我国杰出的剧作家田汉在 1966 年走访"张小泉"剪刀厂时写下的一首赞美诗。"张小泉"主营家庭用剪系列、工农业园林剪系列、服装剪系列、美容美发剪系列、旅游礼品剪系列、刀具系列,及大小五金、建筑工具、汤婆子等共 100 多个品种,400 多个规格。从小铁匠铺到剪刀店,店铺又从杭州扩展到上海、苏州、南京等地,而杭州以外的店铺多为杭州"张小泉"的内亲外戚或老店职工开设的,往往在"张小泉"店名后边加上"某某记"字样,以示区别。1926 年,杭州"张小泉"鹤记剪刀店的周明正到南京来开展销售业务,并于 1933 年正式设店取名"张小泉"正记刀剪店,原汁原味地保持杭州"张小泉"剪刀锻工精细、刃口锋利、轻巧灵活、顺手合用、价廉物美的特色。新中国成立后,南京"张小泉"得到人民政府的大力扶持,得以继续发展,在 1956 年的公私合营高潮中正记被批准建立单独的公私合营企业,店主周明正为合营店主任。1993 年,商店迁至健康路 34 号营业,南京市秦淮区政府则将这家"老字号"列入南京夫子庙商业文化旅游区规划之中。

"张小泉"品牌归属之争历时七年,如今的"张小泉"商标使用权归杭州张小泉所有,上海"张小泉"注册商标为"泉"字牌剪刀。两个"张小泉"其实谈不上真假一说,均为中华老字号企业,品牌和质量度都是值得信任的。杭州张

图 7-25　杭州"张小泉"、上海泉字牌标志
(图片来源:作者自摄)

小泉集团有限公司持有"张小泉"商标,2008 年杭州"张小泉"标志主体是以书法家沙孟海先生书写的"张小泉"三个字作为品牌标志,把原有的六角背景改成菱形图标,简洁又大方。上海张小泉刀剪总店有限公司持有"泉字牌"商标(1911年),以"泉"字为图形设计,外形采用菱形。其以规格全、品种多、质量优而闻名全国(图 7-25)。对消费者定量研究表明,在剪刀和刀具市场上,"张小泉"品牌

在剪刀和刀具市场中都具有较高的品牌知名度。"将张小泉重新推回到一二线城市"这是"新掌门"张新夏给品牌设定的战略方向。

南京"张小泉"刀剪店主要销售杭州"张小泉"刀剪、上海"泉"字牌刀剪、南京"张小泉"刀剪厂生产的刀剪及各类五金件。如今,南京"张小泉"刀剪店和众多店家一样,生意清淡,难以为继。走进店堂,赫然就是那把著名的大剪刀,就连柜台上的发票都是原来南京"张小泉"的老旧票据。南京"张小泉"刀剪总店数十年来仍保持着自己的经营特色,销售商品一律实行三包,商店有明文规定:售出的刀剪凡有夹灰、卷口、断钢的均给予调换,并免费代客整修。但是,南京"张小泉"目前在开拓市场等方面也确实"廉颇老矣"。从品牌形象来看,不少消费者认为"张小泉"是历史悠久、专业生产刀剪的品牌,产品品种齐全、不张扬但是很好用、价格便宜、不欺客很实在;但同时品牌也呈现出老化的感觉,创新性不够,活力不足,而且可供挑选的款式也比较少,跟不上现在年轻人的审美与喜好的步伐。"研发新产品,把产品升级换代,对提升产品品位有很大帮助。现在的消费人群对于产品档次已经有所追求,如果老字号真的能进军奢侈品行业,这是一个好的开端。"[①]因此,"张小泉"的未来发展应走出区域性,拓展产品范围和营销渠道,让企业逐渐步入良性循环。

第一,追求舒适美观,强调使用体验。

通过前面的分析,我们对"张小泉"品牌进行新的定位:新时代新形势下人民对美好生活的向往对物质文化生活提出了更高的要求,科学生活,乐享生活。新生活对事物、对生活用品也有更高要求。"张小泉"品牌应以舒适为特定需要,效率高、省时、省力、轻松反应提高家务效率,进而从使用体验、外表美观、提倡舒适称心,强调视觉和使用体验。我们首先对南京"张小泉"刀剪店的标志设计进行颠覆性的创新,突破老品牌标志陈旧的造型,以现代感的造型取而代之。标志创新设计抽象模拟日常剪纸的情景,用圆形将图案统一起来,留白处是剪刀的造型。标志的颜色采用灰色和绿色,稳重的灰色下衬托出清新的绿色,体

---

① 孔凤春. 张小泉等杭州老字号抱团进军奢侈品行业[EB/OL]. [2017-03-01]. http://biz. zjol. com. cn/05biz/system/2010/09/08/016912030_01. shtml.

现出老品牌的新活力,也代表着品牌生态
与环保的理念。书法字体的运用展现出品
牌悠久的历史和文化韵味。简洁的造型使
得标志识别度较高,在应用设计时兼顾了
文化性、环保性以及时代审美观,使品牌形
象焕然一新(图7-26)。

图7-26 "张小泉"品牌标志创新设计/
董心宜、朱艾琪
(图片来源:学生设计作品)

第二,独特的包装形式,倡导消费新主张。

创新设计的重点我们应放在剪刀包装上。一个品牌包裹东西的包装可以
承载无形的、满载的心意,品牌形象完全可以透过对包装的设计来让消费者感
受到品牌的心意。它可以代替品牌讲述故事,可以激发消费者编制自己的故
事。品牌包装若符合消费者的期望,便能让消费者产生对这个品牌的认知与评
价。在设计之前,我们采用问卷调查的方式对剪刀包装进行调研,通过设置多
角度、多层级的问题,以期全方位地获取人们对于剪刀包装的需求和建议。经
过实地考察和归纳总结,我们发现市面上的剪刀包装普遍运用纸板、塑料等材
料,并且其中大部分局限于一次性包装的范畴;包装形式陈旧乏味,大多采用盒
装、纸板装和塑料装;颜色暗淡,设计感不强,对消费者的吸引力较弱。针对以
上问题,我们决定设计出可以重复利用的系列剪刀包装。

南京"张小泉"金陵印象剪刀包装设计:首先,选取剪刀中比较有特色的指
甲剪,在我们平时剪完指甲后指甲的边缘处通常会产生许多尖角,需要将其打
磨平滑,因此,在指甲剪的包装设计上我们将打磨指甲的功能加入进去,采用磨
砂表面的长型硬纸板作为背板。上部施以固定扣,下部辅以软塑料膜,在使指
甲剪于不使用的时候处于一个固定空间内的同时,防止剪刀尖端伤害到使用
者,起到保护作用。其次,剪刀在长期使用后,由于受到多种外界影响,容易变
钝不方便使用,因此在背板背面增加可撕锡纸,定期剪一剪锡纸,可使剪刀恢复
锋利。最后,包装图案选取南京具有代表性的景点(玄武湖、明孝陵、总统府)进
行抽象化、艺术化处理并选取明快的色彩,通过丝网印刷的方式拓印在包装背
板上,使该包装不仅具有可持续利用的生态性,还具备美观性和一定的地域文
化特性,从而形成具有浓厚文化韵味的包装设计(图7-27)。这样,南京"张小

泉"金陵印象剪刀包装便会集美观性、文化性、生态性于一体,具有高度创新性,且材料简单,成本低廉,适合批量生产。同时,在设计初期考虑到包装的重复利用原则,也可给予包装第二次生命。

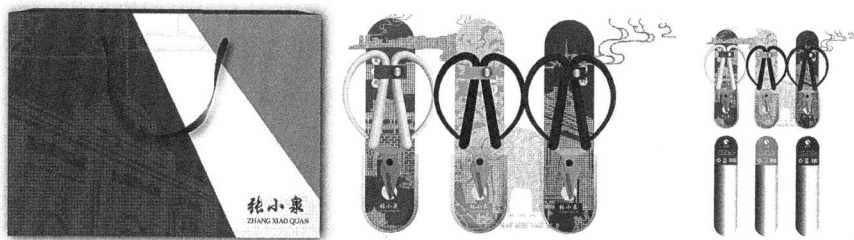

图7-27　南京"张小泉"创新包装设计
（图片来源:学生设计作品）

事实上,人们对一个品牌所附加的情感,往往会体现在包装上。包装设计能提升消费者对一个产品的期望值,让他们和产品形成一种独特的联系。我们对创新设计进行切入点分析:其一,安全性。剪刀因为刀口锋利,所以使用者在使用过程中容易被划伤,从包装中取出剪刀时,也容易划伤。因此我们的第一切入点为安全性,保障使用者在拿取使用过程中的安全,尤其针对儿童这一特殊的使用群体。其二,趣味性。国内市面上的剪刀样式比较单一,整体设计比较乏味,缺乏创意。在剪刀包装的设计中,可以通过剪刀和包装的结合增添使用的趣味性,尤其在文具剪刀的设计中,针对少年儿童这一特殊的使用对象,设计独具特色的趣味包装。其三,环保性。现如今很多消费者提倡低碳、环保的生活方式,注重产品的生态性、环保性,且消费者的生活态度与价值观也会影响消费者的购买行为。市面上的剪刀包装多为塑料纸板等,只是简单的地用以保护商品,使用者往往会在拆封后丢弃。我们希望剪刀的包装并不仅仅是一次性的,而是可以再次利用,例如作为剪刀座或者其他用途。最后,是多样性。根据每把剪刀的特点和所在门店区域,设计各自的包装,在统一的风格之下,又各具特色。南京"张小泉"刀剪店因为位置的特殊性,我们在包装设计中凸显出了南京的特色。

第三,运用新媒介,讲述品牌故事。

每个成功的品牌背后都会包含着这样或者那样的品牌故事。独特的品牌

173

故事能丰富品牌文化,增加其在消费者心中的品牌印象;生动的品牌故事能引起消费者共鸣,提高消费者对品牌的忠诚度,这是比广告更高明的传播形式,利用讲故事的方式把品牌发展、品牌内涵、品牌精神告诉消费者,并在潜移默化中完成对品牌力量的灌输,它是品牌与客户建立情感的一个桥梁和纽带。因此,品牌故事能推动品牌文化的建设,大大提升产品的附加价值,吸引消费者购买。

过去"老字号"凭借口头传播来建立声誉。但在当今这种拥有快速的信息流和广阔的商业圈的状态下,口头传播的沟通方式限制了信息传播的速度和广度。"张小泉"须改变传统的宣传模式和观念,重新定位,确立品牌个性,综合利用平面的、立体的和网络等多种媒介,向消费者充分传递品牌信息。例如,网络口碑是在网络技术迅速发展的背景下产生的新的口碑传播方式,其传播不受时间、空间的限制,传播范围广、速度快,是线下口碑传播所不能比拟的。再如,企业还可以将各种品牌视频短片以不同形式放到互联网上。这种品牌视频是非常有效的品牌推广手段,其灵活性强,传播范围广,目标明确,互动性强,它用立体代替平面,用色彩代替黑白,用声音代替文字,这种由动感带来的震撼,成为调动消费者感官的有效手段。品牌视频有助于提升品牌知名度以及美誉度,让企业在一条视频的时间内就取得消费者的信任。利用多种新媒介,讲述品牌故事,展示南京"张小泉"刀剪店的新形象,进而全面推动"张小泉"品牌文化的国际化发展。可以让企业一步步在网上构建自己的品牌故事,让故事承前启后(图7-28)。这种品牌故事是历史沉淀带来的,随着故事越积越多,最后累积起来就是品牌的无形资产,这些资产可以让企业获得更多的品牌信任度和忠诚度。在互联网时代,我们已经渐渐地感受到了品牌人格化的一个新趋势。过去我们靠时间积累故事,用历史的、真实的人格积累出来一个品牌。而今天,我们用品牌故事打造品牌人格。面对全球品牌的竞争,如何讲好中国品牌故事,如何让中国传统文化更好地融入新时代,让全球消费者能够欣然接受,是"老字号"品牌形象打造的重点。

目前,我国部分"老字号"品牌形象虽然外形古朴、沉稳,包含了民俗风情,具有鲜明的民族特色和文化底蕴。但是,表现形式单一、造型保守、色彩陈旧仍是需要主要改进的问题。"老字号"品牌形象设计应该摆脱被传统表象的束缚,

图 7-28 南京"张小泉"网页设计
（图片来源：学生设计作品）

以一种"颠覆创新"的方式对传统文化符号进行提炼，将品牌情感结合新的工艺或是品牌故事等表现出来。力求品牌形象设计切合"老字号"品牌的历史文化，在能够唤醒消费者情感的基础上，引发他们产生一系列的联想与记忆，从而达到巩固品牌与消费者之间黏性的目的。

（三）逆向创新模式

逆向创新（Reverse Innovation）的概念由美国达特茅斯学院塔克商学院国际商业专业教授、全球 50 位最具影响力的思想家之一——维杰伊·戈文达拉扬（Vijay Govindarajan）提出，并与同事克里斯·特林布尔（Chris Trimble）共同出版了《逆向创新：海外创造，赢在全球》一书，该书阐述了新兴市场的创新是如何孕育突破性技术，从而打开工业化世界中的全新市场。书中也给出了许多关于逆向创新的案例，例如百事公司结合印度当地团队和全球资源开发了一种新型美味饼干"Aliva"，这种饼干拥有四种不同的口味，都是根据印度人的口味设计的，虽然"Aliva"是专为印度市场开发的，但它在全球市场具有极大的销售潜能。狭义上说，创新是由发达国家顺流而下至发展中国家的传统涓滴效应，而反向创新则是首先发端于发展中国家，再向发达国家传导的一场创新革命。广义上说，这是一种发生在新兴市场的全新的创新，进而反哺成熟市场。创新从

175

发达世界顺流而下到发展中世界的原理符合人们的直觉,创新只要在发达世界完成,再进行重新包装和简化推出低端款传输到发展中世界,开发低端市场的过程就结束了。但这种针对发达世界的产品势必与发展中世界消费者的需求有所出入,因而逆向创新的理论顺势出现了。简单来说,"我们都能理解为什么一个穷人会渴望得到一个富人的东西,但却无法理解为什么一个富人会想要得到一个穷人的东西。问题的答案是:因为在一定的情况下,这会带来全新的、意外的或长期被忽视的价值"。① 逆向创新模式的精髓就在于逆向思维。"逆向思维是超越常规的思维方式之一。按照常规的创作思路,有时我们的作品会缺乏创造性,或是跟在别人的后面照搬照抄。当你陷入思维的死角不能自拔的时候,不妨尝试一下逆向思维法,打破原有的思维定式。反其道而行之,开辟新的艺术境界。"②

1. 把握时机,转换思路

逆向创新的思路提醒我们在进行"老字号"国货品牌的形象创新时,应当改变创新思路,发掘潜在的消费者。"传承"与"创新"看似是一对反义词,若传承便意味着本我延续,若创新则需要自我突破。在市场中,品牌的发展犹如逆水行舟,"老字号"若单论创新与传承,要么丢失自我,要么失去活力,只有将两者有机结合,通过创新传承它的品牌精神,创新它的品牌思想,才能保持品牌的领先性、难以模仿性和持续的优势,创造出新的价值。通过对行业内主流品牌形象的反向思考,结合消费者的消费观念和偏好的变化创新品牌形象,关注消费者的潜在需求。对行业内主流形象设计进行反向创新,消费观念和消费者偏好的变化迫使企业创新品牌形象,以跟上消费者消费理念的提升,在对创新模式的考量上,可以反其道而行之,也不失是一种好的品牌创新模式。例如,2016 年"大白兔"奶糖携手法国知名轻奢品牌 Agnes. b 开启了"老字号"品牌的跨界营销之路,作为一个传统糖果品牌,它给消费者留下的印象是一种儿时的甜蜜回

---

① 维杰伊·戈文达拉扬,克里斯·特林布尔. 逆向创新[M]. 钱峰,译. 北京:中国电力出版社,2013.

② 赵世永. 创意思维[M]. 天津:天津大学出版社,2008:33.

忆,一个奢侈品牌之所以会选择"大白兔"奶糖进行合作,最为核心的是看重了其文化内涵,并没有过多关注其低廉的价格。这种"逆向思维"的尝试获得了消费者普遍的认可,他们也愿意为品牌附加值的提升买单。

很多人都知道中国香港"满记甜品",但对于其同公司的"手造甜品"却知之甚少。它和前者拥有同样风格的品牌形象,只是作为另一个系列打入市场。"手造甜品"是香港满记甜品集团旗下的一个分支品牌,以香港随处可见的中式糖水为主打产品进行革新,它的激活,不仅是品牌创新及业务转型的成果,更重要的是它传承了珍贵的本土文化,并成功开发出独有的品牌文化,该品牌形象由著名设计师李永铨一手打造。新形象代言人是一群轻松怀旧、装扮却很现代、可爱有趣之余又带点古惑的小朋友,他们是以六位股东为原型,再从旧画报、旧海报找来插图,改头换面、东拼西凑而成的,并在头像上添加了六七十年代的时髦元素,例如太空人的帽子、外星人头顶的天线等,通过这些元素,不但表现出经典怀旧的特色,且展现了当时香港东西方流行文化的结合,六位股东的形象选取更是让品牌有了聚焦的核心,构造了一套极富现代东方感的视觉语言(图7-29)。"手造甜品"突出的正是"手造"二字,表现其尊重传统、精工细作的一面。怀旧的娃娃头像传达的是地道食材,附加元素传达的是革新口味,这样的品牌形象改造将与众不同的人物角色配合到革新的中式甜品中,迎合了年轻一代的兴趣口味,也成功地令家庭式糖水店转型为集团企业式经营并进驻高级美食广场,以时尚的室内设计吸引着新老顾客。李永铨先生在谈及"手造甜品"的成功时指出:"产品的个性及特色或多或少地反映了企业的品牌文化,很多国际成功品牌都是很好的例子。可是,香港的品牌,特别是中小企业自家的品牌产品,往往未能将本地文化注入品牌内,也未能好好运用本身的品牌文化来推广自家产品。作为品牌顾问,我的责任不单纯是为手造甜品革新品牌、扩充业务,最重要是帮助它建立独有的品牌文化,将香港本地的文化遗产传承下去。"[1]"手造甜品"的激活设计是对文化的创新和继承。透过它的成功,可以发现创新与传承是"老字号"品牌形象设计的行动指南,即创形象之新颖,承文化

177

---

① Tommy Li Design Workshop:http://www.tommylidesign.com,2015-4-25.

之精髓。

图 7-29 "手造甜品"品牌形象设计/李永铨

（图片来源：http://www.brandsar.cn/enjoy/enjoy.php？id＝746）

"逆向创新"看起来是一个十分可行且强有力的品牌形象创新模式，但实施起来并不那么容易。所有具有创新精神的或强或弱的同类品牌和企业都在致力于弥补市场的空白，或是发掘消费者的潜在需求，但实际的成果却寥寥无几。因此，在进行"老字号"国货品牌形象创新设计时，一旦能够发现消费者的潜在需求进而进行品牌形象的重塑，就应该把握良好的契机，适时尝试逆向创新，以实现品牌的突破。而如果开发新兴市场的工作遇到阻滞，在必要的情况下就需要转换创新思路，运用其他创新模式进行品牌形象的创新。

2. 破茧重生，获取市场

"老字号"品牌市场并未出现想要的效果，如何逆势突围成为行业发展的重中之重。当众多"老字号"通过转制、兼并、连锁等多种手段寻求重生的时候，北京"全聚德"的成功上市使"老字号"企业看到了另一种生机。从历史上看，作为中小企业的众多"老字号"，能够经久不衰，其中一个重要原因是它在资本的属性上姓"民"，以家族经营或多人参股经营为主。"老字号"企业的国营体制，导致其与市场脱节，研发、生产、销售均出现严重问题，自然销售欠佳，企业停滞发展，导致产品落后于市场需求。如果违背"老字号"企业发展的内在规律，也将得不到应有的发展。在习近平主席提出的"一带一路"战略和"中国梦"的策略方针指导下，品牌文化将成为品牌力的重要表现形式，"老字号"需要紧紧地把握此项优势。一方面，大多消费者都相信"老字号"品牌的权威性；另一方面，"老字号"企业也希望让更多的人使用好的自主品牌。一些曾经面临生存危机的"老字号"借助逆向突围已破茧重生。例如，"双妹"品牌的重新亮相不仅为中国高端化妆品市场注入新的血液,还成功反攻海外市场,实现了向国际高端市场的突围。新的"双妹"品牌将广告语由原来的"材美工巧,尽态极妍"改为"东情西韵,尽态极妍",产品成分结合了东方草本护肤的理念和西方高科技护肤的技术,不但适合本土消费者,同时也适应海外市场;既让中国消费者感受到国货品牌的高端和时尚,同时也用东方的天然和神秘吸引着海外女性的关注。成为"中国第一个以上海文化为个性,涉及护肤品、香氛、时尚生活品多个方面全方位演绎'高端跨界时尚'"①的本土品牌。前文中提到"双妹"品牌形象的成功塑造是践行延伸创新的成果,同时它也是一个很好的逆向创新的成功范例,值得"老字号"国货品牌的学习和参考。

中国品牌市场风云变幻,国内新品牌不断涌现,国际品牌也纷纷抢滩国内市场。除了呼吁政府对老品牌"帮一把",对于企业自身来说,自救和重振才是自强之道。在开辟全新市场空间的同时,需要给"老字号"重新找到利润增长点的空间。市场经济给"老字号"企业带来机遇的同时也带来了强大的竞争对手,市场竞争变得越加激烈,要想在当中突围而出,便要用逆向思维的方法来寻求另类突破。例如,堪称逆向创新的拓展案例——中药饮片:根据调配或制剂的需要,对经产地加工的净药材进一步切制、炮炙而成的成品。它改变了中药一贯的汤剂和"丸"的形状,制成饮片或合成胶囊,产品包装形象采用雅致的色彩、简洁的造型传递出传统中医的魅力和现代生活的气息,给传统中药注入了时尚、年轻的活力。这种创新形态在国外和国内市场得到普及推广。当然需要注意的是,"老字号"逆向突围,千变万变不能让产品变了"味"。"老字号"能够成功获取市场的基础,是消费者对"老字号"的信赖和认同,他们往往是冲着记忆中的味道来怀旧或是带着好奇心来体验的。因此,我们要做的,就是通过产品、店铺形象和传播媒介将"老字号"的风格充分展现,给消费者强烈的、不一样的品牌新感受。

逆向创新是一种多边市场的激励行动,是中国企业从"中国制造"走向"中国创造"的一次难得的机遇。如今,品牌设计同质化现象严重,很多企业都有非常强烈的从众心理。那么,"老字号"行业处于一个完全竞争的市场局面下,企

179

---

① 双妹:双妹赋兴[EB/OL]. [2016-01-07]. http://www.shanghaivive.com.cn/rasingup.jsp.

业在进行创新时应该另辟蹊径,进行逆向思维,才能在信息过剩和同质化严重的今天获取市场。

3. 逆向创新模式实践探索

(1) 舍"旧"迎新——"莲湖糕团"品牌形象设计

南京的"莲湖糕团"、无锡的"方圆紫砂"、常州的"三鲜馄饨店"、苏州的"雷允上"……这些都是有名气又有历史的江苏"老字号"品牌。南京清真奇芳阁餐饮有限公司的"莲湖糕团店"(创建于1961年)坐落于南京秦淮河畔,是经营传统糕团小吃的百年老店。莲子称"莲实",又号"湖莲",清凉甜润,素为滋补佳品。"露冷莲房坠红粉""腻玉肌肤碧玉房",这是杜甫和高万久对婷婷莲蓬的歌唱。莲实是南京著名的特产,往日仅玄武湖年产莲子就万斤以上,新鲜莲蓬几十万只。每当夏末,秦淮两岸的莲蓬摊贩触目皆是,更有提篮沿街巷叫卖者,真是"满街俱闻莲荷香"。"莲湖糕团店"的前身是尊经阁小吃部。当年尊经阁经营饭菜、小吃、甜食,花色品种还比较全,后来,因夫子庙游乐场的建设而歇业。1965年搬到贡院西街专营清真甜品,更名为莲湖甜食店。随着十里秦淮风光带

的建设,1986年7月"莲湖"搬入新店,店招"莲湖糕团店"由著名书法家黄济云先生题字(图7-30)。"莲湖"的甜品素以软、甜、香、糯闻名于市,"店内'五色小糕'和'桂花夹心小元宵'是传统特色品种,更是著名的'秦淮八绝'之一。另外其主打产品还有麻团、三色糕、牛肉锅贴、烧卖等,重阳节还

图7-30 "莲湖糕团店"店招
(图片来源:作者自摄)

会推出时令'重阳糕'。"①这是南京人颇为喜爱的小吃店,大多数人每逢去夫子庙附近游玩都会选择在这里坐坐,外地游客也慕名而来,店内常常座无虚席。我们选择对"莲湖糕团店"进行品牌形象重塑,一方面是因为它在南京享有很高

---

① 叶青.秦淮风情话小吃[J].食品与健康,2002(08):24.

的人气,却只有一家店面,发展势头不容乐观;另一方面是因为它经营传统苏氏糕点,拥有精湛的糕点制作工艺,是对我国饮食文化的传承和发扬。所以我们曾多次造访这家老店,发现它的标志、菜单、包装、室内装潢、餐具包括服务都有很多的问题,有些甚至比较严重,而这些问题正是导致一家又一家"老字号"无法延续的根源。

第一,以轻松生活理念,重塑品牌形象。

夫子庙景区的"地利"条件让南京"莲湖糕团店"备受欢迎,其特色糕点深受消费者熟知并喜爱,但食用时黏手、外带包装不便以及店面装修简单等问题比较明显。我们在网上发布了调查问卷,结果显示绝大多数消费者清楚"莲湖糕团店"是一家"老字号"品牌,但仅有十分之一的人能说出它的标志;消费者会因为信赖"老字号"而选择"莲湖糕团店",却可能因其包装简陋、糕点黏手而放弃购买;食用糕点的方式不管是边走边吃还是在店内享用,其共同的诉求都是希望包装能够改进。被调研者喜欢物美价廉的物品,习惯就地品尝的居多;希望包装方便有趣并且环保;也希望店内装饰更富有南京本地的味道。在建议一栏,方便、美观、环保是最常出现的词语,也体现了我们这次品牌形象策划的方向。南京有着悠久的糕点食用传统和历史,老一辈南京人对苏式糕点有很深的感情;同时现在的复古潮流使得年轻人在舶来的西式糕点之外有了其他的选择。可口的糕点使消费者感到轻松、休闲、享受,越来越接近人们的生活方式和饮食习惯。随着未来市场需求的不断扩大,传统糕点企业必将对生产周期的缩短和生产技术的革新提出更先进、更灵活的要求。

"莲湖糕团店"标志创新设计:结合实际需要和发展趋势,在标志设计时将"店"字去掉,"莲湖糕团"这四个字足以代表品牌名称,也未保留传统书法字体,这种逆向的创新模式也更符合时代性。标志以抽象的莲花形态为造型,以渐变的色彩形成一种水韵莲香的舞动,自然通透。"莲湖糕团"中英文的字体设计改变传统书法字体,融入现代元素与图形标识相结合,整体营造出绿色、清爽、时尚之感,让人感受到喜悦和美好(图7-31)。辅助色选择了具有亲切感的木质黄和白色,迎合老南京消费者生活淳朴的特质。辅助图形以糕点的外轮廓形状来设计,彩色版本可用于礼盒装饰、菜单等,灰度版本可用于外带包装。主题鲜明

181

是提升品牌效益不可或缺的条件,消费者能够迅速记住风格独特的店家,而一旦在其心中留下深刻印象,就比较容易培养出品牌忠诚度高的客户,因此,将这些各具特色的辅助图形运用到餐具、餐巾纸、包装纸、价目表、外带礼盒包装、室内设计外卖区展示台上等,将大大提高"莲湖糕团"品牌形象的辨识度。

图 7-31 标志创新设计、辅助图形及包装纸设计/岑画眉、李帅
(图片来源:学生设计作品)

第二,以多种趣味包装,增加品牌互动。

"莲湖糕团"因其美味、实惠一直颇受老南京人的喜爱,所以更适合走中高端路线。一方面,店面可作为逛街时的休憩、约会、聊天场所,推出平价糕点;另一方面,设计出可供外带的小包装以及高端礼盒系列,当作佳节时馈赠亲友的好礼。设计入手点:包装的趣味性和互动性——现在许多商品的包装仅仅起到了保护食品的作用,受众也没有太关注打开包装的体验性,甚至拿出产品后就随手一扔,特别是节庆时的产品大多靠包装吸引消费者。其实优秀的包装设计应具有体验性或互动设计特点,让消费者在接触到包装,以及打开包装时都带有种新奇感。同时,"健康"将会是消费者选购食品时最为看重的因素之一。"莲湖糕团"品牌理念主打纯手工制作,使用天然色素,不含防腐剂,所做糕点口感软糯,香甜细腻。因此设计要传递这种"亲近自然"的理念,有助于品牌后期的宣传和销售。为了与品牌理念相吻合,其品牌口号定为"细糯清甜,素味自然"。既说明了口感和味道,又强调了淳朴自然,词句雅致,消费者读之便会联想到软软的美味糕团。"莲湖糕团"餐具设计:与标志的色调保持一致故而选取蓝色为主色调,使用玻璃器皿盛放糕点,相比较塑料器皿,能使糕点显得更为精致,同时又避免了糕点黏附在器皿上不易清洗的麻烦。原先"莲湖糕团"使用的包装是印有店名的塑料袋，但塑料袋非常不利于黏性大的糕点的分装、携带和保存，调查问卷中也得知70%以上的消费者希望更换包装形式和材质。在参考了日本"和果子"的包装设计后，我们决定使用蜡纸来包裹糕团，这样包装后糕点就不会粘得到处都是，外观视觉效果有所提升，更重要的是有助于环保。"莲湖糕团"礼盒包装设计：为了满足消费者外带食品的需求，美观硬盒包装让食品上升到礼品层次，简便易取，同时还不粘手。利用光滑的玻璃材料盛放，既高雅又显干净。糕点均改为小块，既精致诱人，又方便存取，避免浪费。糕点礼盒包装将美观和实用性相结合，并配以简易餐具，方便拿取和食用（图7-32）。

图7-32　"莲湖糕团"餐具设计、礼盒包装设计 / 岑画眉、李帅
（图片来源：学生设计作品）

第三，以"慢环境"为主调，营造舒适场所。

"莲湖糕团"室内设计上侧重为消费者提供交流的"慢环境"，通过五感设计在环境中的应用营造场所感。室内设计总面积为260平方米，整体风格为新中式，分为糕点展示区、餐饮品尝区、外卖零售区、服务收银区、进出集散区。其中糕点展示区、餐饮品尝区和外卖零售区是设计重点。店铺内整体色调为深蓝色、灰色和木质色，以地势的抬升和下沉、隔断的虚实结合创造私密空间（图7-33）。店铺的蓝色、木质黄色主色调，木材、玻璃、文化石、工业材质的选择都取决于消费者对生活的坦然心态，这些搭配能给他们留下素雅但富有情调的第一印象。江南一带人秀水清，在听觉体验上通过隔断处的小面积水体设置，让消费者静于其中。室内桌凳的简洁造型、统一色调、朴素材质体现人们纯粹的生活、简单的心境，不浮躁于繁忙的优雅。玻璃材质的光滑、透明正好符合店内新鲜干净、健康营养的氛围，触碰这种光滑感能让消费者体会到节奏的"慢"，糕点在味觉与嗅觉感染中更加美味。室内灯饰形式多样，吸顶灯的强光和吊灯、壁灯的柔

183

图 7-33　"莲湖糕团"室内设计/岑画眉、李帅
(图片来源:学生设计作品)

光反映不同氛围,使人融入环境。环境影响人的行为,糕团店内就餐区桌凳布置采用多人围合、多人成排的形式,方便不同消费者的选择。每组空间组合都能让人方便地来往于店内。几个空间尺度的选择根据空间对应的选择人群对个人空间尺度的习惯决定。展示区部分借鉴日本"和果子"店的食品展示方式,设计成情境性展示,采用江南一带的小桥、水车等元素,糕点摆放在桥身上。结合糕团店有卖插着小旗的重阳糕的习俗,外卖零售区的售卖形式采用轻松、趣味的插小旗的方式作为消费者点餐的记号。零售台设计成即叫即取的展示台,为方便递送糕点紧靠制作区。糕点价位表设置在上方,食物以银两作单位,店内整体氛围不存在等级区分,有的只是对平淡的回忆。如今,消费社会是物质与精神消费的时代,"莲湖糕团"品牌形象应顺应时代需求,改变传统思维模式。任何品牌的塑造都离不开视觉传达设计的效力,从标志设计到室内设计,都应该注重五感的综合体验。"老字号"品牌丰富的文化底蕴、已有的消费群体及良好的口碑,能起到帮助推广品牌形象设计的作用。但同时也对形象设计提出更高的要求,要让新时代的消费者们接受,就要兼顾古典与现代的表达。相信"莲湖糕团"品牌形象经过打磨和再设计,定会创造比过去更加耀眼的辉煌。

(2)"旧"形新意——"三万昌"品牌形象设计

"三万昌"(创建于 1855 年,清咸丰五年)是苏州的茶业"老字号"。茶庄名意喻为"绵绵不绝,繁荣昌盛"。苏州是我国具有悠久历史和深厚文化积淀的江南古城,地处长江商业圈和京杭大运河沿岸,优越的地理位置和人居环境使得苏城的商业史繁荣灿烂,特别是石路和观前这两个传统的商圈,有不少"老字号"在老苏州人的记忆中留下了深深的痕迹。那些在风雨中飘扬百年的字号招牌、世代传承的技艺、制作精良的产品、独特的民族传统文化背景形成特有的魅力。时至今日,苏州人提起观前街上的"松鹤楼""三万昌""采芝斋"等等名号,依旧流露出对它们的肯定与赞赏。每一个"老字号"都是一笔宝贵的财富,都有自己独特的历史积淀、品牌故事和口碑积累,他们见证着姑苏文明的变迁,记载着苏州的传统文化特征。许多"老字号"企业在现代转型中,由于经营方式的转变、资金有限和管理层的不重视等原因,品牌视觉形象设计缺乏规范性和系统性,其品牌标准色和辅助色系统规范被忽略,没有发挥其应有的效应。品牌形象设计需要讲究形神兼备,形有神而活,神依形而生,形即载体。"老字号"深入骨髓的经营理念和文化气质是其宝贵的财富,对当今品牌文化的建设仍具有积极意义。

同诸多"老字号"企业一样,苏州"三万昌"茶庄的品牌标志也是采用我国传统书法字体的形式,由著名书法家李镜清先生题写而成,书法字体配以牌匾悬挂于店铺内外,成为了其老品牌主要的视觉符号。这种单一的、程式化的设计,与苏州观前街上其余众多"老字号"如出一辙、大同小异。因而,在当今视觉化时代和日新月异的商业社会,难以体现其品牌形象的差异性、独特性以及文化底蕴。"三万昌"茶庄仍以暗红色、黑色和绿色为主,品牌的标志色彩沉闷显旧、产品包装色彩杂乱、店面空间装饰中环境色彩体系不够统一,产品展示效果较差,脱离品牌本身的个性特点与文化底蕴等,辅助色更是无从谈起(图7-34)。事实上,无论是典雅的中国传统色彩体系还是现代设计专用印刷色谱,都能给"老字号"企业提供更多的选择。"三万昌"茶庄的人文内涵也可以成为其品牌形象再设计的思想核心,并在此基础上重构品牌形象的

图7-34 "三万昌"现有标志
(图片来源:作者自摄)

185

价值,依托其内在意义,创新其外在形式,真正把"三万昌"独有的文化价值转化为经济价值,这将有利于加速老品牌的振兴。

第一,挖掘文化特征,形与意高度统一。

《老字号品牌价值》一书中曾提出:"尤其值得注意的是,品牌产品并非均有质量的优势,仅仅因为品牌的符号蕴涵了更多的文化因素,就更受消费者青睐,就更有价值。"[①]由于"三万昌"茶庄厚重的品牌历史和茶文化、地域文化积淀,其"老字号"品牌形象的再设计就要科学和谨慎。首先,品牌标志的创意构思要注重文化特征开发,做到文化上不断层。这其中既有"老字号"对茶文化和姑苏文化的传承,也有"老字号"本身所具有的文化特征。其次,实现品牌标识的图形化、个性化、整体化和意蕴化表达。苏州"老字号"大多以企业名称的汉字为标志,历史悠久、深入人心,观前街上比比皆是,品牌再设计时可将重心重点放在标志图形化设计表达上,适当加入图形元素,以拉开与其他"老字号"的差异,实现形与意的高度统一,使品牌内涵更丰富和整体。"三万昌"标志创新设计:保留了原版品牌文字的传统书法体样式,加入全新图形元素设计,以品牌经营产品茶和茶文化为核心,结合苏州地域特色建筑的元素进行标志图形设计,整体呈现印章的形式,新颖又不失古朴,传递品牌的品牌特色与地域文化,完整体现了"三万昌"品牌的含义(图7-35)。此外,苏州诸多"老字号"企业的品牌标志忽略了英文标准字体的设计与应用,不利于其知名度的传播,"三万昌"茶庄品牌标志设计运用英文标准字体,建立、丰富和充实品牌的国际化形象,符合其品牌

图7-35　标志创新设计/章砚文、庄青
(图片来源:学生设计作品)

定位。"三万昌"茶庄的品牌形象设计以茶绿色为企业标准色,旨在通过色彩具有的直觉刺激与心理反应,以突出企业经营理念、产品特质、塑造和传达企业形象。为了适应不同场合需要,在标准色基础上选定了其余六种辅助颜

① 王成荣,李诚,王玉军.老字号品牌价值[M].北京:中国经济出版社,2012.81.

色,以配合标准色使用,丰富"老字号"品牌视觉形象。与此同时,随着苏州"老字号"品牌建设的加强与需要,实现品牌提质,我们可考虑加上新技术、新媒体的不断发展,标志设计的视觉维度早已超越了平面纸质媒介以及时空的限制,形成了平面静态、三维立体、动态及多形态等多维度空间形式并存的全新的设计模式。苏州"老字号"可以通过品牌标志多维度视觉表现,完成品牌标志延展,组成标志家族群,以满足不同时空环境和企业未来发展的需求,实现华丽转身。

第二,运用辅助图形,增加品牌时尚感。

如今,"三万昌"茶庄不再是前店后厂的经营模式,在现代市场经济情形下,没有了"酒香不怕巷子深"的自信满满,其视觉刺激从最早的牌匾、幌子、茶包等扩展到品牌广告宣传、茶叶包装、办公用品、茶馆室内外空间、数字媒体等范畴。品牌标志在实际应用过程中受到一定的局限性,因而可以考虑设计辅助图形增加丰富的形式感和时尚感,起到了对"老字号"茶庄品牌内涵的延续和补充作用,同时还可和应用环境进行结合,使得品牌形象更鲜明、易于传播。"三万昌"茶庄取"顺意、发达、永恒"之意,古时茶馆内设有茶桌茶道,兼做书场,供数百人品茗听书,老苏州有"吃茶三万昌,撒尿牛角浜"之说,可见"三万昌"茶品的品质与名声。品牌再设计时采用茶叶、茶道、茶具为辅助元素,可谓兼具茶文化与茶馆本身特色,图形符号高雅,寓意别致,是辅助图形设计的绝佳选择,统一中赋予变化,应用于广告宣传、产品包装等,是让"老字号"企业呈现活力感、时尚感的有效途径(图7-36)。在"三万昌"茶庄的品牌包装设计中,品牌标志往往被放置在包装画面的一角,相对较小不够醒目,再配以一些摄影图片和传统纹样等元素,与其他的众多"老字号"产品包装"相似有余,差异不足",可谓大同小异,而略显花哨、缺乏细节的设计更是使得"三万昌"品牌茶叶难以吸引消费者的眼光。在品牌竞争力时代,国内外知名品牌商品的包装设计往往以品牌核心视觉符号或衍生视觉符号强化品牌记忆,从而在众多商品中脱颖而出,这种简洁清晰的设计理念值得"老字号"品牌学习和借鉴。"三万昌"茶庄的传统散称茶包装中存在抓取茶叶不便、二次封存麻烦等问题,同时也难以携带,这都可能导致消费者放弃对其品牌的选择。"三万昌"散称包装设计:以茶具为图形设计,采

187

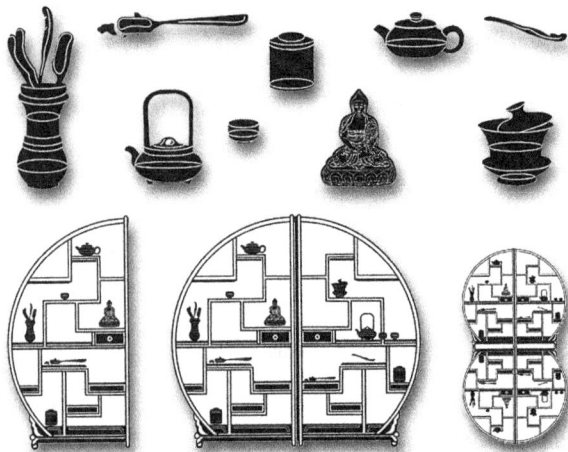

图7-36 "三万昌"辅助图形设计/章砚文、庄青
(图片来源:学生设计作品)

用牛皮纸防水包装,以细麻绳缠绕,既保持了传统捆绑式包装的形式,又增加了包装的趣味性(图7-37)。消费者在打开包装时,回味了旧时以四方牛皮纸包裹糕点,再配以红纸装饰的甜蜜,唤醒用户的文化记忆。内包装采用可反复撕拉的便捷开口方式,方便用户取用和二次存储。创新设计通过强化品牌标志,使其成为包装的视觉核心,以最为简洁直观的方式达成有效的视觉沟通和传播。品牌衍生符号是"通过品牌文化理念、品牌故事中的相关实物及概念衍生出的

图7-37 "三万昌"散称包装设计/章砚文、庄青
(图片来源:学生设计作品)

产品视觉符号"①,辅助图形就是其中形式之一。运用品牌衍生符号的品牌包装使得"老字号"品牌形象更为整体和系统,无疑强化了品牌的辨识度。

第三,提取地域元素,呈现新的视觉形式。

苏州的人文背景和历史背景都很浓厚,作为吴文化的发祥地,古典园林、水乡古镇、吴侬软语、精致苏菜或许是人们对苏州最初的印象。历史悠久的吴文化传承,孕育出灿若繁星的"老字号"企业。苏州"三万昌"承载着深厚传统文化底蕴,应在传承中奋力创新,为了适应新时代的发展,必然要进行品牌转型、更新。地域特色元素是中国传统文化的宝贵财富,它内涵丰富、形式多样、流传久远,"老字号"品牌形象的创新设计应在这些方面充分挖掘,加以利用。发扬"老字号"品牌代表的地域文化是品牌转型、发展的重点策略之一。"三万昌"吴系列包装设计:我们以传统苏州花棱窗格为元素,以苏州建筑为系列意向,从中解构、提取了线元素,以黑白色表达干净、沉淀的系列感,设计了——"吴('吴'的繁体字)"系列(图7-38)。苏州古称为"吴",以繁体字为系列名,表达"三万昌"悠远深厚的文化意蕴,且足够代表品牌的文化底蕴特征,和包装所表现的苏州地区的元素印象相映。"吴"系列通过元素的重构,以现代的设计手法,重组古典元素,实现文化意蕴的传承与地域特点的展示。我们可以围绕茶道的精要概念,辅以现代的手法,表现与众不同的中国苏式园林建筑的花窗图案,并以此作

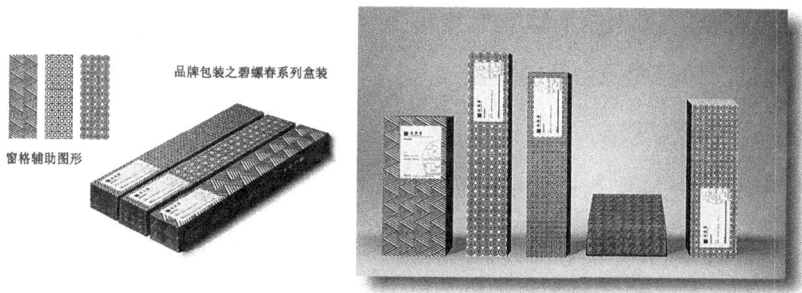

图7-38 "三万昌"吴系列包装设计/章砚文、庄青
(图片来源:学生设计作品)

189

---

① 汤杰. 服装品牌形象在包装设计中的符号化体现[J]. 包装工程,2014.

为辅助图形,体现品牌传统的核心价值,运用于"三万昌"的系列包装设计之中,呈现崭新的视觉形式。

"老字号"品牌需要保护,但不是当作文物那样的保护,而是作为经济活动实体,通过"旧"形新意实现向现代品牌形象的转换。面对时代变迁和消费潮流的变化,"三万昌"茶庄应积极融入当下,与现代生活方式对接,主动满足消费者的需求,甚至引领消费方式的变革。随着电商、微商等模式的流行,北京"吴裕泰"等"老字号"茶庄开通微店业务,并设有淘宝天猫商场、京东店铺等,并本着绿色化和人性化包装设计的理念,其礼品包装设计注重材料的美观、环保和再利用,赢得消费者的喜爱和信赖。面对近几年日趋火热的各大电商平台的"年货节","三万昌"品牌也应借力实现双赢,如通过推出特色年货——苏州"老字号"商品组合礼盒,加入电商大战。只有不断改进产品,从标志、包装设计的更新,到本土化的战略实施,创造出新的品牌概念与产品需求,从而引导市场消费,"三万昌"才能真正永葆活力。

纵观人类历史,逆向创新的例子尤为鲜见。事实上,大多数创新都向下流动而不向上流动,其中的原因是很直观的。从表面上看,逆向创新似乎是一种反直觉现象。以逆向创新模式为主的"老字号"品牌形象设计,打破主流思维"一种产品类别,一个品牌"的桎梏,赋予创新精神,特别适合以年轻人为主体的消费人群,符合年轻人的思维方式,审美上也是追求一种与众不同的风格,所以这也不失是一种有效的品牌创新模式。

(四) 整合创新模式

在今天,以互联网为代表的新媒体环境所带来的冲击无疑是革命性的,它不仅改变着从信息生产、传播到价值交换的整个生态链条,并在一种全新的价值圈内创造了新的商业形式。2015 年 3 月,李克强总理在《政府工作报告》中明确提出:"制定'互联网+'行动计划,推动移动互联网、云计算、大数据、物联网等与现代制造业结合,促进电子商务、工业互联网和互联网金融健康发展,引导

190

互联网企业拓展国际市场。"①"互联网＋"意味着未来互联网将对传统行业的升级换代起到不可忽视的作用。互联网带来的不仅是渠道和通路的改变,更是对整个社会基础架构方式的深刻改变。由此,我们可以看到互联网作为一种新的沟通模式正在急剧影响并挑战着传统商业模式。实力传播 Zenith Optimedia②在 2014 年发布的《2038:未来 25 年六大趋势》报告中指出:"未来 25 年,互联网将延伸至实物领域,使零售店发展为'体验中心',提供多种感官体验,让消费者与品牌和产品进行互动,使品牌可以提供私人定制服务,通过现实技术和一系列的交互式显示屏为顾客量身打造店内体验,提供满足人们各项需求的产品和服务。"③与此同时,在全球的消费市场上品牌消费已是大势所趋,消费者不仅通过视觉、听觉、触觉等感官来认识品牌,更重要的是通过亲身体验来感受品牌带来的价值。在互联网高速发展完全契合情感消费的需求趋势下,"老字号"品牌应该充分利用网络的"互动、共享"优势与特性,适应和重新界定他们在这个新的环境中与消费者相联结的角色,为老品牌形象重塑创造巨大的空间与可能。

对于"老字号"品牌而言,所谓的整合创新模式就是将原本的老品牌文化与形象和当今最新的时尚文化进行一种融合,两种不同时代的文化进行的一次碰撞。"创新"对于品牌形象而言,有着不可撼动的地位。且在每一个创新的产生过程中,都是存在着一定的技巧性的,每当创新形式产生并获得成功时,许多企业都会采用这样类似的技巧,同时,这种技巧会被他们无意识地采用,但这并不能否认它的存在。正如同这种技巧是可以有意识地去培养的,创新能力也会有一定的提高。我们若是能在生活工作中不断地涌现创新思路,建立多种思维运动形式,其乐趣和效益都会大幅度提升,建立多条创新思路对每一个人都重要,对品牌形象设计师显得更加重要。整合创新模式也就是一种运用多种思维形式并结合原本相应的资源所激发出来的一种新型品牌创新模式。创新可以分

191

---

① 新华网:http://news. xinhuanet. com/newmedia/2015-03/06/c_134043119. html,2015-3-6.

② 实力传播 Zenith Optimedia:中国第一家独立的专业媒体代理,创办于 1996 年 10 月 1 日。由"盛世长城"和"达彼思"这两家全球顶尖的 4A 广告公司的媒介部合并而成。现隶属于阳狮集团(Publicis Groupe),是全球领先的媒体传播公司,为客户提供传播策略发展、媒介策划的全方位媒介传播服务。

③ 广告门:http://www. adquan. com/post-13-26737. html,2014-3-13.

为两类。一类是从"无"到"有"的创新,很多新技术的开发都属于这种创新;另一类是从"无序"到"有序"的创新,即"整合创新"(Integrated Innovation)。"老字号"国货品牌形象的创新设计显然不是从"无"到"有"的过程,因此更加需要通过"整合"完成创新的过程。"整合创新"是一个广泛的概念,以上提到的所有创新模式都可以包含于"整合创新"之内,这是由于或"延伸"或"颠覆"或"逆向",脱离了"整合"与"统筹",都是无法实现的。对"老字号"国货品牌形象进行整合创新设计就是基于"老字号"品牌已有的优势或平台,以品牌价值增值为目标,把品牌内部各个横向、纵向的创新要素,以及有助于提升品牌形象的各种创新模式、资源、行业通过并行的方法整合起来,使一切可用的资源共同为提升品牌形象提供助力,最终实现"1+1>2"的效应。

1. 品牌要素整合

影响"老字号"品牌形象要素包括品牌文化、品牌视觉形象、产品与技术等方面。整合品牌内部和外部的资源目的在于利用品牌本身原有的优势和资本,最大限度地节约成本。对于"老字号"国货品牌而言,对原有成本的充分利用就显得更为重要。

(1) 整合品牌文化

在人类学家爱德华·伯内特·泰勒(Edward Burnett Tylor)(简称:爱德华·泰勒)的《原始文化》一书中,他指出:"文化或文明,就其广泛的民族学意义来讲,是一个复合整体,包括知识、信仰、艺术、道德、法律、习俗以及作为一个社会成员的人所习得的其他一切能力和习惯。"[1]在中国古代《易传》中:"观乎天文,以察时变,观乎人文,以化成天下。"[2]其中"人文、化成"便是文化一词的由来。这说明,文化一词在根源上是与人类的生活实践联系在一起的。加拿大传播学思想家马歇尔·麦克卢汉(Marshall McLuhan)说:"人是符号和文化的动物。人创造了文化,又被文化所创造,于是人是文化主体,同时又是文化的对象。文化总是表现为各种各样的符号,文化的创造从某种程度上讲就是符号的

---

① 爱德华·泰勒. 原始文化[M]. 连树声,译. 桂林:广西师范大学出版社,2005:1.
② 郭彧. 周易[M]. 北京:中华书局,2010:94.

创造,从符号角度看,它的基本功能为表征,符号之所以被创造出来,就是为了向人们传达某种意义。"①当追溯这些符号文化时,人们会发现它具有深刻的民族文化背景,符合本民族的审美习惯和受众需求,隐藏在人的精神中最内在、隐秘的领域。

品牌的竞争最终会是品牌文化的竞争。"品牌文化,是指通过赋予品牌深刻而丰富的文化内涵,建立鲜明的品牌定位,并充分利用各种强有效的内外部传播途径,形成消费者对品牌在精神上的高度认同,创造品牌信誉,最终形成强烈的品牌忠诚。"②美国著名社会心理学家亚伯拉罕·马斯洛(Abraham H. Maslow)的需求层次将人的需求分成生理需求、安全需求、社交需求、尊重的需求和自我实现五个层次,这些需求在不同的时期表现出来的迫切程度是不同的。在当下的社会环境中,消费者在满足基本的功能和技术性需求后,总是惯性地提升到社会价值和精神层次需求的满足,即从外部得来的满足逐渐向内在得到满足转化。品牌形象呈现的是人与社会、人与商品、人与人的信息交流,而人是设计中的主体。"入口即化"是一种享受,艰涩难懂的品牌理念是不可取的,品牌的文化内涵也不宜埋藏"过深"。大多消费者理解品牌核心价值时,偏重于品牌所提供的物质层面的功能性价值,将其直接理解为品牌价值。品牌核心价值着力在个性、品味、财富、修养、学识等情感性或是自我表达性的价值上,给人以快乐之感。如"香奈儿""酷奇"" 劳力士"" 欧米伽"等国外知名品牌传递给消费者"完美、尊贵、卓越、成就"的品牌文化以及彰显相对应的自我形象。

第一,走心的品牌故事。国外学者对于传统品牌老化问题的对策研究也很多,最具代表性的就是品牌复兴理论。品牌复兴是指"传统品牌为了实现资产再生,通过'回归'的方式重新获得失去的品牌资产"③。这需要借助一系列的营销手段向顾客不断传递品牌想要表达的信息,以使品牌资产得到扩大。品牌复兴理论通常被分为两种学派,即认知心理学派和社会心理学派。前者的观点从

193

---

① 马歇尔·麦克卢汉. 理解媒介:论人的延伸[M]. 何道宽,译. 南京:译林出版社,2011:167.
② 朱琪颖. 品牌形象设计[M]. 上海:上海人民美术出版社,2013:27.
③ KELLER. Managing brands for the long run:Brand reinforcement and revitalization strategies [J]. California Management Review,1999:41.

顾客的认知出发,认为可以通过提高品牌意识和重塑品牌形象等一系列营销活动,来实现品牌资产的增加;而后者主要关注品牌本身,通过品牌故事的创造和描述、品牌社会群体的建立和怀旧性的广告宣传等,重燃消费者对该品牌的认识,最终达到重建顾客与品牌密切关系的目的。

　　品牌故事是指关于"老字号"品牌家史,或者仅仅是在人们之间口口相传的故事,既可以是叙述性的,也可以是比喻性的,是有关字号内涵文化的描述。当我们提起"老字号"品牌时,最津津乐道的还是那些为人熟知的动人故事。Sara Spear、Stuart 和 Roper 提出了"通过印象管理的方法来建设品牌故事"[①]。Dolbec 和 Chebat 则强调了"品牌故事对品牌态度、品牌依赖和品牌价值的重要性"[②]。在北京的民间歇后语中,如"东来顺的涮羊肉——真叫嫩""六必居的抹布——酸甜苦辣都尝过"……都生动地反映了这些"老字号"的品牌特色,让消费者从一个个故事中获得深度沟通,与品牌产生情感共鸣,进而成为忠实拥趸。"老字号"品牌就需要这样的故事来激活品牌的内涵文化。很多人热爱"老字号"是出于一种复杂的感情,混杂了对经典的怀旧、尊敬以及对大众化时尚的厌倦。一种品牌想要在同行业内出类拔萃,就必须做到独树一帜,走心的品牌故事不失为一个好的创意点。在创新品牌形象时,其文化理念不是随意、自然形成的,而是需要适当借鉴、人为揣摩和有意塑造品牌故事,来促成品牌文化的发展。无论是"王老吉"还是"王致和",无论是"全聚德"还是"同仁堂",每个"老字号"品牌都有一个属于自己的名人轶事或传奇故事,既有皇帝微服私访、民族英雄的故事,也有令人尊敬的传统美德故事,用故事的方式宣传品牌的历史文化,彰显出品牌的价值和品牌特色,突显着"老字号"从古至今的品牌认同感和品牌美誉度。这些名人故事是"老字号"日积月累的精神财富,我们应从中挖掘"老字号"的人文元素,加强品牌的宣扬,让"老"的品牌走入当代消费者的心中。正如"百雀羚"在重塑品牌形象的过程中,曾利用了品牌故事的感染性和传承性,

---

① SPEAR S, ROPER S. Using corporate stories to build the corporate brand: An impression management perspective [J]. Journal of Product & Brand Management,2013,22(7):491-501.

② DOLBEC P Y,CHEBAT J C. The Impact of a Flagship vs a Brand Store on Brand Attitude, Brand Attachment andBrand Equity[J]. Journal of Retailing, 2013, 89(4):460-466.

塑造了"东方之美""琥珀计划""国礼"等一系列的品牌故事,激起了消费者在情感上的共鸣,深化了消费者的品牌意识。

第二,得心的精神风骨。"以人为本"是可持续发展的核心理念,在品牌形象中,想要满足消费者物质、精神、情感上的诉求,必须坚持"以人为本"。同样的,它带给"老字号"品牌的发展也将是可持续的生命动力。机制改革是"老字号"等传统企业现代化的必经之路,例如江南药王"胡庆余堂"相较于其他"老字号"的改革优势在于:它在经济意义上的发展很大程度上得益于自身的品牌文化建设。纵观全国,现存拥有百年历史的制药企业为数并不多,杭州"胡庆余堂"便是其中之一。它与北京"同仁堂"南北相对,素有"南有庆余堂,北有同仁堂"之誉。在市场经济发展中,它审时度势,重视文化的影响力,不断提升品牌价值,打造独特的品牌文化。在"胡庆余堂"的国药文化中,"戒欺"①文化别有特色。"戒欺"二字作为店训是"胡庆余堂"的创始人胡雪岩于 1878 年亲手书写的堂规,挂在"胡庆余堂"大堂的背面,且被沿用至今。将其作为店铺形象,既是对店内员工的训诫,又是企业诚信的标志。"戒欺"的品德作为品牌理念的核心思想,秉承了中药文化的精髓,对打造诚信品牌形象和构建和谐社会都具有深远的意义。在 2003 年"非典"时期,中药材原料价格飞涨,金银花、野菊花等市场上供不应求,"胡庆余堂"当即向民众作出"不提价"的承诺,为此,虽然亏损了五十多万元,但体现了"胡庆余堂"始终坚持"以人为本"的职业道德和经营理念。在悠久的历史中,"胡庆余堂"沉淀的丰富独特的文化,可以说是中国传统商业文化之精华,弘扬了中华民族传统文化精神。因此,"老字号"不仅要在品牌形象设计上进行现代化改造,还需展现其古朴优雅的文化积淀以及诚信处事的精神风骨。

"老字号"品牌形象设计不仅是纯粹表面的体现,也是内在精神的表达,只有得民心的形象才能深植于人民的心中。同理,同仁堂在"济世养生"和"以义为上,义利共生"的品牌文化理念上也有坚守和把握,对中华优秀传统文化继承和发扬,起到了典范作用。以"仁义"的精神形象回报消费者的信赖,是其品牌

---

① 胡庆余堂官网:http://www.hqyt.com/,2015-4-25.

文化得以长久生存的核心价值观和竞争力。

第三，聚心的文化氛围。字号精神与品牌文化之间应是一种互相呼应的关系，它们都属于"老字号"品牌的无形资产。前者是人文精神的传承，它更主观也更人性化，是继承的关键点，体现了"老字号"的百年风骨；后者是历史发展的一种积淀，它可包容万事万物，在"老字号"的品牌中细水长流，是延续的主要动力。Keller(1999)运用认知心理学的观点，从品牌资产的来源出发，提出了两种品牌激活方法，其中的一种就是在购买和消费情境下，通过提高品牌回忆和识别来扩展品牌意识的深度或广度，具体地说，就是提高使用量和使用频率。[①]因而关注品牌文化，发展品牌优势是提高企业效益的重要方式，而作为传统"老字号"本身来说，很多品牌都是极具历史价值的老品牌。"老字号"悠久的历史可被作为一种实现经济价值的来源，是特色性和真实性的文化标记，其特有的怀旧价值，可以使消费者把自己与其过去联系起来，并与老品牌的消费群体建立关系，营造聚心的品牌文化氛围。

1969 年美国著名营销专家艾·里斯（Al Ries）和杰克·特劳特（Jack Trout)在《广告时代》和《工业营销》上发表品牌定位理论文章。他们认为，要在一个过度传播和产品同质的时代赢得顾客，需使产品独树一帜，在顾客心理占有独特地位。[②] 每个品牌有自己的目标受众群体，它会在这些特定的消费群体中显示独有的魅力，得到特定消费者的青睐和偏好，消费者亦会从中追求产品、服务及其文化氛围，以及感受品牌隐藏在文化中的意境、韵味。就消费者而言，接受某个品牌就象征着一种生活理念、一种文化的消费、一种精神的追求。例如，重庆"诗仙太白"创立于 1917 年，创始人鲍念荣先生于当年从泸州温永胜酒坊购买酿酒窖池两口，并从泸州聘请酿酒师随其来到万州长江边上建立酿酒作坊。经过百年的发展，如今的"诗仙太白"已发展成为一个集酿酒、饮料、包装、贸易、物流于一体的大型企业集团。同其他"老字号"一样，改革开放后经历过

① KELLER KEVIN LANE. Managing brands for the long run:Brand reinforcement and revitalization strategies[J]. Ca lifornia Management Review，1999，41(Spr1)：102-1241.

② AL RIES. The Happy Personality [J]. Advertising Age，1977，10(1):21-35.

长期亏损、发展困难的阶段。2007年被重庆轻纺集团收购后,开始对其品牌进行重新设计,总体目标是打造中国"诗酒"第一品牌。在我国,从酿酒到饮酒方式都形成了一套独具特色的酒文化。"诗酒"的定位及所生产的产品不仅被视为酒本身,而且被视为一种文化,这与其历史文化和品牌自身的名称——"诗仙太白"相符。所以,企业发展更需对"诗仙太白"的品牌历史与文化典故进行深度发掘。"太白"即李白,素有"斗酒诗百篇"的美誉,可见李白爱酒之疯狂,言下之意便是酒成为作诗必不可少的因素,又因李白浪漫而豪放的诗风及其潇洒自由的人格形象正是人们所愿意追求的人生态度,使"诗仙太白"之名本身便具有很强的宣传功效。"广义的文化,应当包括酒文化",酒文化一词,是我国著名经济学家于光远先生提出来的。酒本身的文化特质给"诗仙太白"品牌的形象塑造带来了便利,具有鲜明的民族性和社会功能性,使其形象更容易营造出文化意境,成为消费者依赖及聚焦的理由。

品牌形象不仅带给消费者视觉、触觉上的感受,还应形成品牌独有的文化氛围,让有相同喜好的消费者形成一个特定的文化群体,强化品牌的认同感和价值感,增加品牌的文化范围性。网络品牌社群可以通过群组的力量帮助企业解决品牌的负面消息。① 通过建立类似的品牌文化社群,可以促进消费者个人与时代的强烈联系感,在社群个体之间产生共同性,加强这种凝聚力,达到唤醒消费者、建立品牌忠诚度的目的,真正形成能够聚集人心的品牌文化氛围。在"老字号"品牌创建、发展及经营过程中,通过日积月累的价值观、个性修养、产品气质、审美品位、情感象征等,逐步凝练出品牌的文化特质,它代表了品牌和消费者利益上的认知和情感上的归属。可见,"老字号"的文化属性主要包括两个方面:一是历史的传承;二是地方特色。在市场竞争中,若"老字号"品牌文化最终要表现为消费文化,其文化属性最终应构成消费者对于历史传承性与地方特色的品牌联想。在对"老字号"品牌形象的塑造中,不只是简单的品牌名称、标志就能体现其品牌文化,它涉及诸多因素,包括历史文

197

① CHANG A, HSIEH S H, TSENG T H. Online brand community response to negative brand events:the role of groupe WOM[J]. Internet Research,2013,23(4):486-506.

化、民族特色、地域风貌以及民间风俗等,需要从"老字号"内在和外在多方寻找文化因素,挖掘和创造符合品牌自身的文化内涵,这样的"老字号"品牌形象才会有广度和深度,并从心理上和精神上带给消费者可产生共鸣的品牌体验感。

日本著名设计师佐藤可士和做过一个形象的比喻:设计的过程就像盖房子,设计要传达的信息是房屋的框架,而框架延伸出来的艺术处理方法就是整座房屋的装潢。如果在建房子时,装潢前没有先打骨架,就无法创造明晰的形象,让人一头雾水。"老字号"品牌形象创新设计正如对房子进行修葺,"老字号"品牌的文化体系就像房屋的骨架,是支撑整座房屋的结构体。"老字号"国货的品牌文化是影响其品牌形象的关键因素,在前面的章节中,我们着重论述了如何在整合创新的模式下深入挖掘品牌文化内涵。在创新品牌形象时,除了之前提到的将其历史传承性和民族特色加以整合,还需要考虑到一些不受企业与传媒影响的消费文化元素,一旦成为消费者品牌联想的内容,就同时也成为品牌文化的组成部分,极大地影响到品牌的文化形象。越是久远的品牌,给消费者带来的品牌联想就越是深刻和牢固,因此"老字号"国货品牌形象的创新设计就更加需要将这些消费文化元素加以整合。

(2)整合品牌视觉元素

品牌视觉形象是品牌形象的外延部分,是以品牌视觉识别系统为主要内容的可视的品牌形象。"当代文化正在变成一种视觉文化"[1],视觉文化已成为大众文化中最重要的性质。品牌拥有良好的视觉形象不仅能够引导消费者的行为,也更有利于品牌的传播。所谓"整合",就必然不是全盘抛弃,如同整合品牌文化,整合品牌的视觉形象也应有所"扬弃"。"老字号"国货品牌的视觉形象包括该品牌原有的图形标志、文字标志、包装、招贴、店面形象等一系列内容。如今很多"老字号"在重塑品牌视觉形象时盲目追求时尚和现代感,反而忽略原有的视觉要素,使得消费者无法将新的视觉形象与原有的品牌形象联系在一起,

---

① 丹尼尔·贝尔.资本主义文化矛盾[M].赵一凡,蒲隆,任晓晋,译.北京:生活·读书·新知三联书店,1989.

进而无法得到认同。因而,对品牌的固有视觉元素的整合是品牌视觉形象创新设计的基础和重要参照。

第一,去繁求简。文字、色彩与图形是国货品牌标志设计的主导元素,也是塑造品牌视觉形象最基本的元素。通过对这些元素组合形成的品牌视觉符号,在一定程度上影响着消费者对品牌的认知。著名现代主义建筑与设计大师米斯·凡德洛(Ludwig Mies van der Rohe)提出的一句经典设计名言"少即多"(less is more),可以说是简约设计风格的形象体现。在某些程度上看,简约是必要的。从许多成功的世界知名品牌中,我们不难发现它们的标识设计都非常的简洁让人们难以忘记。纵观国外老品牌标志的进化史不难发现,其视觉形象是根据时代发展和消费者的审美进步逐步演进的,这个演进的过程就是一次次品牌视觉形象整合的过程。例如,世界第一大石油公司荷兰皇家壳牌集团公司(简称壳牌公司),其标志在百年间逐步演进,成为今天经典的红黄相间的贝壳形象,反映了人们对图像设计力求简明的趋势。1904 年壳牌公司最初的标志描绘的是一个真实的梳膜或扇贝,精细的造型突出了贝壳的隆起线,之后贝壳的隆起线几乎消失了,这使得公司名更易辨认;1971 年以设计可口可乐瓶而闻名的美国设计师雷蒙德·罗维(Raymond Loewy)重新对壳牌公司设计了标志,他将贝壳的圆齿边简化为一个光滑的半圆,将贝壳的 13 根隆起线减少到 7 根,并添加了一个粗体红色轮廓,罗维设计的这一款标志如此简洁易于辨识,广泛用于世界各地,以至于在没有公司名的情况下人们也能认出它(图 7-39)。再如,全球领先的生产影像与信息产品的综合集团"佳能"标志的演变过程:佳能名称源于佛教。佳能公司的创始人是位医学博士,取此名的灵感出自他抬头眺望天空而来。佳能公司原来的名字叫生本·古岳·橙久城(SEIKI KOGAKU KENKYUO),是一个精密光学仪器研究所。佳能原有一个十分英语化的名字KWANON,意为观音。公司以此命名其第一架 35 毫米测距式相机。大约在1936 年,公司用汉莎·佳能(HANSA CANON)为品牌的相机正式上市了,其CANON 一词含有'盛典、规范、标准'的意味。从此,佳能成为举世闻名的相机

199

图 7-39　"壳牌"标志演变过程

（图片来源：https://zhuanlan.zhihu.com/p/91573966）

品牌和公司的象征。"①经过多年不懈的努力，"佳能"已将自己的业务全球化并扩展到各个领域。毫无疑问，"佳能"可以一如既往地被消费者们接受，除了其精湛的技术，还有该企业与时俱进的完美精神。从 1934 年至今的标志演变，我们可以看出"佳能"标志变化明显：1934 年第一个标志就是千手观音的图案，其图形感很强烈，但繁杂得让人们不知道它到底要表达的是什么，直到 1935 年开始，公司不仅将字母改变了，更大的变化是大胆地运用了简洁的外文名称作为标志，代替了以前复杂的图形标志（图 7-40）。整个过程中或许会有曲折和反复，但从演进的大方向不难看出其由"繁"至"简"、由"具象"到"抽象"、由倾向"装饰功能"到倾向"识别功能"的进化规律。"他山之石，可以攻玉"，我们在对

图 7-40　"佳能"标志演变过程

（图片来源：https://fotomen.cn/2011/03/25/evolution/）

---

　①　77 年艰辛历程·回顾佳能相机辉煌发展史[EB/OL]．[2016-08-02]．http://dc.it168.com/tu/1320915.shtml．

"老字号"进行视觉形象的创新和改进时也可以遵循这个规律,使老品牌焕发出新的活力。

当然,国内外老品牌形象在视觉元素上有很大差异,纯粹的"拿来主义"势必导致失败。"延伸创新"的缺陷告诉我们,一切品牌延伸的行为势必让消费者对于品牌乃至产品的认知"跟不上"品牌的革新速度,对于"老字号"国货尤为如此。这就"使消费者对产品属性逐渐产生信息不对称之情形,故在选购产品时无法有明确的标准作为参考之依据,因而往往受到外部线索或外在刺激之影响进行购买行为"①。创新后的品牌视觉形象作为消费者认识品牌及产品的重要外部线索对于消费者的购买行为具有正向显著的影响。"老字号"国货经历百年传承,往往形成了"中国味"十足的视觉形象。在对其进行创新设计时,沿袭其视觉形象的"中国味"是必要的,因而会不可避免地运用到中国元素,这些中国元素通常是那些有形的、有寓意的形象及色彩。这些中国元素的运用会提升中国消费者对于"老字号"品牌的认同感和心理归属感,因此对相关的、可以利用的中国元素进行合理地解构、扬弃进而重新"整合"到新的品牌视觉形象当中去是创新的关键所在。

第二,做精做尖。"老字号"国货品牌的产品与核心技术往往是传承性的、独特性的,是其招徕顾客的一大法宝,是一个品牌在市场中立足的根本。此外,在前文中提到,"老字号"的产品往往"少而同质",因此这些国货品牌大都属于"窄品牌"。综合这些因素,"老字号"品牌在塑造新品牌形象的初期应当对原有的产品和技术进行整合,突出主打产品与核心技术,品牌形象做"精"做"尖",以此保持本品牌的异质性和独特性。

如今,品牌形象设计已经从单一的品牌标志设计发展成要对某一品牌以及其下属的一切需要形象设计的元素与品牌战略进行整合。包括对消费者购买产品的欲望、用途、功能、款式进行逐步挖掘,将消费者心里模糊的认识以精确的方式描述并展示出来的过程。目前许多"老字号"企业对品牌形象创新都还

201

---

① 范惟翔,黄昱凯,张瑞铉. 消费者对产品评价影响因素之研究:品牌形象与知觉风险所扮演的中介角色[J]. 中大管理研究. 2011(6):107.

停留在做个新标志,或者给产品做个新包装、新展示,各方面之间简单割裂,缺乏系统的规划统筹。不同的"老字号"品牌应该从不同的维度去分析和制定设计方案,量身定制出适合他们自己的个案,才能真正达到品牌新形象推广的目的。面对竞争日益激烈的社会环境,面对各种各样的新品牌逐步崛起的现状,在各种创新的营销理念驱动下,消费者的需求一定是多方面的,且其中不确定因素占大多数,作为"老字号"企业必须以靓丽的外在形象去吸引和引导更多的年轻消费群体。

2. 相关优势资源整合

在进行整合创新时,如果只是着眼于品牌内部的资源往往是不够的,品牌以外的资源才是"取之不尽,用之不竭"的。进行"老字号"国货品牌形象的创新如果能够巧妙地"借东风",合理借助品牌外的资源和优势补己之短,就有可能使"老字号"品牌焕发新生。随着网络的迅猛发展,各种新媒体平台迅速进入大众的生活,并以超出人们想象的传播速度、传播形式颠覆着信息的流向。它们将权利赋予大众,使消费者之间不受沟通的限制,可以随时随地相互交流、学习和帮助。在这个新环境中,这些多视角平台为品牌和消费者带来的最重要的机会是社会性互动,突出的是他们之间的对话、参与和分享,这是一个真诚的品牌情感联结时代。一个品牌可以利用不同的社会媒介平台相互联结向消费者进行多向的情感交流,一起共同感受与体验,传递个人化的服务与品牌魅力,为消费者提供更多的品牌情感价值。当今的社会性媒介平台以其形式丰富、互动性强、覆盖率高、推广方便等特点成为消费者对品牌影响的最大口碑平台。此时,品牌的生存或兴旺依赖于他们是否愿意去满足因微信、微博和QQ等其他社会性媒介平台而得到重新塑造的大众。移动互联网时代,数字科技和美妙创意结合的产物之一就是生动有趣的广告。如 2014 年戛纳创意节户外类全场大奖——"MAGIC OF FLYING"①,它是伦敦奥美广告公司为英国航空公司制作的"实时航班动态"广告:在伦敦皮卡迪利广场(Piccadilly Circus)竖起来的互动广告牌——户外大屏上,总有一个正在玩耍的小男孩,每当有飞机飞过,他就会

---

① 广告门:http://www.adquan.com/post-1-27740.html,2014-11-25.

起身指向飞机追着空中的飞机，画面同时还会精确显示当前航班编号及始发地等信息。比如，在一架飞机飞过时小男孩会指着飞机告诉大家："看呀，那是从巴塞罗那飞来的 BA475。"同时，相关的英航信息也会伴随显示，比如订票网址和打折信息或者目的地气温等。借用雷达定位技术以及被设计过的视觉错位，这则在公共空间直接完成的广告成功吸引了每一位经过附近的市民和游客，并且最终使作为广告主的英航公司给每一位潜在的客户留下了"有意思""够创意"的印象。

在品牌广告创意上，设计应该基于对消费者的深入挖掘，激发其对品牌的美好联想，而达到品牌形象的有效传播。广告可以培养人们对品牌的情感，使对品牌产品的消费变成了一种享受，因为现在许多的消费者购买产品，也许并非仅仅为了产品本身，他们更享受这个购买行为，并从中获得一系列的愉悦感和满足感。在 20 世纪 60 年代，美国奥美广告公司的创始人大卫·奥格威（David Ogilvy）明确提出品牌形象论的观点："品牌形象需突出品牌个性，而每一则广告都应该看成是对品牌形象这种复杂现象在作贡献。"①因此，许多品牌广告常常会刻意营造情感互动，通过情感的交流、接触与碰撞，最终俘获消费者的心理认同。例如，"多芬"（Dove）品牌的"你比你想象的更美"②真美运动的视频广告——"多芬真人素描"（Dove Real Beauty Sketches），它是多芬于 2013 年推出的营销项"真实美丽运动"的一部分。它以"女性的美"为主题切入点，邀请美国肖像艺术家（一位在 FBI 受训过的法医画家）吉尔·萨莫拉（Gil Zamora）为年龄在 30～40 岁之间的女性进行素描画像，不同的是画家只是根据受访女性对自己外貌的描述画出素描人脸像，再根据别人的描述画出另一幅"别人眼中的你"加以对比，最后当她们看到两种描述下巨大的形象差异时，那种植入人心的感动是那么的真实、动人（图 7-41）。这则广告深入灵魂深处，其目的在于表明自己对自己样貌的描述通常不准确——你比你想象的更美。这就是一个品牌所具有的魅力，通过对人性共同点"美"的关注，希望真正地帮助女性从狭隘的美丽定义中解放出来，发现自己独一无二的美，勇敢地说出自己很美，并让美更

203

---

① 大卫·奥格威. 一个广告人自白[M]. 林桦，译. 北京：中信出版社，2010：120.

② 优酷视频：http://v. youku. com/v_show/id_XNTQ4MDkzOTY0. html，2013-11-23.

美。"多芬"品牌广告通过"打通情感"来用生活中最真实的角度引起人们的思考,带领消费者找回自信,发现自己的美,从而打动了无数女性群体:多芬品牌特征——"我们努力使目标观众相信,多芬是一个真实、信守承诺的品牌"。

图 7-41 "多芬"真美运动的视频广告截图
(图片来源:https://v.youku.com/v_show/id_XNTQ0NTc1MjYw.html)

（1）整合最新媒介

时代发展的的步伐越来越快,消费者的审美情趣也随之改变;科技进步对创作工具和传播途径的影响为当代品牌形象的设计提供了更多的可能性;经济全球化的趋势使品牌的经营者对于品牌的发展有了更高的期许……这些因素对包括"老字号"在内的所有商业品牌提出了新的要求,整合和学习最新的技术成为了品牌发展的必然要求。在网络科技与数字媒体时代下,品牌网站作为新时代迅速发展与品牌消费推广的必要产物之一,对多感知层面的品牌形象建设有着重要作用与意义。据美国网络对话机构(Cybel dialogue)调查显示:"在网络受众中,有1/3的受众会因为品牌在网络上的形象而改变对其原有的印象,有50%的网络购物者会受网络中品牌推广的影响,进而在离线后也购买其品牌的产品,网络形象差的企业,其年度购买率损失近22%。"由此可见,良好的网络形象对于一个品牌的发展前途来说至关重要。

产品生产的技术革新对于品牌形象和品牌发展的影响是不言而喻的,此外,新技术的出现也对品牌视觉形象创新设计产生了影响。随着数字时代的到来,当代设计以数字技术和电脑为主要的创作工具,这种模式既结合了各种传统绘画工具的特点,又能体现多种新的艺术风格,使当代设计的创作技法不断推陈出新。计算机创作的诸多优势为改变"老字号"局限于牌匾、招幌、图腾等形式的品牌标识等视觉形象提供了更多可能性,也延伸了"中国元素"在"老字号"品牌视觉形象中的运用途径。前面提到,"老字号"的品牌视觉形象必定是"中国味"的设计,"中国味"并不是中国元素的堆砌,而是将中国元素合理地解构、变通,使设计体现出中国"神韵"。同时,先进的设计是兼收并蓄的,"中国味"的设计应当也有必要体现多元文化的精髓。这种"解构、变通"和"兼收并蓄"在计算机技术的辅助之下变得更加简单、灵活、游刃有余。由此可见,新技术的整合对于品牌形象的创新有着重要意义。众所周知的国外老品牌"耐克"(Nike)一直专注于跑者的使用体验。2014 年 Nike 构建了一个数字化平台,将Nike＋[①]、Nike 官网、Nike 网上商城及 Nike 社交媒体账号等平台数据相连,使每一个数据节点链接起来产生良性闭环。Nike＋主要帮助跑者选择合适的跑鞋,推荐跑步装备、路线和计划。Nike＋意图给跑者们一个极具专业性的建议,帮助跑者找到自己合适的方法,并在这个社群里认识更多和他们一样的人,使跑步不再孤单。这种体验已经由具体的产品使用上升到全方位的用户情感体验,不仅通过使用习惯增加用户黏性,而且无形中在不断扩大着品牌的忠诚群体。在这样的一个大环境下,传统"老字号"企业正随着一些新媒体的迅速出现而显出"不自在"的状态,老品牌的生存和发展很大程度上取决于它是否愿意重新在网络这个媒介中积极塑造自身的品牌形象。正如马格·戈拜(Mark Gobe)在《情感化的品牌》一书中所说:"一个网站是一种覆盖,它给消费者以机会,可以与一个品牌的不同社会媒介联结。社会媒介变成了社会性品牌创建,创建内容由消费者提供。"[②]目前,国内"老字号"品牌拥有自己品牌产品信息介绍的网站可以说是凤毛麟角,就更谈不上把握住网络这个优势媒介来进行品牌推广与网站进一步建设了。因此,"老字号"品牌利用网络媒介来建设自身的形象已经是迫在

205

---

① Nike＋:这个数字平台主要是针对跑者,Nike 在这里不仅为用户提供了权威的跑步贴士,专业的训练计划,帮助跑者选出合适的跑鞋,并且为他们提供一个社交平台,把微信做成社区,把所有 Nike＋跑者联合在一起。

② 马格·戈拜.情感化的品牌:揭开品牌推广的秘密[M].王毅,王梦,译.上海:上海人民美术出版社,2011:273.

眉睫。

第一,品牌与消费者进行深层次情感互动。"老字号"品牌应该结合自身的定位和目标,合适地选择和运用媒体平台,结合体验式的交流与互动,让老品牌成为消费者生活方式的关心与引导者。同时,利用平台的互动与沟通在品牌与消费者之间构筑起相互亲密接触式的情感纽带,从而促进"老字号"品牌知名度的提升和产品销量。在品牌与社交媒体联结之后,庞大的社交应用群体背后,已不再是简单的受众或是消费者这样的单一概念,而是名副其实的情感受众体,兼顾接收者和传递者的角色,以交互为主要特征的社交媒体使其参与性、公开性、互动性得以大范围提升。"截至 2013 年 3 月底,新浪微博注册用户数增长到 5.36 亿。10 月,微信用户数已经突破 6 亿。"[①]"2016 年,微博月活跃用户数全年净增 7700 万,达 3.13 亿,移动端占比达到 90%。日活跃用户数也增长到 1.39 亿。从用户特征来看,微博用户整体呈现高学历、低年龄趋势。"[②]如今的消费者自我表达与表现欲望很强,非常注重实时联系与信息分享,其社会化特征愈发突出。消费者更多依赖社交媒体获取品牌和产品信息,也经常在社交网络上分享自己购买的品牌产品和使用体验,如遇到不好的体验更容易在社交网络上倾诉,分享已成为品牌与消费者对话的主要方式。例如,巴黎"欧莱雅"(L'ORÉEAL PARIS)巧妙地将 SNS[③] 流行话题"干物女"[④]融入新推出的保湿水的品牌宣传上,发布了关于产品功能方面"没有丑女人,只有懒女人"的系列话题讨论,一时起到了理想的传播效果,引发了受众的积极参与,巧妙地提升了品牌的关注度、情感度和忠诚度。如创建于 1941 年的品牌"吉普"(JEEP)面对中国市场利用微信公众账号在关注者中组织一些越野、登山等户外活动,确保

---

① 新浪博客:http://blog.sina.com.cn/s/blog_566390f90101cpfx.html,2013-6-20.

② 《2016 微博用户发展报告》分析解读[EB/OL].[2017-03-08].http://www.cir.cn/R_IT-TongXun/2017-02/2016WeiBoYongHuFaZhanBaoGaoFenXiJieDu.html.

③ SNS:它是以下三种内涵的缩写:①Social Networking Services,社会性网络服务;②Social Networking Soft,社交网络软件;③Social Networking Sites,社交网站。SNS 是应用社交网络软件给用户提供社会性网络服务的社交网站。

④ 干物女:(日文:干物女)又译作"鱼干女")指的是放弃恋爱,认为很多事情都很麻烦而凑合着过的女性。该词源于火浦漫画《小萤的青春》的女主角"雨宫萤"的单身生活。后被用来指无意恋爱的二十、三十岁女性。

微信活动与品牌形象匹配,从而让消费者在参与社群活动中无时无刻不感受到品牌文化。再如创建于1886年的国外老品牌"可口可乐"在2014年中国毕业季之时,它与人人网合作,通过"畅想毕业季,为青春留言"①这个活动打造全国最大的毕业留言墙,让大家通过歌词瓶为好友线上留言,表达自己对好友的祝福和不舍之情。在不同的社交媒体上,"可口可乐"有不同的推广策略,但人人网年轻的氛围群体以及用户之间真实的社交关系使其成为品牌主打毕业季的最有效推广平台。用户可以选择符合自己心情的歌词瓶,@自己的好友,并为其留言,极具人情味和互动性的活动设计吸引了上百万网友的积极参与。此外,"可口可乐"还携手人人网走入全国100所高校的毕业典礼,学生们用手机扫描活动二维码即可进入界面,为好友留言,所有留言均会即时呈现在毕业典礼的墙壁上,"可口可乐"贴心的举动加之同学们温馨的话语让现场的毕业生们感动不已,其"快乐、分享"的品牌理念也在潜移默化间深入人心。一时间,"可口可乐"成为毕业生们表达有关毕业与青春的感悟和分享的热门话题。因而,情感以及与情感相关联的心理状态将引导受众参与到品牌传播的互动过程中,一旦受众与某品牌之间建立了情感联系,不管是正面的还是负面的品牌信息,大多数受众都会迅速通过社交媒体将这种品牌情感状态表达出来,成为更多消费者认识此品牌内容的有力来源。"老字号"品牌传播者应充分关注由消费者产生的这些信息,从中进一步发掘消费者的情感需求和故事,结合品牌的核心理念进行调整,以便再次开展品牌情感互动传播活动。

第二,品牌传播效果达到最大化。利用多视角媒介平台引导消费者心理与行为,利用新的传播模式巧妙地将企业文化、产品特征、视觉元素等相互结合、相互渗透,既能加深和维护品牌与消费者之间的情感联系,还能使品牌传播效果达到最大化。如2013年1月初,微博账号"古城钟楼"被新浪微博的大V账号转发,迅速爆红网络并引发热议。这个以西安钟楼为背景,每隔一个时辰就发出"当当"报时声的微博,看似没有实质内容,却吸引了众多网友,粉丝疯涨,两天内,赢得粉丝已超30万。该微博账号向其关注者提供了具有人文情怀的

---

① 优酷:http://v.youku.com/v_show/id_XNzU2MjY2NzIw.html,2014-9-31.

一个环境,同时也向外界提供了一个关注古城西安的平台,许多该账号的粉丝在对其微博的评论中提及对"西安"这座城市的认识。"截至 2014 年 1 月,共发出微博 7 174 条,有粉丝数 424 914。该账号的描述是对西安古城钟楼的简介,在其 7 000 多条微博中,除少数微博之外,该账号微博内容均为每两个小时一次的模拟报时,且均有以中国古代计时方式中以十二天干来报时的前缀,每两个小时就增加一个'铛'。"①从 2011 年至今,坚持每日每两个小时报时,以一种富有创意的方式表现了古城钟楼以及古都西安的厚重感,这些悠远的声音是城市品牌的无形符号载体,是历史与当代的完美结合。

以新媒介平台为基础的多视角对话正在进行,品牌与受众之间的一种直接联系正在建立,这使得受众成为事实上的"决策者"。"老字号"品牌要想与时代接轨,并且快速发展起来,必须尽可能地学会应用新媒体平台与消费者进行互动与交流,经常在线上开展一些品牌特色活动,让更多的年轻的消费者主动地参与到品牌互动中,这样"老字号"品牌才能逐渐摆脱衰落的局面而再现光彩。"天猫网购平台稳定构建后,除了一些土生土长的淘宝品牌和适合网络销售渠道售卖的国际大品牌外,新加入的网购行业生力军还有部分的老字号国货品牌,如百雀羚。百雀羚等国货品牌想要通过网络销售渠道弥补线下市场份额的不足,这样创新的思路很有时代性。但是在上线过程中,国货品牌难免会遇到很多问题,最大的一个障碍就是对电子商务规则的不熟悉。自从 2010 年 9 月份百雀羚在淘宝上创办了自己的第一家旗舰店后,运营技巧上的缺陷就展露无遗。百雀羚电商运营主管方彭透露,在他们接受旗舰店之前,百雀羚前三个月的销售额每天只有 3 000~5 000 元。和众多'老字号'面临的问题一样,百雀羚虽有着 80 年的悠久历史,但低价位的产品定价与淘宝市场的销售规则不符,消费者会认为品牌形象不够优秀,产品影响力自然也就不大。随后百雀羚重新对品牌进行了定位,加入了中高档路线,并在电子运营商的帮助下开展各项线上活动,其中"涌泉相报"这一个活动就让百雀羚那个月的月销售额增长到 133 万。如今,百雀羚天猫旗舰店即使是在淡季每天的营业额也能维持在 5 万元左

---

① 华声论坛:http://bbs.voc.com.cn/topic-4867473-1-1.html,2013-1-19.

右。线上工作已经逐渐进入状态。"①一个成功的"老字号"品牌形象设计,能通过多种推广的方式整合并强化人们对其产品的认同。多种推广通常是指同一品牌在不同的视觉表现形式中提炼其理念精髓的多个关键点来表现,以达到追求品牌延伸形象的创新。在已有的产品基础上,对其形象进行多重塑造,在不同载体、不同时段进行品牌形象的宣传。如将"老字号"的牌匾视作不可变动的文化经典,那么在广告网页等设计中,可以给予牌匾"藏宝盒"的功能,用按钮的动效引出藏在牌匾里的各色文化宝藏。

第三,品牌形象多维化的拓展。从品牌识别设计的发展历程来看,无论国内、国外都经历了由传统写实绘画风格向现代抽象符号形式的演变,从繁复的图案造型向简洁的图形过渡的漫长历史过程。在"老字号"品牌形象的发展中应避免某一个形象设计环节的脱节、落后,尽量把形象的各种形式预先设定好,并在延伸推广中不断完善。随着对品牌内涵的深入挖掘,媒介、技术的改变,以及设计理念从平面、静态向动态化的方向转变,品牌形象的设计表现形式也不再停留于二维静态、孤立存在的图形元素,而是力求以更多的动态、多元、开放的方式让受众多方面、立体化地了解并认知该品牌。在当代品牌形象设计中,动态标志的设计早已出现在视觉形象之中。"动"意味着可变的、不确定的,是发展与运动着的。在形式表达上,新媒体技术的不断发展,综合了文字、图片、音频、动画、影像、光影等多种表现方式,并结合了时间、空间来产生不同的交互形式,大大丰富了品牌形象设计的展示方式。

品牌的动态识别,也并非是杂乱的、无序的、单纯追求视觉刺激和形式感的设计,而是基于形象元素上的视觉变化,它仍然保有一定形式的统一与协调。谈到真正的动态化表达,我们无法忽略 2000 年德国汉诺威世界博览会精彩的识别形象。这个堪称划时代的设计以"人·自然·技术:展示一个全新的世界"为主题,强调以人类的巨大潜能、遵循可持续发展的规律来创造未来,从而带来人类思想的飞跃,实现人、自然和技术的和谐统一。这个可持续的理念也在标

209

① 妆品网:老字号国货品牌艰难上线百雀羚进驻天猫平台[EB/OL].[2013-03-09].http://www.zhuangpin.com/qudao/zhuanyexian/5424.html.

志的形式表现中清晰地阐明了它连贯的、持续的、循环的动态意义。它的视觉形象采用了奎恩工作室(German studio Qwer)设计的外观看似有机生物结构的造型作品,充分体现了品牌形象的延伸性、系统性、多元性,被称为"会呼吸的标志"。该形象设计的标志形态灵活多变而非固定,其形状和色彩根据不同的应用环境形成多种变化,展示给人们一种未知和不确定的神秘却又充满活力和动感。它的出现预示着一种整合性和系统性并存的设计方向,它颠覆了传统的设计原则,在设计界引起了强烈的反响,借助媒体手段开创了识别形象动态化发展的全新阶段,使以系统性为基础的整合性品牌形象设计越来越受欢迎。如2012年伦敦奥运会会徽是由世界著名设计公司沃尔夫·奥林斯(Wolff Olins)设计:图标整体形象由数字"2012"变形而成,打破了奥运会会徽将"五环"放在下面的形式,而是将"五环"嵌入会徽的右上半部分,给人一种活力、开放、自由的感觉(图7-42)。会徽颜色一共有四种,分别是粉色、橙色、蓝色和绿色,可根据不同场合的需要选择不同颜色的会徽。设计师在设计和使用中充分发挥色彩变化的动态性,有力地表达了奥运精神中动的自强不息和静的和平、友谊之情。再如,谷歌品牌从2010年开始,其标志替换越来越频繁,图形变换形式也越来越丰富,甚至出现了游戏、音频等特效标志,给登陆其界面的用户带来新鲜感和趣味感。从全球重大节日到国际重要事件,甚至针对不同国家的风俗设置该国的谷歌搜索标志,显示出了品牌形象设计的人文关怀,让用户倍感亲切。2011年6月9日,为了纪念美国电吉他之父莱斯·保罗(Les Paul)诞辰96周年,谷歌推出了"有声图标",在其主页上就可以用鼠标或者键盘弹出动人的旋律(图7-43)。在中国的蛇年、马年春节之际,谷歌搜索引擎页面新设了关于蛇、马动画标志形象,给中国用户留下了很好的使用体验,也让用户产生对下一年新设计的期待,体现了动态化设计以动式表达品牌理念的维度优势。

从视觉传达的角度看,品牌形象设计已由原来的二维平面向三维空间发展,并积极运用新媒介逐步向多维方向过渡。这种品牌动态化的意义在于创造出了一种可根据需要而快速变化、与文化延续密切关联、与未来发展相适应的视觉语言。在"老字号"品牌形象发展的过程中,需要这种新媒介形式的植入,适应从读、写到看、听、触、想为主的信息知识接受方式的转变,来紧跟或引领当

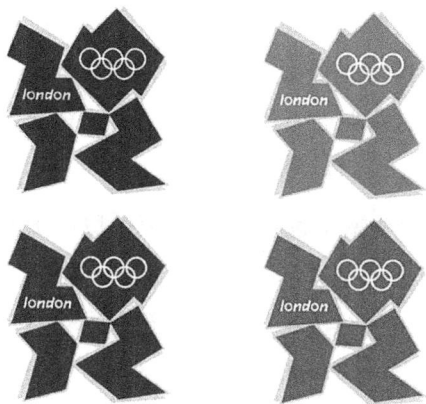

图 7-42 伦敦奥运会会徽
（图片来源：http://sports. cntv. cn/20111
227/119696. shtml）

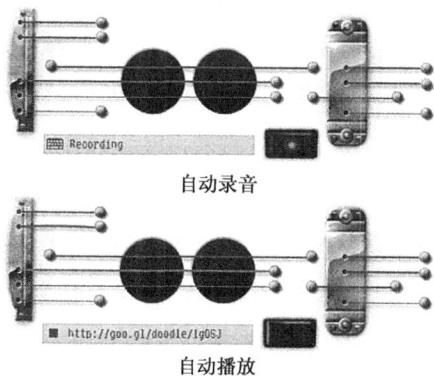

图 7-43 "谷歌"电吉他图标
（图片来源：https://www. iplaysoft. com/google-
guitar-doodle. html）

代受众的感知趋势，从而完成品牌形象的再设计。

（2）整合五感体验

五感体验是指从视觉、听觉、嗅觉、触觉、味觉五种感官体验层面，对品牌进行规划设计的一种新理念。在消费者的大脑里，五个感官是相互作用的，不断地探知周围环境并与其互动，如果品牌形象能够充分利用这种互动激活其中一个感官，那么它就会以连续激活第二个、第三个……品牌形象与人类感官之间的关系越紧密，五感之间的协同效应就越强，如果能将多个感觉器官结合，不断激活它们的连锁反应，就能创造出一种强大的品牌效应。感官层的情感是人与物交互时通过感觉体验所激发的本能情感。多个感官层的协调配合体验，会使接受者头脑中逐渐引发一个品牌联想，它能瞬间唤醒消费者大量记忆。然而令人扼腕的是，在对《财富》杂志中排名 1000 位的品牌网站的研究发现："约 14％的网站加入了声音元素，18％的品牌已经考虑将味觉元素融入品牌设计中，不到 6％的品牌曾经考虑过使用嗅觉元素，但只有不到 1％的品牌真正在品牌中着手尝试将多维度感官进行融合。在利用消费者对于不同材质的触觉方面，则有近 82％的品牌没能注意并且加以利用。"①由此可见，感官层在品牌形象里的

---

① 中国服装协会网：http://www. cnga. org. cn/peitao/View. asp? NewsID＝31397，2013-11-12.

探索和应用还存在着更广的可能性领域。在感官层面引领世界潮流的科技品牌当属"苹果"所有,它的产品大胆颠覆以前机械装置与系统,使手机不再是机器而是赋予一种人性化的情感,设计创意充分融合人类的感官触觉特性,利用大脑中萌发的无形感觉触须,开启人们探索品牌利用感官开拓的品牌"新世界"。

"老字号"品牌形象应该尽最大可能整合五感体验,尽快找到属于自己企业的标志性"感官元素",充分利用每个感官的特性将它们做大做强,以至于既能独当一面,又能和其他元素高效整合,这样"老字号"品牌形象与五感体验将被提升到一个新的高度。如 1927 年创立于上海的"恒源祥"集团总经理陈忠伟在 2013 年举行的"开启中国感官定制时代"发布会上提到:恒源祥所说的定制不同于传统意义上的服装量体裁衣,这里的感官定制是一种超出服饰之外的生活方式的定制,也就是说围绕人们的衣食住行都可以开展定制。同时,除了在视觉上和触感上实现差异化,也可以配备味道的定制、声音的定制等等。[①] 人们可以选择自己喜欢的款式、面料和色彩,还可以更换一款纽扣、喜欢的衣领,甚至连标志都可以选用消费者自己的名字,消费者可以拥有一件完全为自己量身打造的衣服,从而感受一种全新的感官生活方式。"恒源祥"开启了国内"老字号"品牌率先研究五感并将感官设计应用到商品上的先河,这种"人性化"的情感呼吁不仅通过感官应用创造性地重塑了"老字号"品牌新形象,更重要的是维系了"老字号"的品牌文化,进而提升了品牌忠诚度。"使用层的情感是人与物交互中的情感,它主要来自人们对物的使用中所感知和体验到的'用'的效能,即物品的可用性带给人们的情感体验。"[②]这种情感伴随着消费者的体验全过程:如果产品满足了消费者的使用目的,且过程感觉很好,此产品就会引起消费者愉悦的情绪;相反,如果购买的产品没有达到消费者使用的预期效果,便会无形中产生一些负面情绪。五感体验是综合体验,是多元的、复合的和整体的,如果只是强调视觉方面的体验,势必会忽略对其余四种感官的感知,不利于激发受众对"老字号"品牌形象的全方位体验。因而,整合五感体验使受众在这个过程中

---

① 北晚新视觉:http://www.takefoto.cn/viewnews-40998.html,2013-10-8.

② 柳沙.设计艺术心理学[M].北京:清华大学出版社,2006:288.

获得全方位的情境体验,从而更加直观、更加深刻地理解该品牌的文化和内涵是非常重要的。

（3）跨界设计——联合其他品牌

这里所说的跨界设计是指两个及两个以上不同领域的合作,设计出新的产品形式或品牌传播手段。这是一种创新的思维方式,体现了多学科或跨专业之间的碰撞,使企业在竞争激烈的市场中能够冲出重围,拓展出新的生存能力。这种设计具有无限的可能性和新奇性。说到跨界设计,不得不提 2009 年"魅可"(M. A. C)①和"凯蒂猫"(Hello Kitty)联手推出的限量版彩妆单品,以黑色为基调的包装让"Hello Kitty"不会过于可爱,适合的人群跨度更大。"M. A. C 这个品牌从创办开始就一直在发展波普文化",雅诗兰黛化妆品集团总裁约翰·丹塞(John Demsey)说:"这是一个性感而天真的产品系列,就是 M. A. C 最真实的瞬间。"②这个独家系列还加了限量版的配件,所有商品的包装都是以"凯蒂猫"的肖像为设计主轴,而彩妆颜色来自当年春季伸展台上最流行的颜色。"M. A. C"和"Hello Kitty"的跨界合作使得彩妆品牌销量大幅度增加,同时扩大了双方在不同领域、不同层面的影响力,这样成功的合作既获得了口碑又实现了双赢。这样的合作不仅在这两个品牌中看到,许多国际知名品牌也时常用到:从"路易威登"(Louis Vuitton)与纽约涂鸦大师斯蒂芬·斯普劳斯(Stephen Sprouse)合作的涂鸦风格手写体手袋;从"Julie Verhoeven"的童话故事拼贴系列到村上隆(Takashi Murakami)的 彩色"Monogram "系列;从"优衣库"(UNIQLO)和"迪士尼"(Disney)在服饰上的合作;等等,合作都曾在时尚界和设计界引起极大的轰动,成为一个个完美的典范。

跨界设计能使品牌之间通过相互联合,实现双方的优势互补和资源共享,为双方或者多方带来更大的经济效益,也能够丰富各自品牌的内涵和形象。

213

---

① 魅可 M. A. C 是 Makeup Art Cosmetics(彩妆艺术化妆品)的缩写,是雅诗兰黛化妆品集团旗下品牌。

② MAC 超可爱 Hello Kitty 彩妆单品[EB/OL]. [2015-07-10]. http://www. rayli. com. cn/0003/2009-05-25/L0003001003_487788. html.

"老字号"国货品牌往往存在较为严重的品牌形象"老化"现象，如果能够与一些发展势头良好的相关新兴品牌建立合作，就有机会扭转品牌形象留给消费者的固有印象，形成更加年轻、活泼的品牌形象。如"百雀羚"品牌在 2004 年与美国迪士尼公司合作，共同开发了全新儿童护理产品"迪士尼"（Disney）系列。这一系列产品仍然保持"百雀羚"天然护肤的理念，采用德国 ACEPLIC 研究中心的最新科研成果，专以东方儿童肤质特点来设计配方，为中国儿童护理用品市场注入新的活力，同时使"百雀羚"母品牌的形象更加丰满，为"百雀羚"与"迪士尼"带来了巨大的经济效益，赢得了良好的口碑。再如，北京"内联升"（北京内联升鞋业有限公司）与芬兰、瑞典、日本等世界各地设计师合作，在 2016 年连续推出了几个系列的文创合作款，不仅屡获好评，且屡创销售纪录。在与迪士尼的合作中，"内联升"突破传统千层底的鞋型，第一次出现了尖头女鞋，20 余款卡通布鞋为"老字号"开拓了更多年轻消费的市场，并获得了"2016 年度中华老字号十大创意产品"殊荣。"内联升"又携手故宫淘宝设计团队以匠心致敬国漫，与有着"唯美中国风"美誉的《大鱼海棠》展开了合作，在获得中国文化艺术政府奖第三届动漫奖的奇幻动画电影《大鱼海棠》热映初期就推出了 6 款《大鱼海棠》系列布鞋，并采用预售的形式以销定产，预售了近千双，追加了两次订单。与电影的成功合作经验，让"内联升"大胆地找上了几个月后热映的《愤怒的小鸟》元素，并与芬兰设计师进行合作打造出不对称图案鞋——愤怒的小鸟款，该款布鞋持续热销。（图 7-44）2017 初，"内联升"与专做袜子的瑞典潮牌"快乐的袜子"（Happy Socks）进行线上合作营销，还与日本三井物产一起推出了合作款，并借由合作款让"内联升"布鞋走出国门，目前，合作款千层底正在日本 21 家门店进行限量销售，让日本人民也感受一下来自中华手工布鞋的造物精神。

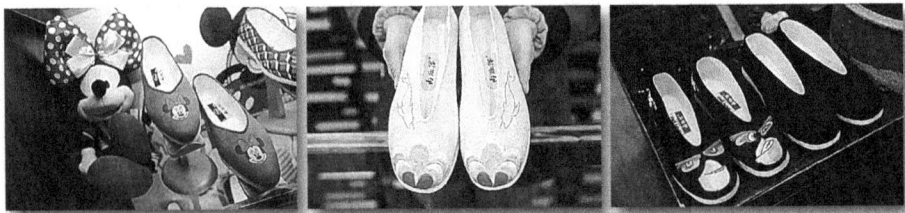

图 7-44 "内联升""迪士尼"亲子系列、《大鱼海棠》系列、《愤怒的小鸟》系列产品
（图片来源：http://dy.163.com/article/DPDJFK2Q0518DRII.html）

"南京绒花"的历史十分悠久,绒花谐音"荣华",寓有吉祥、祝福之意。相传早在唐代武则天时便被列为皇室贡品。明末清初,绒花流入民间,人们主要在春节、端午节、中秋节及际逢婚嫁喜事时用它做装饰,借以祈福、辟邪。随着时代的发展,人们的生活方式和审美观念都发生了很大的改变,20世纪90年代,"南京绒花"由于成本高、产值低、式样老套等诸多因素渐渐淡出人们的视野,绒花工艺面临技艺濒危、后继乏人的境况。目前仅位于南京甘家大院南京民俗博物馆的赵树宪绒花工作室具有全套绒花工艺操作和设计能力。绒花品种很多,有鬓头花、帽花、胸花、戏剧花等。曹雪芹《红楼梦》书中所谓的"宫里作的新鲜样法堆纱花儿",也就是南京绒花。"南京绒花"手工艺非常繁琐,与西方很多手工艺奢侈品的制作如出一辙(图7-45)。2006年"南京绒花"被列为省级非物质文化遗产,2008年,赵树宪入选江苏省非物质文化遗产传承人。在2010年在南京举行的第二届民间艺术国际组织世界青年大会上,南京绒花荣膺组委会荣誉大奖和世界青年眼中的最美中国手工艺。在春晚上惊艳演绎戏曲反串《新贵妃醉酒》的李玉刚也定制了多套舞台表演时的牡丹头冠。设计师劳伦斯·许(Laurence Xu)在2011年底,和"南京绒花"民间艺人赵树宪老师达成合作,为成龙导演的电影《十二生肖》女主角设计的"绒花若雪"礼服在戛纳电影节上更是受万众瞩目,礼服胸部和下摆装饰的孔雀造型都由绒花制成,这是中国风元素的又一耀眼演绎,为"南京绒花"的发展提供了新的契机和发展空间(图7-46)。2018年7月,随着年度古装宫廷剧《延禧攻略》的热播,"南京绒花"惊艳出境,非遗技艺再现故宫清代藏品。(龙虎网)

215

图7-45 "南京绒花"头饰
(图片来源:https://www.toutiao.com/i6595812847500919299/)

图7-46 "南京绒花"礼服
(图片来源:http://pic.haibao.com/fashion/article/201600.htm)

　　"老字号"有形元素是品牌形象中较为基础性的元素,内容主要体现在品牌的视觉形象方面,能够传达和展示产品的外在特征以及内在意味,如标志、海报、名片、网页、包装等等视觉识别系统中的有形元素,这种有形元素将消费者与品牌形象直接性地紧密联系在一起。但是,面对身处这个快节奏、高效率时代的人们来说,只有异常有趣、新鲜奇特的设计风格才会引起他们的关注。这股跨界设计风潮正席卷全球,并很有可能成为一种新兴的设计策略。若想将老品牌打造成为新潮品牌,跨界合作是非常必要,也是非常有效的方式。

3. 整合创新模式实践探索

（1）古"旧"古香 ——"中华书局"品牌形象设计

　　"中华书局"（创建于 1912 年）全名为中华书局股份有限公司,由陆费逵先生在上海创立。中华人民共和国成立后,"中华书局"成为整理出版中国古代和近代文学、历史、哲学、语言文字图书及相关的学术著作、通俗读物的专业出版社,完成了从古籍学术专业出版机构向传统文化内容提供商、服务商的初步转型。产品以中国优秀传统文化为核心,在坚守"弘扬传统,服务学术"宗旨的同时,努力拓展,将"传播文明,创新生活"作为自身核心品牌的延展,满足更广大的读者对优秀传统文化的阅读需求。[①] 知名的书店可以成为某个城市的文化地标,它是个多元关系交互的场所,阅读是其中最直接的方式,书与人、人与人、书与书之间也有着微妙无声的互动关系。信息时代的到来改变了许多人的阅读习惯,网络购书渠道的多样化和便捷化让实体书店面临重重危机,实体书店消亡也意味一种文化传播及生活方式的消失。

　　作为在古籍出版、文史普及方面的第一品牌,"中华书局"也面临着更大的困境。近年来"中华书局"南京分局（店）建筑经修葺后,外观恢复原貌,长约 2 米、高60 厘米的"中华书局"门额石匾也重新亮相（图 7-47）。现存在问题:书店整体形象老旧,没有明确的品牌形象;橱窗展示凌乱,门面虽"陈旧"但却无"韵味";室内陈设呆板,未能体现书店氛围;店内没有明显的导向指示;书店人气很低,店员多

---

　　① 守正出新,益清传远——中华书局［EB/OL］.［2015-12-01］. http://www. zhbc. com. cn/shownews. asp? id＝2038.

于顾客。书店从外面看上去较古朴,符合"中华书局"的古籍书店的特征,但是里面的陈设较为陈旧,且摆放不合理。从窗户、门等的设计上看,都显得太过老化,没有任何空间设计感。对"中华书局"的品牌推广意味着对中国传统文化的保护和传承,因而势在必行。针对"中华书局"所面临的困境,结合自身实际和市场情况,重新塑造"中华书局"室内陈设设计,树立全新的品牌形象,提高其品牌知名度、美誉度和特色度,让"中华书局"获得更多消费者的广泛认同,我们可以做很多事情。

图 7-47　现有标志及南京"中华书局"旧址
(图片来源:作者自摄)

第一,立足传统,创新生活理念。

在 20 世纪 90 年代后期,"中华书局"遭遇了前所未有的经营危机。在这样的情况下,"中华书局"为寻求出路,开始出版了一系列网络文学书,从而引起了极大争议,大部分人认为"中华书局"没有坚守住自己的底线,是对"中华书局"品牌文化的亵渎。最终,"眼花缭乱的图书系列不但没有带来市场的转机,反而影响了中华书局固有读者的品牌认知。如何才能走出困境,成了压在全局上下的一块'大石头'。"①通过这一次严重的策略失误。"中华书局"意识到历经百年积淀形成的传承中华文明的重要品牌不能丢失:为最大化扩大比较优势,"中华书局"应充分发挥品牌优势和专业优势,通过品牌支撑,明确特色,提升品质来争夺进入公共领域的出版资源。"Keller(1999)运用认知心理学的观点,从品牌资产的来源出发,提出了两种品牌激活方法,其中的一种就是在购买和消费

217

---

① 　张贺.中华书局 老树何以开繁花[N].人民日报,2007-3-1(11).

情境下,通过提高品牌回忆和识别来扩展品牌意识的深度或广度,具体地说,就是提高使用量和使用频率。"①"中华书局"这样的百年老字号,有一大批忠实的消费者,他们都对"中华书局"这个品牌有着特殊的情感,一种旧时的情节,一种心灵的归属感。"中华书局"正需要立足传统,利用这样的老品牌优势,延续品牌特色,重视品牌文化。"中华书局"是大量品牌出版物所促成的物质和精神积淀,其品牌文化更是企业最大的财富。而随着时代的进步,书店的品牌形象也日渐成为消费者选购图书的一个重要的影响因素,因而打造强势的品牌形象,创新生活理念,重视品牌文化,对"中华书局"的长远发展有着重要意义。

"弘扬传统"是"中华书局",最基本的产品定位。"中华书局"的特色即是弘扬优秀传统文化,专注于古籍图书和经典书籍的出版等,因此这一理念是任何时候都要秉承和发扬的。"创新生活"则是"中华书局"新的品牌理念的发展及延续,体现其关注出版社、网络书店及最重要的实体书店的一脉相承关系,并通过重视这一理念,尤其是对实体书店的再经营,来进一步展示其品牌魅力,及与时俱进的创新精神。"中华书局"作为一个连锁实体书店,最应该做到的是"连锁却不复制"。改良标志设计应在原标志基础之上,作出细节的改变,通过简化及互动的方式,使新标志看起来更加时尚简洁,字体采用宋体繁体,色彩采用饱和度较高的红色,既突出其专注传统与古籍图书的定位,又与时俱进,体现年轻化的态势,具有现代感(图 7-48)。"尽管出版业必将长期处于一个多媒体的时

图 7-48 "中华书局"改良标志及应用/翟天然、董甜甜
(图片来源:学生设计作品)

① KELLER K L. Managing brands for the long run:Brand reinforcement and revitalization strategies[J]. California Management Review, 1999, 41(Spr.):102-124.

代,纸本书仍有着长久的生命力,阅读依然是一种优雅的生活方式,未来的城市化中,书店将成为重要的文化中心场所,服务于人们的文化生活。"①"中华书局"品牌的应用设计,应充分认识到视觉统一的重要性,使品牌形象有自己独有的特色,同时蕴含深刻的品牌文化,能反映"中华书局"的追求和精神。设计者须积极把握时代气息和社会潮流,以良好的品牌形象满足消费者的审美要求。

第二,寻找契机,结合优质平台。

"正说"对于"中华书局"来说,不仅为其打开了渠道,赢得了销售商的信任,更让其看到与电视等强势媒体平台的结合是传播品牌文化,赢得读者的最有效途径。"数字化出版是每个出版人都必须面对的问题,随着科技的进步,图书出版的形态必然会出现新的趋势。而古籍的数字化将极大地方便研究者的查询、检索工作,就相当于在浩如烟海的古籍中提供一艘能准确定位的快艇,能节省人力以及提高文献利用的准确性。"②因而,除了结合电视平台,"中华书局"还应顺应潮流,积极结合数字化平台。"中华书局"从 2002 年开始设立专门的古籍资源开发部,为其在图书出版行业的数字化革命做了充分的准备。在计算机网络时代冲击下,"中华书局"又积极利用新媒介,把其作为营销新平台,开发新概念网络书店,建立网络销售新渠道。比如 2011 年香港书展"国际出版论坛"上提出的"未来书店"的概念,这样的书店离不开实体图书的特性,有其个性化服务。比如其"虚拟店长"会运用人工智能,对熟客的阅读品味了如指掌,为读者提供贴心的图书推介服务。再建设品牌文化相关的网站社区,如运营国内典型的 SNS 社会性网络服务,全称 Social Networking Services 学习社区,通过学习社区主站,学习论坛,即时通讯互动,鼓励学科编辑开通官方博客、官方微博等方式来进一步凝聚读者群,打造自己的新媒体受众矩阵,因为在传统的出版中,学习类受众比较笼统,通过简单的纸质载体很难对细分受众进行集中管理。③ 所以这样的数字化既可以很好地解决这一问题,培养更多的读者群,还可

219

---

① 孙庆国.互联网时代传统书业的坚守与创新[J].出版广角,2011(02):10-13.

② 京玮.论传统文化出版心得——与中华书局总编辑李岩一席谈[J].出版广角,2007(04):22-23.

③ 余庆,彭文波.传统出版社运营 SNS 学习社区的思考[J].科技与出版,2013(06):11-13.

以通过此平台宣传和营销新产品。因此,在社会快速发展、生活方式多样化的今天,只有创新的多元化营销方式才能使传统出版社立于不败之地。

"中华书局"网页设计:红色块面与品牌色调一致,宋体字的感觉与标志相匹配,带有纹理的底色与红色块面的搭配烘托出传统的韵味,二级页面上稍带点缀的水墨,不仅与首页呼应,整体协调统一也使画面更具生动性。网页设计框架简洁明了,操作简单。网站设计体现最新的研究成果,出版社理念与书店理念相结合,展示实体书店特色(图7-49)。

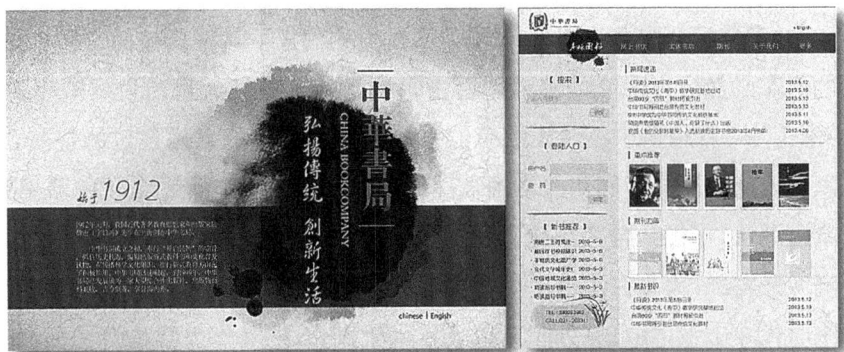

图7-49 "中华书局"网页设计/翟天然、董甜甜
(图片来源:学生设计作品)

第三,注重细节,发挥空间优势。

书店总是有一些比较固定的消费者,即所谓的"老顾客"。这些"老顾客"多半是由于习惯和喜欢某一间书店的室内环境和氛围而经常光顾。比如,喜欢那里灯光的明暗、桌椅的舒适度,或经常播放的背景音乐,等等。这些环境和氛围曾给消费者留下美好印象,并促使消费者不断回来重温在这里的"体验"。经营书店其实是在经营着店堂内的空间陈设,成功的书店氛围能将读者吸引到一个充满文化气息、充分享受阅读乐趣的空间。因而,"中华书局"的主题氛围的营造成为本次实践探索的重点。在设计理念的提出阶段就需要针对设计的主题进行调研和讨论,形成一个明确的主题概念,然后着手设计"中华书局"的室内空间和展示陈列。在设计的构思阶段,我们在是沿袭传统风貌和韵味还是创新大胆地重新塑造新面貌之间产生了犹豫，所以就"中华书局"实体书店风格的确定做了调研，咨询了不同年龄层、不同职业的人，得出的结论是："中华书局"是一个以出版和销售古籍为盛名的"老字号"书局，它的特色就是"旧"，是"古味"，所以在内心上还是比较接受较为古典和传统的室内设计风格的。

在风格的确定上，我们遵循了顾客的意愿，但是力求在传统的基础上进行创新，采用现代的空间格局、创新的材料等营造出简约中式的风格（图 7-50）。书架展示设计直接关系到书店的整体氛围、空间的运用和文字信息的传达效果。可以根据消费者的购买心理、行为习惯、视觉感受等方面进行综合设计。书架展示设计可以合理、巧妙地运用空间，让整个书店在陈列上既有整齐感又不呆板，这样不仅能增加书籍陈列量，还要让消费者在观看、拿取上能产生舒适和方便的效果，进而激发其购买欲望。书店重点推出的书籍，一般都在陈设区最前端或最接近门口处，设计的比较醒目但是又不能遮挡整体的视线。"在考虑书店布局时要首先想到如何能够把出版社投入巨大精力设计封面和内容的新书更好地呈现出来。"[①]木质书架上陈列着各色图书，其封面在书架上熠熠生辉，显示出图书在书店的显要位置。同时，书店的主要色调创造应给人视觉体验感，推开书店大门，消费者会有一种典雅的且五彩缤纷的感觉。合理运用色彩和照明，即各个立面色彩、书架色彩和灯光构成，可以为"中华书局"营造独有的店面氛围和个性特点，吸引人们驻足。"沿墙的书架采用洗墙灯（wall washer lighting），这是一种硅照明装置。这个装置有着像蠕虫样的形状，既能提供环境光照明，又同时能提供直接照明，环境光不会形成阴影，可以形成所需要的投影。这个装置也可以被稍稍弯曲产生轻微摆动的气氛。"[②]书椅设计也是体现"中华书局"人文关怀和空间设计舒适度的重要体现，是书店提供消费者休息和阅读空间不可缺少的部分。在具体设计中，我们选用简约中式的座椅置于休闲区域，而不是传统的红木座椅。一是因为可以节约书店装修的成本，二是因为相对来说简约中式的座椅更为舒适、更容易打理。在整个空间中还要注重细节

---

① 万如意.书店设计，体验是关键[J].浙江财经学院学报，2010.
② 佚名.现代美术馆书店的照明设计[J].室内设计与装修，2005(02).

处理,如将"中华书局"新标志随处安放,营造一种人文情调,展现整个品牌文化。另外,由于南京夏天的日照强烈,所以在临街的窗户外可以适当做一些遮光处理,这样射入室内的光线就稍显柔和些,光影的变化也显趣味性。还可播放些曲调舒缓的轻音乐,包括国外名曲、中国民族音乐等,让消费者置身于这样的环境中,减压、放松、安逸,乐不思蜀。

图 7-50 "中华书局"室内陈设设计/翟天然、董甜甜
(图片来源:学生设计作品)

"当前背景下,书店不能仅仅是一个销售图书的店铺。图书销售是文化传播的一个重要环节,而不单单只是普通的商品交易。未来的书店,更多体现的是平台型的功能,它应该是城市文化生活的聚集地,它可以兼容餐吧、咖啡馆、精品店等众多商业形态。它可以成为一个俱乐部式的服务场所,志趣相投的人以书会友,在这里有了精致生活的外延,跨行业跨领域的人,在这里有了共通的发声平台。"[①]"中华书局"要想从传统书店中脱颖而出,必须要在书店空间载体中赋予更多的新内容,并加深书店空间的功能,把书店打造为新文化的休闲场所。比如,可以专门划分出青少年阅读区,引导青少年认识"中华书局"这一品牌,并从传统古籍图书中找到阅读的兴趣,为青少年提供了良好的读书、购书环境和了解接触古籍图书的平台。还可以在店内单独划分出茗茶雅座区,让选书、读书的过程变得缓慢而享受。"当书店里不只是书,还包括人文、创意、艺

① 万媛媛. 做最美的书店:访雨枫书馆企划总监孙婷婷[J]. 出版参考,2011(18).

术、生活的精神时，它就不再只是买书付钱就走的地方。"①这便是一个特色书店的迷人之处：用满载着丰富的设计特质的书店空间播撒阅读文化，用书香攻占人心。

在市场经济快速发展的今天，在多媒体共生共存的环境下，"中华书局"作为中华"老字号"的代表，面临着这样传统的文化格局被打破的挑战，必须极具创新精神和创新意识，以弘扬中华优秀传统文化为基本立足点，充分利用自身优势，展示品牌特点。在数字化媒体的浪潮中顺势而为，把竞争转化为机遇，利用新的平台和新的渠道为"中华书局"的品牌价值延伸创造更有利的条件。只有这样，才能提升传统"老字号"书店在消费者心中的价值感召力、亲和性和可信度，才能在市场中立于不败之地，也才能在中国的优秀的传统文化弘扬中发挥更大的作用。

（2）情有独"粽"——"诸老大"品牌形象设计

浙江湖州"诸老大"粽子历史悠久（创建于 1887 年），经过一百多年的发展，其本身文化底蕴深厚，在湖州及周边城市具有深厚的影响力。1986 年国家投资百万元建立当时很先进的粽子生产线。2003 年国企改制，私有资本再次投入。"诸老大"的生产工艺一直都保持同行先进，加之特殊的制作工艺跟传统配方，"诸老大"在产品的口感上具有独特的优势。但是，这个在湖州享有相当知名度的"诸老大"为什么出了湖州就没什么知名度了？据了解，一方面，现在粽子市场以"五芳斋"为龙头，还有"稻香村""好利来"等大品牌，市场竞争大。另一方面，现今的"诸老大"粽子面临一系列问题，如自身宣传力度小、推广渠道狭窄、品牌形象衰弱、品牌知名度下降等。首先是宣传方面，无论是宣传力度还是宣传手段，"诸老大"都做得不够。公司的宣传屈指可数，唯一有影响力的是 2010 年 6 月份受虹口区商务委邀请参加的一次"欢庆世博浓情端午——2010 年四川北路端午节商业文化活动暨世博会商业卡推广"主题活动，做了个现场包粽子表演。再有，产品的推广销售方面。"诸老大"粽子的销售渠道局限于乐购、大润发等几家商超，仅有少数零碎的批发店铺跟超市；网上销售的地方也很少，客

223

---

① 陈瑞宪，周洋.阅读延伸的创意[J].室内设计与装修，2006(06).

服都是离线的。(图 7-51)"诸老大"的直营店跟加盟店,店很少,本来应是少而精,但"诸老大"却又少又简陋,店铺年龄普遍在十年以上,店内杂物多,早餐跟商品销售结合在了一起。销售渠道狭窄,致使"诸老大"品牌形象衰弱。还有,"诸老大"产品定位不明确。在对消费者问卷的调查中发现,消费者对"诸老大"的认知仅仅停留在一个老品牌的基础上,拿出去送礼,档次不够,自己买来吃,价钱又偏高。模糊的定位导致了消费者对"诸老大"的认知不深,购买偏好很难形成。目标市场不清晰,导致了产品的营销策略不够精确有效,既没效果,又浪费资源。循环往复,企业管理者不再愿意做宣传投入,继而"诸老大"品牌的知名度便难以提升。

消费者最常购买粽子的场所

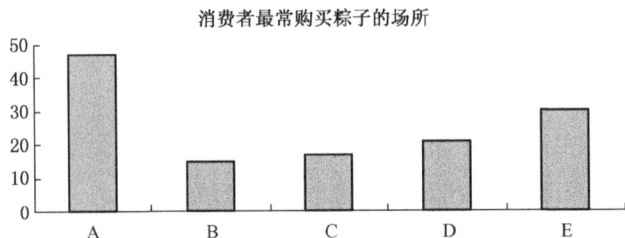

图 7-51 "诸老大"消费者购买地数据
图注:A:超市 B:小卖部 C:车站 D:批发部 E:网购
(图片来源:作者自制)

曾经,"诸老大"的品牌形象是高端的,俗称名牌。那个时候,消费者以能吃到一个"诸老大"粽子为荣。湖州城里人人知道"诸老大"的名气大,当时,"诸老大"的"老字号"品牌以及较高的价格定位给消费者提供了物质享受以外的精神享受,充分满足了消费者追求高品质生活的心态。但是,现在"诸老大"还是当年的"诸老大",价格也算是较高,但为什么消费者就是不买账呢? 因为消费者的购物观、价值观在变,而"诸老大"没有领先甚至跟上消费者的步伐。消费者要求物超所值,而"诸老大"粽子价格偏高;消费者要求送礼够档次,而"诸老大"粽子偏偏外形包装上不够档次。"诸老大"产品的价值与消费者认知的价值产生了严重偏差,从而导致了产品销路不畅,市场份额减小,知名度减退等情况。就品牌文化而言,"诸老大"这么一个 130 年的品牌,并没有显得悠远而厚重,反而给人一种年迈的感觉。十年前沿用至今的外包装,简易粗糙的封口技术，无一不使人感到"诸老大"品牌日渐衰老。因此，"诸老大"急需进行品牌的重新定位，提升品牌形象，夺回消整者心中的良好形象。"诸老大"现有标志以文字与玉琮造型相结合，颜色以粽叶的绿色为主，道是显得传统韵味浓郁（图7-52），但是图形传达信息不明确，消费者无法分辨标志图形到底表达什么，这种传统的标志设计以静态为主，以固定的图形和标准化的色彩作为视觉传达的要素，缺乏个性，也没有突出企业文化，可见重塑"诸老大"品牌视觉形象迫在眉睫。随着数字化发展，电脑技术在设计上的广泛应用，品牌视觉形象由以往形态上的平面化、静态化开始逐渐向动态化、综合化方向转变。

图 7-52 "诸老大"现有标志

（图片来源：https://baike.so.com/doc/2914294-3075379.html）

第一，标志动静共存，扩充视觉表现张力。

品牌定位是指企业在市场调研和同类产品调研的基础上，对其品牌在文化取向、价格位置及个性差异上的综合性决策，确定一个恰当的市场目标，为建立品牌形象作出的决定。品牌形象的建立离不开产品定位，产品定位离不开对消费人群的深入调查与研究。对于目标市场、销售渠道、消费人群，"诸老大"粽子应该要有准确的定位。就销售市场而言，不能仅限于湖州市周边，需要更加开放地向外扩展，尤其是北京、上海这样的大城市。销售渠道应以企业、集团、公司团购为主，自营门店为辅，仍需入驻商场超市。但须对"诸老大"品牌重新定位（图7-53）：在粽子文化方面，"五芳斋"已经做得够彻底了，对整个粽子的历史进行了考据，建立了粽子历史图谱和历史博物馆，而"诸老大"则可以在青年群体上下功夫，将粽子文化年轻化、时尚化。由于粽子本身的特殊性，它的销售季节性很大，解决粽子销售的季节性问题需"诸老大"在产品方面的创新，引入一种新的粽子产品，消除季节性因素。抓住核心竞争力——"变"与"新"，穷则变，变则通，紧跟时代步伐，顺应时代发展，不断推陈出新，不断创新进取。于是，针对年轻群体可以推出全新的系列——情有独"粽"。将消费人群的年龄基本定位在10～40岁之间，因为这类人群品牌意识强，对产品及包装形象都有较高的要求，品质好、形象高端的产品才是其首选。另外，应格外重视青少年

225

市场区隔定位图

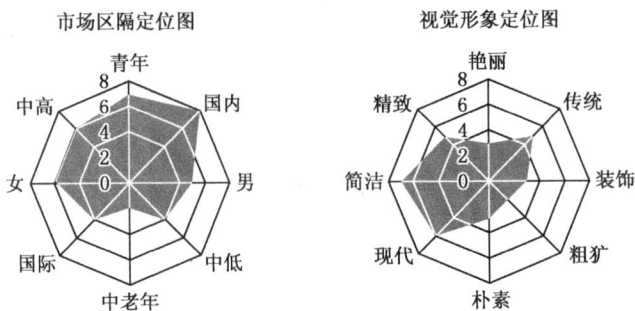

视觉形象定位图

图 7-53 "诸老大"品牌定位
(图片来源:作者自制)

这个群体,这个定位也有益于加深人们对传统的认识,更加有助于对"老字号"的传承。优秀传统的继承者要从娃娃抓起,让文化烙印植根于心底,而不是后天被动地接受。因此,打造独具特色的品牌标志是"诸老大"粽子进入市场的首要问题。

标志设计须动静共存。品牌的标志归根到底是为品牌服务的,标志要让人们感知到这个品牌是干什么的,它能带来什么效益。优秀的标志能准确表达品牌特征,能给人以正确的联想。判断一个品牌标志的好坏,看它在符合时代发展的前提下,有没有很好地表达企业理念和品牌的核心价值。由于视觉符号、传播媒介和现代科技始终呈现叠加性状态发展,就像旧媒介并不会因新媒介的出现而立刻消亡,而是呈现一种共存的状态。由于传播技术的发展,以往各种媒介截然分开、各自为政的情况在今天已经发生很大改观,而是更符合共进共演、相互融合的趋势,因此,动态和静态标志将会出现共存的局面。我们结合当下设计趋势,重新设计标志,以"诸老大"最大的特色——四方枕形粽为基本图形设计,按照传统包粽子的步骤手法来设计图形的移动轨迹,最终形成三角粽的形态,表达"万变不离其粽"的主题,表达无论如何变迁、技术如何发展、粽子种类如何繁多,"诸老大"会始终如一,用最传统的方式给消费者最熟悉安心的味道(图 7-54)。我们选择变化过程中四方枕形粽与三角粽共存的图形作为静态标志设计,运用于各个需要的场合。整个标志以绿色线条为主,线构成面,给人延伸感和现代感,绿色代表粽叶与环保,更符合年轻人简洁明了的审美。通

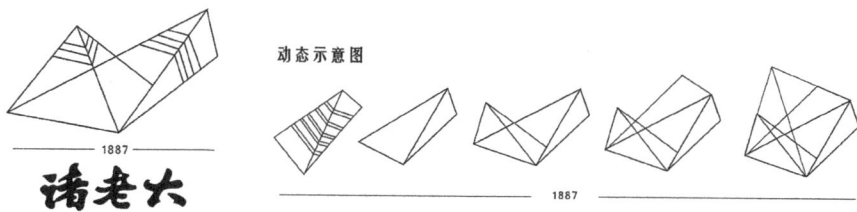

动态示意图

图 7-54　动态标志创新设计/王飞飞、孙梦
（图片来源：学生设计作品）

过多媒体技术、动态化设计可以使消费者通过互动获得信息，通过点击、触摸等行为让原本静止的标志变化反应。在信息爆炸的年代，人们每天接受到大量繁杂的信息，过于单一的设计风格不够具有兼容性，普通的标志静止不动、不易被识别，缺乏生命力，难以起到广泛、快捷的传播作用。相比较而言，动态标志更有趣味性，更能引人注目，并具有兼容性，扩充视觉表现张力，让消费者对品牌产生无限遐想。同时带给企业品牌发展强大的延展优势，在以后的品牌形象推广中也会起到事半功倍的效果。色彩是消费者购买过程中情趣的焦点，是包装形象中最先传递信息的载体。好的品牌在市场传播与竞争中会对品牌、产品形象的色彩深思熟虑，并对其作出准确的定位。品牌色彩代表着一个品牌或产品的形象，是有别于其他品牌或产品的明显特征，在市场传播中给人以强烈的传播印象。如"法拉利"的红、"惠普"的蓝、"苹果"的银色和金色都是这些品牌经典而准确的色彩，它是围绕市场定位、消费者心理以及品牌定位而构建的。品牌或产品形象的色彩需严格遵循品牌形象的统一性原理，有了统一才能有标准，即使针对不同的产品构建不同的色彩形象，也应在品牌形象统一的前提下寻求创新与变化。在"诸老大"粽子品牌形象设计的过程中，我们利用色彩的作用诠释其品牌设计的统一性，并在统一中寻求变化。"诸老大"一直以绿色为品牌主色，考虑到主流消费人群偏年轻化，"诸老大"品牌需要在色彩上进行优化，"情有独粽"定位为年轻化产品，因而选用品牌辅助色系中的浅绿色为包装形象的主色，给人以清新、活力、时尚之感。

227

第二,图形符号完美结合,突出产品特征。

评判企业形象的品牌化表现,不是视觉符号、文字、辅助图形、元素、色彩的简单组合与堆砌,而应是图形符号以及各元素能否与品牌定位相符,通过视觉创意准确传递出品牌气质、产品特性,为品牌传播提升市场竞争力。"情有独粽"系列包装形象努力做到这一点,活泼的粽子图案、简洁的构图、清新的色彩,营造出独特的品牌内涵与产品特征,从而令消费者产生强烈的购买欲。在"诸老大"粽子的包装形象设计中,从品牌的高度出发,使得图形符号以及各元素之间主次分明、相得益彰。为了满足消费者的审美心理与需求,在各视觉元素的设计与处理上融合了更多现代元素。首先,在主视觉符号中,"诸老大"字体与其他图形的视觉比例遵循黄金分割原理,使画面视觉效果极佳。其次,文字作为包装形象的元素之一,承载着传播主题、产品概念、产品信息的作用,因而文字在画面中的视觉呈现显得尤为重要。考虑到系列包装的统一性,将主题字体进行了优化,布局上讲求错落有致的结构与章法,使整体画面张弛有度。

"诸老大"辅助图形的设计以标志图形为主,仍然采用特色枕形粽和绿色为主要的图形和色彩(图7-55)。"情有独粽"字体设计也采用不规则四边形几何体,俏皮活泼的设计更受年轻人的喜爱。"情有独粽"系列运用手绘元素进行设计,更加注重流行元素,以粽子的各种造型作为视觉主符号,用创新的手法将粽子的外形巧妙地结合于手绘效果之中,包装犹如小点心,使图案生动而富有品牌专属性。基于消费者购买层面,粽子的系列包装有其明确的视觉形象区分,使消费者购买时可以清晰地进行选择。基于不同推广主题,在形象创作上每款包装突出各自的特点。当今的消费不只是产品的单一消费,品牌文化、精神、情感已成为消费者更大的享受与追求,这就是品牌形象带给人们的更大价值。辅助图形作为包装设计要素之一,承担着视觉衬托与品牌传播的角色,辅助图形中以粽子图形为单一元素,重复排列与组合构建出疏密结合、既传统又现代的视觉效果,同时作为底纹衬托丰富了整体画面,使各元素之间相互呼应、层次分明,使得包装遵循了品牌统一性原理。独特的品牌主视觉符号、准确而清晰的色彩、灵动而富有创意的视觉画面使人能够产生强烈的共鸣,从而收到更好的

图 7-55　"诸老大"辅助图形设计/王飞飞、孙梦
（图片来源：学生设计作品）

品牌传播与产品销售效果。

　　许多商家认为有了包装便是品牌化，我们认为这只是满足消费者单一的物质需求而已，无品牌价值可言。而产品形象的品牌化问题非常深奥，包含着品牌定位、市场定位、产品定位、消费者定位、市场营销、形象策略、形象创意等一系列复杂的问题。产品形象品牌化设计必须对以上问题进行周密而透彻的分析研究，始终围绕品牌的发展高度，以市场为根本，以品牌价值为核心，才能准确建立品牌元素之间完美结合，从而建立品牌或产品独特的品牌形象。"诸老大"就是这样通过前期调研，分析出销售超不过其他品牌的根本原因，再从企业内部管理和品牌设计上找出企业核心问题存在的因素，根据消费者和市场需求重新整合定位"诸老大"品牌，与多媒体技术相结合设计动态标志，打出"万变不离其粽"的企业文化精神，并推出年轻人喜爱的、无季节性的"情有独粽"系列，设计活泼、俏皮的包装，拓宽年轻人市场，重新树立人们对品牌的认识。

　　第三，包装形式多样化，迎合不同需求。

　　作为"老字号"品牌的"诸老大"经历百年发展，其品牌形象已经深入人心，形成了由形象到品牌本身的联想。因此，其新的形象应"去粗取精"，在原有视觉形象的基础上进行整合创新，设计出符合现代人的品牌形象。包装形象品牌化设计不仅是简单的标志和视觉符号设计，更主要表现为一种复杂的综合象征,它是品牌属性、名称、包装、价格、历史、声誉、传播方式的总和,是品牌主体无形资产的精华。在品牌形象的再设计中,包装形象不仅可以增强消费者对品牌的识别度,好的包装形象更可以使消费者建立对品牌的信任度与忠诚度。"诸老大"应跟随时代潮流,切勿墨守成规,及时更新自己,建立自己的品牌文化,以消费者为出发点,发挥自己深厚文化底蕴的优势,增强竞争力,重新焕发新活力。

目前市场上的粽子品牌众多,"诸老大"的发展受到很大冲击,竞争对手增多,江浙沪以外的地区知名度尤为低,缺乏专业的团队。在包装上,大多数"诸老大"粽子包装形象以突出传统文化、节日氛围、产品本身为主,此类产品大多还是停留在消费者的物质需求层面,而突出品牌概念、品牌文化,并通过消费产品达到精神需求的包装形象少之又少。一般来说,立足于产品本身的包装形象视觉紊乱,消费者辨识度低;而立足于品牌的包装形象视觉统一,消费者记忆度高。如"五芳斋"的包装形象始终围绕品牌中的"五芳斋"三个汉字进行处理与变化,形成了统一的品牌形象。要使"诸老大"粽子在行业中脱颖而出,就不能仅仅简单地为产品而设计包装形象,更需从品牌的高度出发,遵循品牌一致性原理与构建法则,锁定市场定位、消费人群定位、产品定位等几方面进行品牌形象设计。成功的产品包装形式可以改变消费者对产品或服务的价值、文化内涵或品牌定位的感知。即使产品不变,而更改包装也能产生差异,促进产品获得更多的消费者,并扩大销售范围,最大限度地开发市场。因此对"诸老大"包装进行重新设计,有助于"诸老大"本身产品的多样化与差异化。我们设计三种新包装,一种是简易包装,采用塑料包装,粽子个数少,提供给自用型客户,价格定位较低,有助于促进自用型客户的消费;第二种是小纸盒精装版,用于企业体验营销时使用。精致的小包装,既体现产品本身的优质与浓厚的文化韵味,又能做到低成本促销的目的;第三种是礼盒包装,内装可用第二种包装的产品(图7-56)。同时,这三种包装还应有各个口味不同的款式,这样产品的类别和适用群体就增加了很多。"诸老大"作为粽子行业始祖品牌,若想在市场上占有一席之地,必须整合现有的品牌资源与渠道优势,再度细分市场,开发粽子产品新品类,寻求品牌化发展方向。前面已经提到,由于粽子本身的特殊性，它的销售季节性很大，"诸老大"粽子进行定位的同时，也要解决粽子销售的季节性问题，这就需要"诸老大"在产品方面的创新，应积极开发有助于消除季节性的新产品。

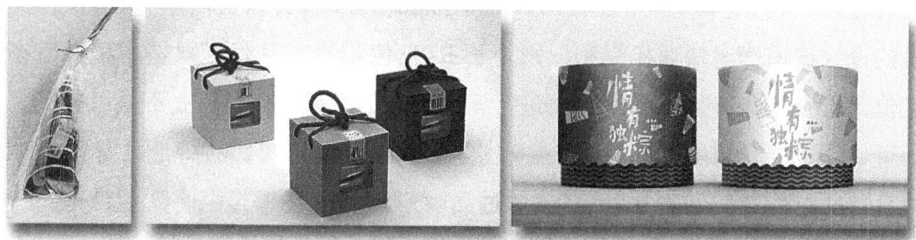

图7-56　"诸老大"创新包装设计/王飞飞、孙梦
（图片来源：学生设计作品）

"诸老大"品牌形象设计的创新模式，是在原有的品牌文化、产品元素中寻找灵感进行有效的整合设计，是"诸老大"实现品牌提升的第一步，也是关键的一步。有管理的品牌才能做大，有文化的品牌才能做强。在当今的市场竞争中如何帮助企业打造品牌化的品牌形象、产品包装形象，如何传承品牌文化与精神，如何扩大品牌的知名度与美誉度，使其具备强大的市场传播力与竞争力，将是我们需要深入思索与研究的课题。

品牌形象设计具有整合作用。对品牌形象的设计是统一的设计，不仅对外在识别形象进行设计，而且是对品牌内涵进行统一整合，贯穿于品牌文化、企业理念、产品形象、品牌定位等一系列内在因素之中，将形式与理念结合，形成一种与消费者进行情感交流的通道，进而创造出融入文化理念、情感价值的品牌附加值，增加品牌的价值和整体竞争力，对品牌的这种整合作用也是企业得以长足发展和延伸的前提。

231

二、不同创新模式打造不同品牌风格

（一）突出品牌核心价值、体现品牌个性

品牌核心价值是品牌的精髓，是品牌在市场竞争中的法宝，有了品牌核心价值才能明确其品牌优势，它是有别于其他品牌的最大特点，以及有别于其他

品牌产品的最大卖点。产品质量是品牌发展的根本,产品卖点及其优势则是市场销售的突破口,是品牌成长的关键。"经典"不是天生使然,它意味着"事物具有典型性而影响较大。"①只有个性鲜明的品牌形象才能完成经典的塑造,它通常具备以下特征:第一,个性突出。品牌形象个性明确、识别简单有效,精准突出的设计被消费者快速接受和识别。第二,价值积累。品牌形象是品牌价值在定位、设计表现、传播方式等方面进行深度策划的成果,它的建立不是一朝一夕即可,而是需要长期积累才会产生效应。第三,联想感知。品牌形象是消费者对品牌的总体感知和看法,消费者透过品牌形象能够联想起由此品牌带来的心理归属感和满足感。

"老字号"品牌个性是品牌形象中最能体现品牌差异、最具影响力的部分,是消费者认知品牌的重要砝码。它不应轻易改变,而是随环境、时间变化而不断充实与巩固,体现出品牌和消费者之间如良师益友般的关系。无论是"耐克"的"在哪里,为哪里(Local for Local)"还是"阿迪达斯"的"没有不可能(Impossible is nothing)",都让消费者产生依附和信任感。当老品牌被赋予某种特殊的文化个性时,它不但能拉近目标受众的距离,更能从文化认同中产生注意和好感。因此,经典元素的加入使产品变得更有情趣、更令人难忘,从而激发人们去主动关注和了解这些老品牌。根据表现方式的区别,我们将品牌形象元素分为外显式的个性表达元素和隐喻式的个性表达元素。

1. 外显式的个性表达元素

外显式元素通常包括品牌标志、品牌专用图形和品牌象征图形三种。品牌标志是品牌形象应用中最为广泛的一种视觉表达元素,在国外老品牌奢侈品的个性表达中相当常见,从 1854 年创立的"LV 品牌(路易威登)"②到 1900 年创始于德国慕尼黑的"MCM"③品牌的包具用品,都使用自己的标识图案组合排列成图形,渗透夸大、突出强调它们的品牌标志性(图 7-57)。

---

① 商务印书馆出版的现代汉语词典. 第 7 版,P685,"经典"注释④。

② 路易威登/LOUIS VUITTON 中国官方网站:http://www.louisvuitton.cn/zhs-cn/homepage,2015-4-27.

③ Official MCM Online Store:http://www.mcmworldwide.com/en/home,2015-4-27.

图 7-57　"LV"2015 年夏季系列、MCM 双肩包
(图片来源：https://huaban.com/pins/1730179249/ &·https://cn.
mcmworldwide.com/)

品牌专用图形在视觉形象识别系统中被称为辅助图形，作为品牌形象识别的重要部分，它的最初目的是为了避免标识应用上的单调性，在长期反复使用中，逐渐转变成了蕴含品牌文化内涵的象征性元素。如"巴宝莉"（Burberry）1924年注册的品牌专用图形——格子图案（图 7-58）。该图形由红、白、黑、浅棕四色组成三粗一细的交叉格子，带有浓郁的苏格兰风情，其设计简洁大方，不妩媚、不张扬，自然散发出成熟理性的韵味，

**图 7-58　"巴宝莉"
格子图案**
(图片来源：https://cn.burberry.
com/)

体现出该品牌的悠久与高贵，也象征了英国的民族特色和文化意蕴。可以说"巴宝莉"做到了怀旧与创新的兼具，能经历近百年而盛名不衰，当是经典之作。品牌象征图形是品牌围绕自身的核心价值理念所归纳提炼的一些代表该品牌的精神诉求的形象，例如"金霸王"电池用"卡通兔"体现"高效迅捷"的寓意；"美林证券"用"公牛"雕像代表"牛市好运"。这些外显的、具有象征意义的个性元素，使品牌形象更容易被消费者辨识和接受，是品牌形象保持新鲜活力的关键。

2. 隐喻式的个性表达元素

隐喻式元素属于一种隐形消费符号，在形象设计中，尤其是品牌广告中通常担任配角，起到进一步补充说明和渲染品牌形象气氛的作用。比如体现富贵、华丽和古典的符号，将其置入形象设计中能彰显该品牌的独特品位和个性。个性突出的隐喻式元素有以下五大类：①皇家宫廷类，如宫殿、宝座、皇冠、宫灯

233

饰品等,代表着贵族化、气质化和品味化。②休闲场景类,如马术、高尔夫、网球、游艇等,代表社会精英和成功人士所特有的悠闲风格。③文化名胜类,如中国长城、法国卢浮宫、美国自由女神像、英国爱丁堡等,其历史文化价值、市场影响力和美誉度等方面都具备较强影响力和代表性。④艺术资源类,如名人画作、博物馆、画廊、艺术中心等,在追求诗意化的表现过程中,展示其独特的艺术魅力。⑤生活爱情类,如婚礼、宴席、乐园、家庭等,营造强烈的视觉快感、体现浪漫的直观形象元素,其代表的是一种生活方式和人生态度。例如,韩国护肤品"whoo"(音译"后")作为韩国 LG 旗下顶级宫廷护肤名品,其品牌形象打造皇室(皇后)御用的高端护肤产品形象,虽然创立不过十几载,但其华贵与高雅的复古形象已深入人心。产品造型拥有奢华又时尚的金色镂空宫廷雕花与古典纹饰,非常的高贵华丽,兼顾美丽又便利的设计让人爱不释手。产品设计以曲线设计强调女性美,同时融入蕴含东方美学并具有净化肌肤作用的莲花元素,为"后"品牌格外增添一层神秘感和高贵感(图 7-59)。

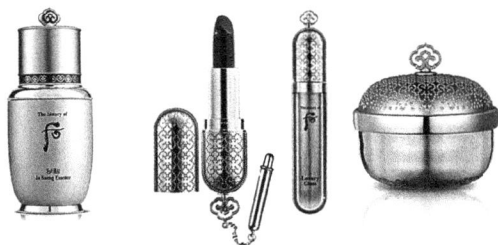

图 7-59　whoo 后系列产品
(图片来源:http://www.5h.com/ku/68693.html)

　　品牌视觉形象设计风格的选择前提是企业的明确品牌定位。前面提到同为"老字号"品牌的"同仁堂""双妹""百雀羚"在视觉形象再设计中采用了截然不同的设计风格,其根本就是不同的品牌定位。准确的品牌定位决定企业未来发展方向,作为具有优秀企业历史和文化的"老字号"品牌,其在新的发展阶段的品牌定位准确与否决定其是否能发挥其先天的优势。而企业品牌定位和其原有产品战略是分不开的,正如"双妹"的时尚国际定位是其创立之初就定位高端化妆品市场,走的是高端时尚路线。也正因为有准确的品牌定位,"老字号"

品牌视觉形象再设计才可以根据其定位选择不同设计风格。如今,国内许多"老字号"品牌已经意识到品牌的转型和与时代相适应的品牌视觉形象的转变刻不容缓,他们共同的特点是具有悠久的企业历史,都是在激烈的商海中屹立不倒支撑到现在的老企业,但在他们的品牌新视觉形象设计中需要采用有针对性的表达元素,来体现品牌设计风格,这也是在"老字号"品牌视觉形象再设计时值得我们去关注和思考的。

(二)合理定位创造不同品牌风格

1. 秉承传统路线——"同仁堂"

"同仁堂"是家喻户晓的"老字号"中药店,是乐显扬创建于中国清朝康熙八年(1669年)的一家药店,其服务宗旨是"修合无人见,存心有天知"。历经数代、载誉300余年的北京"同仁堂",如今已发展成为跨国经营的大型国有企业——同仁堂集团公司。其产品以其传统、严谨的制药工艺和显著的疗效享誉海内外。"1991年晋升为国家一级企业,2006年'同仁堂'中医药文化进入国家非物质文化遗产名录,'同仁堂'集团被国家工业经济联合会和名牌战略推进委员会,推荐为最具冲击世界名牌的16家企业之一。"[1]

尽管是几百年的老店,"同仁堂"也不忘自身的提高和发展,现在已经发展成具有较强实力和规模的企业。作为老品牌,"同仁堂"早前采用的是中国传统字号皆采用的匾额。匾额虽是中国传统字号采用最多的识别形式,但是众多的老品牌都在使用匾额,这样就造成品牌形象的识别度不高。另外,好多匾额上的中文名书写并不规范,有的从右往左书写,有的又从左往右书写,这样就导致品牌视觉形象识别的混乱,对品牌认知产生负面影响。王受之先生曾说过:"这些早期的活动,基本是分散的、没有系统的、也没有完整的、科学的设计规律和原则。"[2]为适应时代需求,"同仁堂"在原有品牌的基础上进行了新的形象设计。"同仁堂"的公司标志设计思路是,用简练笔法绘制出含意深刻的图形:"同仁堂"三个字仍采用启功先生手书的牌匾字体,字两旁是艺术化的"双龙"形象,栩

235

① 北京同仁堂官网:http://www.tongrentang.com/,2016-2-8.
② 王受之.世界平面设计史[M].北京:中国青年出版社,2002:244.

栩如生的龙是中华民族至高无上的象征,龙体为草叶形,似龙似草,亦龙亦草,双龙头之间的珠子寓意"同仁堂"救死扶伤的高超医术,寓示同仁堂制作的中药如同珍珠般宝贵,整个标志寓意源远流长的中国医药文化和"国之瑰宝"般"同仁堂"的悠久历史。"同仁堂"的产品包装也在新标志的基础上进行了一些改进。正是出于对传统医药文化的继承和发扬,更是为体现中国传统中医的博大精深,所以"同仁堂"品牌形象设计采用了保留优秀传统形象之路,这也更加适合"同仁堂"服务宗旨和企业理念。

2. 时尚国际范——"双妹"

"历经百年跌宕起伏,2010 年世博盛会,上海家化借盛会之契机,重新激活'双妹'这个拥有百年历史的国货品牌,通过进行品牌再设计,欲将其打造成以上海名媛文化为个性的高端时尚跨界品牌。"①正如这段文字讲,在上海世博盛会召开之际,上海家化联合股份有限公司携手国际品牌管理团队、法国产品开发团队和蒋友柏先生设计团队,重新唤醒这个拥有百年历史的国货品牌——"双妹",并将"双妹"打造成以上海名媛文化为个性的中国首个高端时尚跨界品牌。在新的"双妹"视觉形象设计中,设计师从"双妹"的定位出发,以打造国际化品牌为前提,对"双妹"的原有标志进行改进。作为定位为高端时尚跨界品牌的新"双妹"在原有美誉"材美工巧,尽态极妍"的基础上,进一步赋新"东情西韵,尽态极妍"的致美理念。其新标志设计以插画效果的女性头像取代了旧标志中两位女子的完整身影,保留了原有标志中"一双女子"对"双妹"的呼应,更具有装饰性、时尚性和国际性。设计以黑色和玫红色作为新"双妹"的基础色,体现新"双妹"东西交融、高贵个性的品牌形象,诠释出上海女人的神秘和性感,也显露出浓郁的海派风情。

正是由于新团队用前瞻性的眼光,将极具历史价值和文化意义的本土品牌"双妹"重新包装走高端路线,再加上新时期赋予"双妹""高端跨界"品牌形象的准确定位,所以新"双妹"采用了更为符合其品牌气质的国际一线品牌时尚范,成为中国首个独具特色、演绎"东情西韵"的集奢华、经典、摩登、风情于一身的

---

① 百度百科:http://baike.baidu.com/view/2275031.htm,2015-8-1。

品牌形象。这样的转变不仅让人感叹百年品牌的新活力,更使得"双妹"在国际上找到了新位置。

3. 平民简约之路——"百雀羚"

小小的、扁扁的圆盒子,蓝色间黄色,上面绘满五彩缤纷的鸟儿,里面是银白色铝箔覆盖着白色膏体,这是老一辈对始于 1931 年的上海老字号护肤品牌"百雀羚"最深刻的记忆。然而,老的标志识别性低,而且也没有和"百雀羚"推崇的"草本护肤"理念有效地结合。在新时期,"百雀羚"进行了新的定位,以"草本护肤"为主打概念,放下"老字号"品牌的身段,走上了平民化道路,刚开始试水的几十个单品售价在 10~80 元左右,相当亲民。

在企业定位和主打概念的前提下,"百雀羚"进行了新的视觉形象设计,改变以往繁琐的标志,采用更符合公司定位和理念的新标志。"百雀羚"新标志运用了图案与字母、汉字结合的方式,中间以蓝底白字组成品牌的中文名称,底图由 pehchaolin 的艺术字母和两片宛如两只小鸟的绿叶组成。标志以绿、蓝两种颜色为主,绿色象征着健康安全,洋溢着青春的气息,给消费者带来了切实的安全感;蓝色代表希望、代表企业欣欣向荣。新标志完美演绎"中国传奇,东方之美",给人整体感觉充满活力、充满阳光,与该品牌的形象定位非常吻合。"百雀羚"和"双妹"同为化妆品品牌,但它们市场定位不同。"百雀羚"采用了更亲民化、更简约化的设计,竭力为消费者创造天然温和的优质护肤品,让消费者感觉产品既便宜,又不失档次。"百雀羚"在品牌形象再设计中走了平民简约化路线,并取得了良好的市场效果。

三、"老字号"国货品牌形象设计创新模式之路

探讨"老字号"品牌形象设计的创新模式,首先要注意的是"创新"并非"创造"。创新"老字号"的品牌视觉形象应以品牌固有的文化元素为基础,重新赋予品牌新的视觉审美,以实现"新"与"旧"的辩证统一。换言之,创新"老字号"品牌视觉形象,并不是凭空捏造一个虚假的意象,而是有理有据地从品牌本质出发导出灵感。

(一)"念旧"——扬弃固有元素,传承品牌文化

"怀旧"一词最初是由瑞士医生乔纳斯·霍弗(Johannes Hofer)用于描述奔波于异乡的瑞士商人在海外经商时出现的身心不适症状,包含思乡综合症、沮丧、抑郁、疲倦而且毫无食欲,甚至倾向自毁等情绪的疾病状态。不少学者认为怀旧是一种苦乐参半的情绪,代表的是积极的情感和消极的情感。不同研究领域的学者对怀旧情感的定义有诸多不同的提法,其中学者弗莱德·戴维斯(Fred Davis)认为:"所谓怀旧情感是指对过去经历的体验,对过去的渴望或对昨日的向往。"[①]在中国,人们是具有集体时代性记忆的群体。现代社会深陷速度漩涡中,人们丧失了对生命情绪的细腻感受,无法确切地把握生活和自我。精准的数字化时代也使人们丧失了从前随遇而安的心态,传统的样式也被打破,人们的归属感逐渐丢弃和丧失,失落感、疏远感和陌生感在现代性的语境下被日益强化。社会的快速发展失去了一些真诚的、朴实的和真实的东西,人们应积极寻找、把握更多的信任和真挚。在这样的客观条件下,人性怀旧的本能又被加强,所以说现代性的社会催生了现代怀旧,怀旧情感是为了让人们获得某种安全感、认同感,得到心理上的安慰和归属,增强社会的联系以及消除一些负面的、消极的情绪。根据 2014 年趋势研究机构知名咨询调查显示:"问到一个人是否怀旧,有 53.7% 的人表示自己有时怀旧,39% 的人表示经常怀旧,只有 2% 的人表示从来不怀旧,而在'80 后'中,61.2% 的人认为自己开始怀旧,'90 后'中,这一比例则为 28%。"[②]这种由个体到群体的蔓延,使怀旧成为一种风靡社会的现象和极具现代性审美的文化风潮。

"老字号"具有深厚的文化积淀和丰富的历史底蕴,并在一定范围内享有相当高的知名度和美誉度。这些老品牌都蕴含着巨大的无形资产,这种特有的企业核心竞争力,是一般企业无法比拟和抗衡的。但是目前仍有很多"老字号"企业忽略了核心竞争力,没有将无形价值转变为企业发展的核心要素,缺乏对其

---

① FRED DAVIS. Yearning for Yesterday: A Sociology of Nostalgia[C]. New York: Free Press, 1979 (6):38-40.

② 广告门:http://www.adquan.com/post-1-28390.html ,2014-9-13.

深入挖掘和合理运用,这是非常遗憾的。我们的社会正在从一种建立在庞大物质之上的"空间"文化转向一种根本改变了的文化,这种文化突出的是情感互动。根据群邑中国①发布的《山海今 2013》消费者行为报告显示:情感因素对于中国消费者购买决策的影响越来越大。群邑集团亚太区首席执行官兼中国区董事长马克·帕特森(Mark Patterson)指出:"品牌接下来的挑战是赢得消费者,成为消费者心目中有价值的品牌。在这样的背景下,品牌必须重视与消费者的情感联结。"②

今天的消费者期待更多的企业和品牌深切地、个人化地懂得他们,对他们的需求和文化倾向有实实在在的理解。

品牌文化是品牌资产价值的基础。"品牌文化是指品牌在经营中逐步形成的文化积淀,代表了企业和消费者的利益认知、情感归属、文化价值,是品牌与传统文化以及企业个性形象的总和。"③韦华伟在《品牌的右脑:品牌文化制胜之道》中认为:"品牌文化是指通过赋予品牌深刻而丰富的文化内涵,建立鲜明的品牌定位,充分利用各种强有效的内外部传播途径形成消费者对品牌在精神上的高度认同,创造品牌信仰,最终形成强烈的品牌忠诚。"④品牌文化对外体现着企业的良好形象和精神面貌,传达出品牌的文化内涵;同时,对企业内部的各个组成部分也起到了潜移默化的熏陶作用,企业内部的环境、员工和企业家等因素联合起来共同构成了完整的品牌文化形象。品牌文化的内涵需要随着市场及消费观念的改变而不断作出调整和补充,以此形成与时俱进的、最能代表当下企业的精神风貌、最受广大消费者青睐的品牌文化形象。纵然,对品牌文化形象的丰富与创新是一个艰难的过程,然而品牌文化的升级带给企业的利益却是源源不断的。

相比于新兴品牌,"老字号"的文化特征更加鲜明、历史痕迹更加显著、信誉积存更加厚重,这些都成为了"老字号"品牌的核心竞争力。"老字号"品牌卖的

239

---

① 群邑中国:WPP 旗下媒介投资管理集团,是传立、尚扬、竞立、迈势四大媒介代理公司的母公司。
② 广告门:http://www.adquan.com/post-1-26088.html,2014-1-12.
③ 余明阳,戴世富.品牌文化[M].上海:复旦大学出版社,2009:10.
④ 韦华伟.品牌的右脑:品牌文化制胜之道[M].北京:中国经济出版社,2012:64.

除了商品,还有其本身的品牌文化。"老字号"的固有品牌文化体系有两个分支:一是其表层的可视的视觉形象,二是深层的不可见的文化形象。

1. 扬弃表层视觉元素

德国著名美学家、符号学家本泽(Bense)说过:"人类的意识领域正是一个符号的界。"即人是用符号来思维的,符号是思维的主体。老品牌的标志符号主要是指标志图形与辅助图形的设计,在漫长历史演变中,其呈现出极为复杂的、多样的特征。大部分的中国老品牌企业都喜好传统的图案和文字,如吉祥图案、花草图案、书法字体等传统独特的图形符号常被近代企业选用为产品标志的图形,整体风格仍延续中国传统图案及文字的表现形式,具有典型的民族特征。例如,益民织造厂商标"益"字牌以传统中文字体为主体,以中国传统纹样为辅助图形而设计。"五福捧寿"用了中国传统吉祥图案蝙蝠和文字的组合,由五只蝙蝠围着寿字构成,寓意多福多寿。蝙蝠之蝠与福字同音,故以五蝠代表五福,象征着福气与美好(图 7-60)。在"老字号"标志设计中还有部分是兼容中西方符号和元素。在中国近代品牌中出现的西方图形符号种类繁多。例如,海统俭记织造厂采用的"盾形内鸡"牌商标,主体为雄赳赳、气昂昂的公鸡图案,下方为卷草形花纹,外框为盾形图案,是非常典型的中西元素结合的商标形式(图 7-61)。

图 7-60 益民织造厂商标、"五福捧寿"牌图形
(图片来源:作者自摄)

图 7-61 海统俭记织造厂商标
(图片来源:作者自摄)

除以上介绍的两种商标设计的情况以外,传统"老字号"企业还偏好在标志中经常运用简洁概括的几何图形:三角形、菱形、圆形、方形以及星形图案等。

"老字号要想使自己的品牌更具竞争力，就需要定期审视自己的标志，在完成市场调研之后，评估先前的视觉要素，明确当下品牌的定位，思考原标志需要补充和完善的地方，对标志的字体、颜色、图形等制定改良策略，进行展开重新设计的过程。"①设计师们对传统视觉表达模式进行大胆革新，使"老字号"国货品牌的创造更加具有活力性、时代性。作为标志设计的三大要素图形、文字、色彩都是形象设计中不可缺少的、最基本的元素，三者相辅相成，互相配合。不管哪一种品牌形象的设计风格，往往都会追求简单而不单调，丰富却不繁琐，这也是设计师一直梦寐以求的最高境界。对于"老字号"国货品牌而言，要表达出品牌丰富的内涵和形象传达出的视觉力往往是最难把握的。作为"老字号"品牌的固有文化元素——"老字号"牌匾中的文字是其视觉元素的重要组成部分，也是企业识别符号个性化的一个重要组成部分，它在企业视觉识别系统中占有重要的地位。如今很多"老字号"在重塑品牌视觉形象时过分忽略原有的、定型的视觉要素，为了追求现代性而"另起炉灶"，反而失去了原有的、固定的消费者。一个"老字号"品牌的视觉形象"要让消费者一听见品牌名称，就浮现立体且复合的形象。……'传统'与'革新'这两个截然不同的元素并行不悖，才能成为令人向往、意境深邃的品牌"③，因而，品牌再设计对原有的、固定的视觉元素在取舍时需要仔细斟酌、权衡利弊。

"扬弃"即有选择的继承——保留有利于品牌发展的元素，舍弃冗余的、含糊的元素。这在国外老品牌标志的进化过程中也可略见一二。"老字号"经历百年传承，形成了"中国味"十足的视觉形象，在对其进行创新设计时，沿袭其视觉形象的"中国味"是必要的。"老字号"品牌中的那些中国传统元素通常是有形的、有寓意的图形及色彩，我们应结合现代手段对其进行发掘、再造和创新。通过中国传统元素的创新运用提升消费者对"老字号"品牌的认同感和归属感，因此，对"老字号"固有形象中的视觉元素进行合理的解构、扬弃进而重新整合是重塑品牌形象的关键所在。

241

---

① 贾丽.从"崂山可乐"的浮层探究"老品牌"的视觉识别设计[J].中国包装工业,2013(14).

2. 挖掘深层文化内涵

老品牌经过历史岁月的沉淀已形成其独特的个性化形象特征,其品牌价值也蕴含了厚重的文化内涵,成为了企业发展的无形资产。但在当今经济飞速发展下,大多数老品牌企业已不如从前,面临极其严重的窘境,这不仅是我国老品牌企业的经济危机,更是我国的文化危机。"老字号"的深层文化内涵是其固有品牌文化体系中更核心、更隐性的内容。日趋激烈的市场竞争与其说是品牌的竞争,不如说是品牌文化的竞争。品牌的文化内涵包括了品牌的兴衰史、经营理念、独特手艺等等,这些通常能够在其店训、店址、建筑、传说中得以体现。说到底,品牌的文化内涵正是品牌形象所要传达的信息。借用佐藤可士和对设计的比喻,"老字号"的品牌形象就像一座等待修葺的"老房子",我们要做的并不是破坏、拆掉它,"另起楼阁",而是在原有的基础上、合理的范围内"添砖加瓦","替换"和"修整"老化的"元素""结构"改变"装潢"的风格,最终得到一座符合时代需求的、"焕然一新"的"老房子"。因此,"修葺"的过程中,可以在合理的范围内"添砖加瓦",改变"装潢"的风格,但必须遵循其"框架"(文化)本身。品牌文化就是这座房子的骨架,是支撑整座房屋的结构体。"中国传统文化主体上是注重内在的神而轻视外在的形的文化。古人先贤,对于许多事物的理解,都达到了彻底穷源的程度,可以说是把握了根本,从形式中寻找灵感,从风格中激发想象,从装饰上体现特色固然可称为企业、设计者、研究者的重要途径,但形式、风格、装饰从来都不是无根的存在。"①

前面提到品牌视觉形象应更加倾向于识别功能,"老字号"品牌形象的识别功能即在品牌视觉形象与品牌本身、产品及其品牌文化间建立"联系",这个建立"联系"的过程就是设计。只有将不可见的、隐性的文化层面的内容进行可视化、显性的艺术化处理,并巧妙融入品牌视觉形象中去,这种"联系"才能够生成,从而使消费者产生主观联想。这种联想往往是双向的——由品牌视觉形象到品牌文化内涵,以及从品牌文化内涵到其视觉形象。"老字号"国货品牌通常都拥有悠久的历史和丰富的文化积淀,这是岁月给予"老字号"企业的宝贵遗

---

① 胡飞. 中国传统设计思维方式探索[M]. 北京:中国建筑工业出版社,2007:3.

产。事实上,目前许多"老字号"品牌并没有将品牌文化建设重视起来,忽视了对于品牌文化的深入挖掘、整理和创新,更没有运用自己独有的品牌文化营造和宣传品牌,使同类品牌越来越呈现出同质化特征,失去了"老字号"品牌的本来面貌与个性化优势。"老字号"国货品牌影响着一代又一代人的生活,其品牌个性已经深深烙印在人们心中,成为许多消费者心中生生不息的文化情结。因此,加强对于"老字号"国货品牌理念文化的补充与丰富是实现品牌形象创新的重要着眼点。

"一个成功品牌为企业带来的产品溢价力和影响力的价值往往是任何有形资产所不能比拟的。"[1]

例如,"同仁堂"在品牌形象重塑的过程中,十分注重品牌文化价值的挖掘。其品牌文化形象的不断更新,使企业不断产生新的活力,推动了企业向前发展。"同仁堂"三百多年来,始终恪守诚实守信的经营观和以义取利的义利观,形成了"老字号"中药的金字招牌;同时,面对着市场经济的挑战和形势发展的需要,积极调整和扩充品牌文化的内涵。"同仁堂崭新的品牌文化理念将诚实守信概括为:诚实,即货真价实,绝不弄虚作假;诚心,即诚心诚意,不虚不伪,讲求周到服务,不讲份内份外;诚恳,即以恳切的态度倾听顾客意见,不计较顾客身份;信则指信念、信心和信誉。在总结其义利观时,概括为:以义为上,义利共生,其内涵主要是指以义取利,合议取利,不取无义之利。"[2]从某种意义上说,"同仁堂"的历史就是谋求信义、不掺杂使假的历史,金字招牌就是坚持诚信经营、不求暴利的代表,同时企业还积极投身于社会公益活动。"同仁堂"对于品牌文化形象的新诠释,展现了"老字号"国货品牌在新时代背景下对于企业生存与发展的积极探索,优化了原有企业精神,突出了经营理念的深刻内涵。"同仁堂"对内规范了企业员工的行事准则,对外彰显了品牌服务理念和宗旨,赢得了更高、更广的市场美誉度和顾客的信任度。

"品牌文化是社会物质财富和精神财富在品牌中的凝结,是文化特质在品

243

---

① 李光斗.品牌战全球化留给中国的最后机会[M].北京:清华大学出版社,2006:5.
② 栾旭光.同仁堂的品牌重塑[J].企业改革与管理,2007(1).

牌中的沉积,是消费心理和价值取向的高度融合,是指经营中的一切文化现象。"①"老字号"品牌形象设计的创新需找准品牌定位,并善于将品牌文化进行有效传播才是一剂万能良药。但是,不管是"欣欣向荣"抑或是"萎靡衰退"的品牌,都可以通过挖掘深层文化内涵来反观品牌的本质及精髓,进而对品牌本身进行深入的观照与超越,从而赋予其强大的生命力和蓬勃的活力。由此可见,品牌文化是企业文化的核心内容,在提升品牌形象的同时,也为品牌带来了高附加价值。每一个品牌都应该着眼于与同类品牌具有差异性的品牌文化,实现品牌的个性化、差异化;通过品牌文化的传达缩短企业与消费者之间的距离,将无形的文化价值转变成有形的品牌资产价值,进而增强品牌的市场竞争力。

3. 植入品牌情感

"老字号"在数十年甚至百年的经营发展过程中,留下了许多耳熟能详的传奇故事,并成为企业与消费者之间宝贵的情感交流与沟通的桥梁,"运用品牌故事深化消费者品牌意识,以怀旧营销的方式给消费者置入品牌认知和品牌情感。"②如2013年老品牌"百雀羚"的国货复兴潮流,它充分利用消费主体的怀旧特征来引起关注,当"百雀羚"品牌成为传递友谊的"国礼符号"之后,它的官网流量突增、销量翻倍,网友纷纷发微博晒图,掀起了一股老品牌的追忆潮。"百雀羚"还在各个论坛建立了以怀旧为导向的"国货讨论小组",通过各种网络平台,打破地域限制,加强与消费者之间的联系。"百雀羚"成功之处在于,以怀旧情感为导向,巧妙地抓住了建立品牌传统的时机,完美地绽放"东方之美"。随着城市化进程不断推进,"老字号"品牌不再只是简单专注于物质功能的表现,品牌形象建设将倾注更多的人文关怀。老品牌的价值观必须充分体现品牌所追求的目标,在消费者大脑中建立一个丰富的品牌联想,为企业树立良好的社会形象:既要有独创性,也要易识别;既要有可实现性,也要有兼容性。这样才能体现"老字号"品牌形象的特色,使之能够不断地被传承下去。"老字号"的发

---

① 乔春洋. 品牌文化[M]. 广州:中山大学出版社,2005:19.
② 张莹,孙明贵. 中华老字号品牌资产增值:一个创新与怀旧契合的案例分析[J]. 当代经济管理, 2010(4).

展对引领中华传统文化的走向有着不可估量的作用,对于推动地方城市品牌的发展更具代表性。在品牌形象塑造的过程中,明确品牌定位需要以"老字号"的历史文化和社会价值为品牌形象建立做积淀,也需要加强"老字号"的不断创新来保持品牌的活力。

怀旧的情感体验暂时重现和置换了那段过往真实的岁月和经历,可看、可听、可感、可想成为现代语境下怀旧的新特征,通过消费行为表达怀旧情绪,并把人们拉回到孕育这一情感的历史和文化情境中去,以达到精神的共鸣和安慰。消费者与品牌之间的交流与互动可以在品牌故事中找到情感的沟通与共鸣,品牌故事能够体现出品牌自身的独特魅力和文化内涵,更能让消费者达到标榜个性的目的。对于大多数年轻的消费群体,消费"老字号"品牌可能不仅仅是一种怀旧的心理,更多的是一种反流行的心态,通过重拾老品牌这一不同于一般年轻人的消费方式来体现自身的个性和品位。如今,"怀旧潮"浸润到我们的衣食住行的方方面面,且不知不觉地习惯这种审美现象和消费趋势,通过消费把怀旧情怀充分地表达出来,最终使怀旧变成一种习以为常的现代生活方式。怀旧,本身也是一种文化建构的方式,品牌发展不能盲目效仿西方文化,而是需要企业建构自己的文化。"老字号"品牌的回归可以带来怀旧的年代感和情感氛围,它的某些元素符号可以通过设计获得再现甚至重生,在传承的基础上延伸品牌感情,这也许不是所有的品牌都能做到的。当然,在利用怀旧元素的基础上,"老字号"品牌必须找准切入点和融合点,在满足老消费者怀旧情绪和需求的同时,又能让新消费者感到个性新奇,这样才能最大化地利用"老字号"怀旧情感的回归来获得品牌的忠诚度。浑厚的历史文化底蕴既是老品牌的一把利剑,也是激活品牌的一个有力传播点,企业应该充分挖掘与消费者的每一个连接点,恰当地将自己的品牌表达出来,为企业和品牌带来更大的利益空间和发展前景。因此,在中国消费者文化自信的背景下,品牌的怀旧趋势就有了丰厚的土壤,怀旧消费思潮反映了人们对民族历史文化传统的重视,我们可以让老品牌成为经典,也可以让过去的经典成为当下的时尚品牌。

随着全球化的文化交流与共享,消费群体的多样化复杂背景日见显明,一成不变的"老字号"品牌形象所想传达与交流的东西是非常受限的。在怀旧思

245

潮的影响下,虽然老品牌极具传统文化价值,但是它仍需探寻好传统与现代的平衡与融合关系,在文化延续性的基础上放眼当下,应清醒地认识到,传统的东西能否很好地融入现代是"老字号"品牌急需思考的问题。

(二)"喜新"——立足时代特点,重塑品牌形象

奥地利设计家奥托·瓦格纳(Otto Wagner)在他的著作《现代建筑》中提出:设计是为当代人服务的,而不是为古旧复兴而产生的。虽然"老字号"新形象的建立应该以其固有的品牌文化体系为基础和依据,但也要明确整个设计过程的目的——创新。也就是说,"老字号"品牌视觉形象的创新设计应以"旧"为基础,以"新"为目的。完善的品牌视觉形象不仅应当意蕴深远,同时应当与时俱进。时代发展的步伐越来越快,大众的审美情趣也随之改变;科技进步对创作工具和传播途径的影响为当代设计提供了更多的可能性;经济全球化的趋势使品牌的经营者对于品牌的发展有了更高的期许……这些因素都对包括"老字号"在内的所有商业品牌有了新的要求,使"老化"了的品牌视觉形象的更新换代成为了必然。

1. 关注审美需求,改良旧形象

从国外老品牌的视觉形象演进过程中可以看出,图形形象是根据各个时代的大众审美要求变化的。影响大众审美的因素众多,心理年龄的增长、外部生活环境的变化、多元文化的冲击等因素都可能使人们的审美情趣发生变化。图形本身并没有"老"与"新"的差异,图形所谓的"新、老"只是根据消费者审美情趣的变化而给出的判断。因此,"老字号"品牌的新形象也应该根据现代消费者尤其品牌主要面对的消费群体的审美需求作出改良。上海老牌化妆品"百雀羚"原有品牌标识中的字体为隶书手写体。隶书讲究"蚕头燕尾""一波三折",在中国人的传统审美中,对这种曲线青睐有加。然而随着时代的变迁,当代中国人的审美情趣已悄然发生了变化。"百雀羚"经历了品牌视觉形象升级之后,标识字体风格融合了隶书笔触和印刷体的特点,依然平实亲切,但整体更加简洁、整齐。新的标识字体更加符合现代人的审美情趣,也更易于清晰地传达信息及应用。

对"老字号"视觉识别系统中基本元素进行修饰应立足时代审美,借助新手段、新工艺,并在艺术形式上进行创新。"老字号"品牌的历史由来已久,其视觉形象的形式和艺术处理手法存在老化过时、脱离当代审美等问题。当代众多新的设计手法和新工艺的产生使艺术设计向多元化发展,传统中国元素的堆砌和滥用已然使当代中国人产生了审美疲劳。在人们的认知中,"中国味"的设计也不应该仅限于水墨、书法这些传统题材。运用新的手段和工艺,卡通化的视觉形象或是塑料等现代材料的使用都能够体现浓厚的"中国味",同时也更加符合国际化的审美标准。"青岛啤酒"的前身是 1903 年 8 月由德国商人和英国商人合资在青岛创建的日耳曼啤酒公司青岛股份公司,作为山东省著名"老字号"企业多次对品牌形象进行升级①:1978 年,将"青岛啤酒"的中文字、图形和英文组合的商标在国内完成商标注册,标识图形中包含了青岛栈桥古亭、水波、麦穗三个元素。原有品牌栈桥作为青岛的标志性建筑,是青岛最早的军事、货运码头,栈桥的形象体现了"青岛啤酒"品牌的地域背景和历史文化;"水波"与"栈桥"配合形成完整的"风景",又与"麦穗"所象征的粮食共同作为生产啤酒的原料;"麦穗"环抱整个"水中古亭"的风景,也起到了很好的装饰作用。这三者能够共同体现出"青岛啤酒"的品牌文化内涵。2005 年青岛啤酒标志更新升级,由栈桥LOGO、英文罗马饰体字"TSINGTAO"及其辅助图案和中文"青岛啤酒"3 个元素组成。青岛啤酒标志以突出英文名称为主,实现了国内、国际品牌形象的统一。在图形形态上作出了改变:古亭原有的"田"字窗格部分简化,同时强调了亭檐的流线型;水波部分缩短,形态更加流畅、浑然一体;麦穗形象也更加抽象、简洁。图形部分由原来的平面效果变为了立体效果,增强了视觉冲击力和动感。标志的标准色沿用了原标识的红、蓝配色,加入了无色系中的金色,字体颜色由原来的绿色变为红色和白色,并加入阴影效果,视觉效果更加统一;2014 年青岛啤酒宣布启用新标志,象征着百年青岛啤酒企业形象的进一步升级。新的标志中的元素相对于前一版来说变化不大,依旧保留了原标志中的栈桥、麦穗、水纹等元素。新标志中以两条动感的曲线代替了之前细小的曲线形水纹,同时

247

---

① 青岛啤酒官网:http://www.tsingtao.com.cn/index.shtml,2017-11-29.

将标志中的英文字体由衬线体变成了新设计的无衬线体,还有一个新的变化就是将原标志文字中的投影和描边也删除了,总体来说新标志更简洁、更时尚了(图 7-62)。这种做法不仅使得整个标志更加饱满,也更加易于传播和灵活运用。"青岛啤酒"新的品牌标志立足于当代审美,以原有标志和整个品牌的文化内涵为基础,运用新的艺术处理手段更新了品牌视觉形象;并结合品牌现状和新的品牌定位赋予了品牌标志新的内涵,这种品牌形象的创新模式值得学习和借鉴。

图 7-62 "青岛啤酒"标志变迁
(图片来源:http://www. tsingtao. com. cn/index. html)

"有科学研究表明,人类对信息的获取 78% 来自视觉,这就说明信息的获取还可以通过其他的感觉器官。比如人们常说的'未见其人,先闻其声'就是通过听觉获取此人的信息的。"①"老字号"国货作为中华民族的一种象征,我们应该对其好好继承和发扬。现存的"老字号"牌匾,不少出自名人手笔,在某种意义上,"老字号"的牌匾也算是一种历史遗迹、文化产物。例如"'都一处'烧麦的牌匾为乾隆皇帝所题,'六必居'相传为严嵩所写,而考场失意商场得意的王致和的牌匾出自两位状元之手,'王致和'与'南酱园'分别由孙家鼐、鲁琪光所赠。其中已有四百多年历史的'六必居',是历史最为悠久的老字号之一,在全国乃至海外都久负盛名。'六必居'的老匾,秉承着'黍稻必齐,曲蘖必实,湛炽必洁,陶瓷必良,火候必得,水泉必香'的六必精神,鲜为人知的传说故事和文人墨客

---

① 约瑟夫·派恩 B,詹姆斯·H. 吉尔摩. 体验经济[M]. 夏业良,等译. 北京:机械工业出版社,2002.

的题诗赞誉,它们蕴含着浓郁的民族文化和企业的发展历史,是弥足珍贵的民族文化遗产,可以说是无价之宝,具有一定的社会象征意义"①。但是我们也不难发现这样的现象,那就是现在"老字号"品牌形象设计正面临着困境。随着世界经济和文化一体化的浪潮逼近,设计理念的统一性,特别是现代品牌宣传力度的增强,使得"老字号"国货品牌的生存与发展面临着重大的危机,现今面临的最大挑战是如何将"老字号"国货所蕴含的品牌价值创造性地加以运用和体现。

今天部分"老字号"国货的品牌视觉形象设计已将字号统一为由左向右或由上而下的书写形式。如北京东道设计公司为北京"老舍茶馆"设计的字体采用了符合现代阅读习惯的书写形式。陈幼坚先生为"李锦记"设计的品牌视觉形象,靳埭强先生为昆明市的药材老店"福林堂"设计的品牌视觉形象均统一规范了书写形式,采用最新的视觉设计字体。通过强化字体的设计可以为企业塑造符合新时代的品牌个性特质。"老字号"的品牌形象设计要顺应时代发展的变迁,就要对品牌视觉形象的核心要素的字号标志设计注入新的设计元素。丹麦著名品牌形象设计大师博·林纳曼(Bo Linnemann)先生认为:"设计的成功并不会让设计本身留下什么难忘的印象,但它传达的实力,信念和特点将印象深刻。"②我们应该了解到那些契合了企业文化的字体设计无疑会凸显企业的信念与特点。但是我们对设计的理解不够深入,对于品牌意识还不够重视,因此在很多方面我们依然存在不足,这就需要我们设计师努力向那些在我国成功实施本土化品牌战略的西方老品牌取经,对"老字号"品牌形象进行新的设计,从而在新的时代下传承与创新。"老字号"的字号和牌匾、店训和传说、手艺和店铺既是中华民族优秀传统文化的一部分,又是弥足珍贵的品牌视觉形象设计的来源,对此我们可以合理地加以利用,立足现有的品牌视觉形象资源,开发更多新颖的视觉元素,以此来传承"老字号"的文化内涵和社会价值。

尤其在经济全球化的今天,东方和西方文化的结合,传统和现代的结合,将

249

---

① 老字号与中国饮食文化遗产的保护与传承[EB/OL].[2015-03-03].http://www.ccas.com.cn/Article/HTML/19188_2.html.

② 杨大采,王梅.振兴老字号要发挥老字号的诚信经营精神[J].商情,2009:20.

是设计世界的总趋势。中国是世界的一部分,未来的世界将是博采众长。在对于"老字号"品牌形象再设计时,我们需要考虑到依托传统文化的优势,将其与现代审美相结合,通过对品牌的识别设计、包装设计等的创新与改良,使"老字号"品牌充满生命力与活力。

2. 借助新手段,发掘新形式

随着数字时代的到来,当代设计以数字技术和电脑为主要的创作工具,这种模式既结合了各种传统绘画工具的特点,又能体现多种新的艺术风格,使当代设计的创作技法不断推陈出新。计算机创作的诸多优势为改变"老字号"局限于牌匾、招幌、图腾等形式的品牌标识等视觉形象提供了更多可能性,也延伸了"中国元素"在"老字号"品牌视觉形象中的运用途径。在前面的章节中提到,"老字号"的品牌视觉形象必定是"中国味"的设计,"中国味"的形成并不是中国元素的堆砌,而是将中国元素合理地解构、变通,使设计体现出中国"神韵"。同时,先进的设计是兼收并蓄的,"中国味"的设计应当也有必要体现多元文化的精髓。这种"解构、变通"和"兼收并蓄"在计算机技术的辅助之下变得更加简单,灵活,游刃有余。2014 年"百雀羚"品牌推出的"三生花"花露水系列产品,在包装上用欧美时尚插画的形式绘制了三个民国时期的少女,发型和服装都是 20 世纪 30 年代中国女人的经典装扮。20 世纪 30 年代大上海的电影明星海报、"美女月份牌"都成为了展现当时女性风采的经典艺术形式,也是后世争相模仿的对象。但是"三生花"系列的视觉形象无论是在创作工具上还是艺术处理手法上都与传统的表现形式大相径庭,但是这种时尚与传统、东方与西方的碰撞产生了奇妙的"化学反应",整个视觉形象优雅且清新、浪漫而性感,给观众独特的视觉体验。

当今的品牌标志需要视觉先行,通过一定的图形、颜色来向消费者传输某种信息,以达到识别品牌、促进销售的目的。品牌标志盲目地跟随标志趋势是不正确的,标志需要符合品牌的核心竞争力,并不是一味地简化。传统"老字号"国货品牌的形象设计,作为店铺的形象和符号,作为中国传统独特的视觉设计语言要充分体现其文化底蕴。民族性和时代性相结合才是今后品牌形象设计的发展趋势,对于"老字号"国货品牌更是如此,这需要设计师在新的时代背景下,在传承老字号内在精神的同时,加入一些新的设计元素,使"老字号"焕发新的活力。传统的"老字号"符号不仅仅是一种民俗传统,更是一种文化的胎记。在新的历史时机下,要在传统"老字号"的基础之上,加入现代设计理念,创造出具有时代感、文化感的品牌形象。

品牌竞争力是当今企业获得市场份额的有效途径。品牌竞争力的树立,离不开对品牌形象的构建,除了企业的理念、质量和信誉外,品牌视觉符号在品牌形象创建过程中有非常重要的地位。企业应该把重视品牌视觉核心形象确立作为第一位。因为品牌形象符号能够直接而快捷地让消费者感知品牌形象,能够让消费者清楚地知道企业的文化内涵。这对现代企业来说显得尤为重要,同样,对于"老字号"国货品牌也是如此。

3. 多样化维度设计,走数字化之路

在数字技术日新月异的今天,网络数字化传播给传统企业发展带来了新的挑战与机遇,多途径的创新品牌传播形态为企业发展提供了广阔的空间。在新媒体数字化时代实现老品牌商业价值利益最优化的同时,应该用战略的眼光和全新的发展理念塑造企业品牌的新形象,从而全面推动老品牌的发展。信息技术发展不仅重构了信息生产者与消费者之间的传统平衡,也重新定义了信息组织与传播模式。它既改变了现代的信息加工和传播的工具、方式、流程,也对设计者的从业能力与目标提出了更高的要求。要想在数字时代生存,"老字号"必须准备好将其品牌延伸到不同的媒介领域,走数字化之路。

科技与媒体的迅速发展,也使品牌形象设计的范畴日益宽泛,从最初由品牌形象标识设计到品牌推广的视觉传达,再延展到广告多媒体的设计领域中,呈现出多样的设计表现方式。品牌形象设计运用愈加普遍,品牌信息传达形式愈加多样化,为了竞争与吸引消费者,便形成了不同类型的表达与传播方式。这种品牌形象的设计在信息传播领域被称为信息的可视化,它把品牌的核心价值理念可视化为创意形象,达成信息传播的目的,传达和表现复杂的品牌内涵。虽然品牌形象追求统一性与系统性,但品牌的设计应是多元化发散,只有突破固有的"老字号"设计风格,才能使"老"品牌在"新"市场中展现它绵长而勃发的生机。我国大多传统品牌,其形象设计主要是以品牌标志设计为重心来实现品

牌宣传效应的,品牌标志在视觉形象构架中有着不可动摇的地位,而其他相关辅助图形、标准字体、色彩规范以及组合方式的应用往往被弱化,这种主次分明的设计关系虽然能突出品牌的主题形象,但也局限了形象设计中各个元素的能动性,是对视觉等资源的一种浪费,还会带给受众程式化的疲惫感。后现代主义设计理念的影响中,品牌形象的表现形式不再是简单的图形和文字组合,而是以一个品牌标识图形和其他有效元素相结合为主的统一的、整体的形象概念。在科学技术和艺术设计相结合之下,产生不同形态的形象体系,在适当的时候运用到实践中,担当品牌形象或企业形象的代言,表达不同的内在涵义,形成多姿多彩、多元化的品牌形象发展趋势。

消费者对品牌的感知除了视觉还有与品牌接触的各个方面,当他们逐渐厌倦了由企业制造、发送的品牌形象时,更愿意自己去挖掘品牌的特点,并亲自去感受和体验。将品牌承诺转化为切实可行的、可见亦可触的消费体验,并在核心体验环节保持稳定、一致的体验效果是品牌形象多维化设计的主攻方向。例如,随着企业个性化要求的增强,声音也可以成为一种新型的识别方式。目前,动态视觉形象成为企业视觉形象发展趋势之一,企业完全可以在视觉形象动态播放时加入主题性的音乐,让人们通过视觉和听觉对企业视觉形象产生强烈的印象。比如,我们听到大家熟悉的 MOTO、OPPO 的电子音乐,我们就会不由自主的同品牌和企业建立联系。心理学研究表明,人的一切有目的的行为,都是来源于动机,而动机是创新活动的内在原因和始动力,它决定着创新活动的目标指向。消费者的恋新需求,换一种说法就是消费者对于品牌创新的心理需求,需要通过品牌的创新得到满足。

(三)"喜新念旧"——建立"老字号"品牌视觉识别系统

"老字号"经过长期的经营和发展,大多已形成了自己的品牌形象即一套视觉识别系统,并在一定的时间长度和地域广度上形成了影响和传播效果。但是大多数的"老字号"品牌视觉形象系统不够完善和规范,且老化现象严重。"早期的老字号秉承质优价廉的传统美德默默地经营着自家店铺,它们不太重视品牌视觉形象的设计,它们自信有着优等的质量和独特的制作工艺,而忽视了品牌视觉形象方面的建设,时间久了,导致老字号的视觉形象老态龙钟,不易识别,使消费者对产品产生负面印象,阻碍企业的发展和壮大。任何品牌都不可能一蹴而就,它们在发展中必然都会经历肯定、否定、否定之否定的过程,这是事物发展的基本规律。品牌的否定之否定,即"变脸",其本质是重新塑造品牌形象。"①视觉识别设计是消费者认识企业和品牌,形成综合印象的第一要素,因此改变老品牌的视觉形象显得至关重要。所谓确立视觉识别的品牌,就是"充分了解自己公司本身状况,兼顾公司外部和社会状况,发现自己公司的存在意义,并以之为目标整体行动"②。目前市场上的许多"老字号"品牌形象都已经相当陈旧和滞后,迫切需要有历史、有内涵,又不失活力的"老字号"新形象出现。

通常,一个完整的品牌视觉形象系统应该具备:①统一的文字,形成稳定的文字形象,如笔记本电脑品牌"VAIO"的字体设计,代表数字和电脑模拟科技的结合,"VA"从字体形态以及英文缩写上都可以看出意指波形,"IO"则代表二进制码。②统一的图形,不能随意更换,如"goodwill"的笑脸图形标志设计,实际上是"goodwill"中字幕"G"的填充形象。③统一的色彩,突显品牌特征,如"Eight Twenty"公司的灰、蓝方块标志,它将公司的名字用二进制码设计进了标志中,蓝色和灰色的方格分别代表"1"和"0",标志的上面就是 1010000(80),即 Eighty 的意思,而下行是 0010100(20),即 Twenty 的意思(图 7-63)。④统一的文字、图形、颜色结合方式,使品牌更立体,特点更鲜明,如"LG"的标志、联合利华的"Unilever"标志。

图 7-63　vaio 标志、goodwill 标志、Eight Twenty 标志
(图片来源:作者自摄)

253

---

① 萨伯罗托·森古普塔. 品牌定位:如何提高品牌竞争力[M]. 马小丰,宋君锋,译. 北京:中国长安出版社,2009.

② 原田进. 设计品牌[M]. 南京:江苏美术出版社,2009:36.

视觉识别系统(Visual Identity)作为品牌视觉形象的主要内容,是企业识别系统(CIS)的一部分。它是将企业识别系统中非可视的部分转化为可视的视觉识别符号。设计到位、实施科学的视觉识别系统,不仅能够更好地将有关企业和品牌的信息传达给受众,从而获得外界的认同;还可以强化企业的内部凝聚力。此外,新兴的传播媒体随着科技的进步迅猛发展,借助这些传播渠道,企业或品牌可以借助这些传播渠道有效地扩大其影响力。在这种条件下,一套完善、规范的品牌视觉形象对于"老字号"品牌信息的准确传递更加重要。"老字号"品牌虽然其多数已经形成了一套独特的视觉系统,但是从现代视觉系统设计的观点看来这套系统并不完善和规范。在长期的经营过程中积淀出了悠久的历史与文化,其作为一个地区特定的视觉与情感符号,如果善于发掘运用,是其他新生品牌和外来企业所无法比拟的。因此,认识"老字号"的传统形象与现代企业形象设计的关系,规范和完善老字号的品牌视觉形象显得尤为重要。

1. 识别性

品牌形象的识别功能是建立品牌形象的核心目的。识别功能即在品牌视觉形象与品牌本身、产品及其品牌文化间建立"联系"。这种"联系"的生成就是使消费者产生双向的主观联想——由品牌本身到其视觉形象,以及从品牌视觉形象到品牌本身。"壳牌"石油公司品牌标识在百年间经历了数次品牌形象升级,但从始至终都是一个"贝壳"的形象。这是由于品牌本身与"贝壳"形象之间的联想已在公众心目中建立,贝壳的形象也能够准确传达品牌信息。而该品牌标识由"具象""写实"到"抽象""写意"的演进从根本上说是为了适应时代发展和公众的审美需求。要建立从品牌本身指向品牌形象的联系,就需要将不可见的、隐性的文化层面的内容进行可视化、艺术化处理,并融入品牌视觉形象中去。"老字号"品牌经历百年发展,其品牌形象往往已经深入人心,形成了由形象到品牌本身的联想。因此,"老字号"新的形象也不应脱离其原有的品牌形象,应"去粗取精",在原有视觉形象的基础上进行改良和修正。

2. 时代性

"老字号"品牌历史悠久,其视觉形象的形式和艺术处理手法存在老化过时、脱离当代审美等问题是不可避免的。很多人对于"老字号"品牌形象主张"倚老卖老"，恢复其最原始的样貌。其实，这不过是在遵循传统、恢复传统的"崇古"心态中不能自拔。如果"难于走出传统，那么，中国的当代化设计是不能计日程功的。因为当代化设计工作在基本上需要一种创新改革、未来时间取向的心态与行为"①，而这些正是崇古心理之反向。老字号以"老"为自豪，可正是由于"老"，才使他们缺乏创新精神，在品牌外在形象上表现出一副老态龙钟的形象。而在新时代的背景下，"老字号"品牌要继续保持活力就必须吸纳更先进、更多元、具有时代特色的新文化、新概念、新手段，置换或补充原有的内容。"老字号"应该忘掉自己的"年龄"，时刻保持年轻的心态，这是向现代品牌转换的关键。因此，要积极推广"老字号"品牌形象的年轻化，从企业理念的年轻化到体制、经营和服务方式的年轻化……体现出"老字号"品牌的时代性。当然，在品牌创新转化过程中，坚守的是品牌的文化内涵，最直观的改变是品牌外在视觉形象部分。

3. 系统性

视觉识别系统分为基本元素和应用元素两部分。其中，以品牌名称、标识、标准色、标准字、辅助图形等作为基本元素，这是品牌的价值取向和文化内涵的外在集中体现；应用元素是基本元素的延伸和发展，是建立在基本元素基础上的，包括广告、店面装潢、办公用品等，更加侧重应用功能。应用元素中的视觉元素，如图形、配色、字体等内容都应当来源于视觉识别系统的基本元素，或与基本元素相互呼应，从而形成统一的整体视觉形象。建立"老字号"品牌视觉识别系统对品牌形象的形成尤为重要，基本元素和应用元素应当统一、规范，以保持品牌形象对外传播的一致性和一贯性。此外，品牌内的不同系列也应该保持各自风格和视觉元素的统一。"老字号"品牌视觉识别系统不仅对外在识别形象进行设计，而且对品牌的内涵进行统一整合，通过种种符号建立品牌在消费者心中的形象；系统地贯穿于品牌文化、企业理念、产品形象、品牌定位等一系列内在因素之中，将形式与理念结合，形成一种与消费者进行情感交流的通道。

255

---

① 冯冠超. 中国风格的当代化设计[M]. 重庆：重庆出版社，2007：41.

系统性不仅能够使产品更多地吸引受众,而且有利于品牌与消费者之间建立心理情感,加强消费者对品牌的推崇,进而创造出融入文化理念、情感价值的品牌附加值,增加品牌的价值和整体竞争力。

（1）基本元素

一般来说,企业的品牌名称要求简洁、上口、易记,这样容易在消费者心中留下深刻的印象。因此,在品牌更新设计中如果最初的品牌名称考虑欠缺,没能兼顾品牌的各方相关因素,阻碍了品牌名称的传播和使用,就应该考虑更换,但此方法"老字号"企业须慎重使用。同时,企业还应结合品牌精神,定期为品牌名称定义新的或相关联的理解方式,类似于一词多解、引申含义,即以"动的含义"讲述"静的物态",作到内在意义上的动态化,有助于消费者逐步深入地理解品牌的精神内涵。

图形、文字与色彩是品牌形象设计基础部分的三大要素,在很大程度上左右着消费者对品牌的认知。通过收集和分析"老字号"品牌的标志,可以发现这些品牌中大多仅有汉字元素,而在汉字原体的借用中,容易产生品牌标志的模式化现象,雷同感十足,互相之间没有区别。反观当下的新生品牌设计,其标志个性十足、新潮时尚,往往通过对字体、图形和色彩的夸张、变形等手段,进行创意重构,使得标志设计新颖独特、醒目突出。因而,我们在挖掘"老字号"深厚的文化底蕴时,要勇于让标志创新融入新时代元素,让消费者眼前一亮,从而在心中创造恒久的价值。对于识别设计的重塑,"老字号"品牌可以借鉴一些优秀的品牌设计。例如,我国著名的茶企业四川省峨眉山竹叶青茶业有限公司是国家农业产业化重点龙头企业,也是最具潜力的国内茶叶企业,"竹叶青"既是茶品种,又是其商标和公司名称。"竹叶青"的旧标志采用的是书法字体与青色茶叶图形相结合的方式,虽然十分美观,但是却与诸多茶叶品牌的标志大同小异,缺乏个性。新"竹叶青"标志是由设计师陈幼坚打造的全新的品牌视觉识别系统。标志图形将"竹"字进行图形化设计,用修长的茶叶形态拼凑成一个充满现代感的"竹"字。竹子是文人墨客争相歌颂的植物,"竹"代表着正直与高雅,能够很好地诠释茶文化的理念和内涵。整个设计线条流畅、别致独特,新的标志令整个品牌形象焕然一新,给消费者一种全新的体验和感受。同时,品牌字体改变了原有的书法体,采用粗宋体;品牌色彩也更为统一,整体设计十分儒雅大方。设计师结合品牌的实际需求,对汉字的大小、笔画结构、字体与颜色等进行整合,赋予汉字优美的造型和深层次的文化内涵,以汉字的信息传达作用提升品牌的知名度(图7-64)。

图7-64 "竹叶青"旧标志、新标志/陈幼坚
(图片来源:https://www.rologo.com/zhuyeqing_tea_brand_identity.html)

标志作为重塑"老字号"品牌形象的情感切入点,是极容易让人产生深刻印象的、与众不同的记忆载体。例如,日本老品牌"萩原"①肉店的品牌形象(如图7-65)是店家邀请了SPREAD设计的。值得一提的是,该店标志设计荣获了2013年红点设计大奖。标志简洁、有

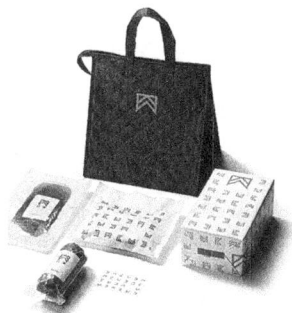

图7-65 "萩原"品牌形象
(图片来源:http://blog.sina.com.cn/s/blog_
63ef3b4e0101emcj.html)

力,图形形象不仅直观阐释了品牌内涵,而且橙色色彩的选用传递给消费者以品牌活力,容易引起观者食欲。"老字号"品牌标志承载着历史文化、产品信誉与服务,力求在符合时代审美的基础上,变更视觉传达方式与表现方法,使之能够切合品牌理念的传达与情感的传递,确保利用这种品牌的外在视觉形象资产引起消费者的情感共鸣。

257

---

① THINKDO3:http://www.thinkdo3.com/s/2563,2013-9-23.

如今,"老字号"企业陈旧的色彩理念亟待解决,尤其在标志色彩的选取方面应结合自身特点,将现代时尚的色彩巧妙地融入老品牌的标志中去。只有在色彩的视觉表现上有所突破,大胆运用未曾尝试过的色彩,以凸显企业的品牌个性,才能形成"老字号"的特定色彩。一般来说,标志的色彩,在感性诉求上优于文字和图形。色彩可以很好地反映一个企业的精神面貌,战略性地采用有个性的色彩有利于企业的识别与认同,容易引起消费者的共鸣和共通感。国外知名老品牌的标志色彩鲜明,即使同类型的企业也有着不同的标准色,如红色的"可口可乐",红蓝相间的"百事可乐",黄色的"麦当劳",这些经典的色彩已经深入人心,当我们看到它们,就会不自觉地联想到某个品牌。"老字号"标志中的色彩多为红、金两色,这两种颜色在我国寓意着吉祥、喜庆,但是红金两色的过度运用,不但容易造成审美疲劳,也无法成为某一品牌的特定色彩。细数我国的"老字号",其千篇一律的金字招牌或红字招牌,再加上传统的书法字体,我们已无法将"老字号"们区分开来,这样的视觉系统使"老字号"显得毫无生机,俨然成了国外品牌及国内新品牌的陪衬物。"老字号"要想使标准色恰如其分地表现出行业特征,突出产品特色,应当充分考虑消费者对色彩的判断习惯,在色彩的选取方面,尽多考虑产品的属性、特点等因素,不能只是简单地追随传统的红、黄、黑等色彩。不同的颜色给人们带来的视觉感受也完全不同,如创建于1615 年的日本老品牌"龟甲万"[①](图 7-66),作为全球第一的日本食品佐料制造商和供应商,拥有前后将近 400 年的历史文化底蕴,它的快速发展和成功与它"旧"与"新"的完美结合有着重大关系。在日本野田,不仅有标志着"龟甲万"成长历程的一座已有 200 年历史的酱油博物馆,并且还有体现其家族悠久历史和民俗文化的传统酱油生产过程的活体博物馆御用藏,直至今日"龟甲万"几百年来传承下来的传统酱油技术,仍在此被真正付诸行动。"龟甲万"庞大的现代化工厂,对古老生物技术的孜孜不倦的探索与追求,使他们的核心产品能朝永续经营的方向迈进。

随着人们生活节奏的加快,人们越来越喜欢经过高度概括的、简化了的图

① 历春雷. 一家日本老字号的传承[J]. 企业管理,2010(11).

图 7-66 日本"龟甲万"品牌形象设计
（图片来源：http://blog. sina. com. cn/s/blog_647ef7cb0100o5d0. html）

形符号，然而，大部分"老字号"的标志中仍在沿用由诸多元素构成的图案纹样，以为这样面面俱到、意义深刻，殊不知人们的视觉习惯早已改变，简单明了、清晰直观的图形设计才更能获得消费者的青睐。因而，在传统图形的运用上，绝不能生搬硬套，要学会舍去细枝末节，将"老字号"的牌号、店训、名人等基本元素巧妙地融入标志中，才能赋予企业新的生命力，重现"老字号"当年的风采。

（2）应用元素

相比于基本元素，品牌视觉识别系统中的应用元素除了具有识别性之外，应用功能也是它的一个重要内容·应用元素是建立在基本元素基础上的，如图形形象、配色、字体等内容都来源于视觉识别系统的基本元素，或与基本元素相互呼应，从而形成统一的整体视觉形象。正因如此，应用元素也同基本元素一样体现该品牌文化并与时俱进。统一应用元素对于塑造个性化的企业形象，获得企业内部和外界的普遍认同具有重要意义。应用元素包括的内容有事务用品、广告、包装、服饰、车体、店面、媒体设计等。例如当消费者看到品牌的广告、进入店铺看到陈列产品的包装和店面的设计时，会对品牌产生主观认知，这种认知不仅能够帮助消费者对品牌进行识别，也可以引导消费者的消费行为。因此有人说包装是品牌销售过程中重要的推销手段，是距离消费者最近的品牌"广告"。由此看来，应用元素设计的重要性和基本元素是同样不能忽视的。

作为基本元素的延伸和发展，应用元素的设计也应该遵循基本元素的设计方法。中国老牌化妆品"双妹"在经历了视觉形象升级之后迎来重生并跻身高端品牌行列，新标志精致、时尚、优雅，品牌辅助图形与标志相呼应，植物形态的

259

弯曲线条华丽大方,极具"装饰艺术"风格。值得一提的是"双妹"玉容系列的产品包装设计:最外层使用沉稳的纯黑纸质包装,仅有金色系的品牌标识和辅助图形进行装饰,低调而含蓄。内层的玻璃包装使用大红色瓶体,外形融合了民国时期建筑风格。瓶盖外围使用具有金属光泽的黑色塑料,表面是以品牌辅助图形作为花纹的浮雕效果,瓶盖上方仍是以品牌标志作为装饰(图 7-67)。蒋友柏先生的团队在进行设计时进行了大量的调研,包括 20 世纪 30 年代有关上海的资料和当时最时兴的时尚杂志,并调研了当时的建筑风格如上海大厦、上海国际饭店等等。整个包装设计极具建筑美感,刚柔相济且时代特征明显。再有,极具时代特色的"美女月份牌"是"双妹"品牌当年最常用的广告形式,品牌形象升级后的"双妹"在广告和海报设计中也延续了一些"美女月份牌"的特点,加入当代时尚的视觉元素之后,碰撞出更强烈的视觉冲击力和更独特的韵味(图 7-68)。

图 7-67 "双妹"包装设计
(图片来源:https://www. rologo.
com/shanghai-vive. html)

图 7-68 "双妹"海报设计
(图片来源:http://www. 360doc. com/content/13/0911/
15/13783122_313733302. shtml)

　　传统模式的"老字号"品牌形象设计,是以标志、标准字和标准色为主要核心元素,并以此构建形象系统,且大多是以标志为核心元素设计,以平面印刷物等为主要应用,局限于二维平面设计范围。在传媒形式的不断更新中,这种静止的、固化的设计模式已在市场的应用需求中渐显疲态,对于本就存在封闭发展问题的"老字号"品牌,应加快改善。系统的品牌形象设计有利于品牌赢得和稳定消费群体,人们通过品牌形象可以确立自己的选择;通过整体的品牌形象设计,能够形成自身的品牌特点;将自身与其他品牌形成内在与外在区别,能够使消费者迅速有效地认知品牌,促成对商品的购买欲,从而赢得更多的消费群体,实现盈利的目的。另外,良好的品牌形象设计对品牌的可持续发展制定了系统的策略,对品牌进行长期的宣传和产品形象的创新,从诸多方面促进品牌的发展,满足消费者不断增长的精神需求,从而减少消费群体的流失。

在表达简洁、满足多方面的设计需求之后,动态化设计还需要系统性地对整个品牌形象进行拿捏,不但设计的结果是串联的,设计的过程也是呈现连贯的动态思维。虽然会产生发散式的多个设计产物,但其设计的理念脉络只有一条。首先,要做到内涵的统一,单体与整体都能够反映品牌精神上的内在追求,从而使标志得到理念升华,使消费者在欣赏到外在变化美的同时,感受到品牌的内在意境美,树立良好又别具一格的形象。其次,是要做到属性与个性的有机结合,在每个单体与整体中的其他元素有所区别、表现自我特点的同时,维持属性上的相关联系性,展示出同一个品牌的多种个性。最后,要符合时代的进步,满足众人(受众)、众物(它物)的使用需求。

从设计理念入手,参考大量动态化的形象设计,我们认为动态化设计就是标志、色彩或其中的某一个静态元素于不同场合与其他视觉元素相互融合,不再遵循标志和辅助图形之间的单一、静态、主次的单纯关系,而是出现了同等或是动态结合的关系,两者之间相互补充、相互组合、相互延伸。如 2011 年英中艺术设计节,其品牌形象是由斯巴迪克设计总监刘义设计,他将英国国旗"米"字形和中国书法"米"字格结合,表达热、光、能量、动态、融合、碰撞交互、产生一种能量。设计从主标志中提取三角形元素,分别根据不同主题的研讨会或活动做延展思路组合(图 7-69)。这种延伸变化的动态理念体现了品牌在形象设计上的开放性,让用户体验的同时得到它的趣味性。它灵活变化的标志、特定的色彩与色块的组合以及标志形态的延伸,都能区别于其他品牌,体现出自身的特色,虽分散成多种形象却有独立代表品牌的效用,而且更具传播力、影响范围更大、涵义更加深刻。在眼球经济时代,人们越来越追求情感的个性诉求和品牌魅力,这就要求"老字号"在重新设计品牌形象时,应保持本身特有的传统文化,整合形象资源,不论是基础要素系统,还是应用要素系统,都要注重传统与现代的结合,字体、颜色、图形的设计要符合现代审美,企业的标志、包装、店铺

261

形象等的应用管理要统一规范。

图 7-69　2011 年英中艺术节形象/刘义

（图片来源：http://www.visionunion.com/article.jsp? code=201108110018）

　　"老字号"在品牌树立和经营推广方面有着得天独厚的优势，在消费者心中树立了好口碑。然而随着经济全球化程度加深，中国的老企业越来越需要与时俱进，融入国内和国际市场。"老字号"品牌更应该在具有传统优势的同时注重自身品牌形象的转型和创新，以适应时代需求。视觉形象作为企业最外在表现，在企业发展和形象的树立中起到举足轻重的作用。"老字号"品牌凝聚的历史记忆，转化成为一种情感的力量。"旧"对于新世纪的人们有另一层意义上的"新"。意大利设计师索特萨斯（Ettore Sottsass）说过："保护传统并非是单纯的重复传统。传统不只是特定的形状或造型，而是人们血液、生活哲学对传统产生的感情。"[①]这提醒我们，传统的感情是会随着环境和社会的改变而变化的，我们需要重新审视文化延续的概念，寻找传统与现代的文化兼容点，并进行积极的情感转化与传递。"喜新厌旧"是人之常情，然而"喜新念旧"也不无可能。"老字号"经过长期的经营和发展，具有一定的规模和影响力，但是大多数的"老字号"品牌视觉形象系统不够完善和规范，且老化现象严重。因此，在对其品牌形象进行设计创新的过程中，不仅应当对于品牌文化层面中显性和隐性的元素进行修正和处理，也应该对于品牌形象进行整合，形成更加有益于"老字号"品牌未来发展的，兼具识别性、时代性、系统性的视觉识别系统。

---

　　① 后时代：http://houshidai.com/master/ettore-sottsass.html，2013-8-17.

小结

对于如何更好地进行品牌的革新,应该根据具体的品牌文化和品牌特征来制定不一样的创新路线,但归根结底还是设计师的创意思维能力。"设计师创新的本质与本书的引言里所讨论的范式转移有密切的关系。克莱夫格林耶在他的演讲'做无用功'也讨论的设计的问题,他声称说:'对于促进创新和产品开发的成功,设计是一个至关重要的工具,而那些东西常常会被忽略、管理不善或简单的来说是应用的太迟了。'格林耶证明说创新需要设计,因为'当我们开发新技术产品时,我们必须涉及人',而且也因为从事创新工作的技术人员和运用创新的人不一样。设计使技术更有可用性,在创新过程中使你及早从设计开始。"①所以说,设计师该如何进行品牌形象的改造对品牌本身有着深远的影响。品牌形象设计对于整个品牌的竞争力和影响力都是毋庸置疑的,特别是对于消费者来说,品牌的形象如何更是挑选品牌的主要因素。布莱恩柯林斯(Blaine Collins)说过:"品牌在我们的文化中无处不在,每个人每一天都与品牌接触,相互影响,而这些品牌在展现自己时往往需要不少帮助。利用大品牌的规模和影响力来清晰地展现并美化某个事物,没什么工作比这更值得做了。"②Aasker认为,品牌识别是品牌战略者希望通过创造,保持人们对品牌美好的印象的联想,它包括三个方面:品牌精髓、品牌核心识别和品牌延伸识别。在这个概念上和品牌形象并无差异。③

从以上成功的案例我们可以看到,一个"老字号"品牌形象的创新设计过程很难拘泥于一种创新模式,可以运用多种创新模式,每种创新模式既相互独立又互为补充,根据"老字号"品牌的具体情况整合其适用的多种创新模式和其他国内外学者提出的创新理论,才能得到最适用于品牌本身的品牌形象创新模式。

263

---

① 埃里克罗斯坎·阿冰. 品牌驱动创新[M]. 吴雪松,译. 长沙:湖南大学出版社,2012:60.
② 黛比·米尔曼. 品牌思考及更高追求[M]. 百舜,译. 济南:山东画报出版社,2012:60.
③ AAKER. D A. Managing Brand Equity:Capitalising on the Value of a Brand Name [M]. New York:The Free Press,1992:109-110.

　　创新模式的提出只是为品牌形象的创新过程提供不同的思路,而不是可以套用的"公式"。在使用所谓的创新模式时应具体问题具体分析,综合考虑与品牌自身相关的各种因素,选择最合适的一种或几种创新思路,这样才能得到令企业和消费者满意的"老字号"国货品牌的新形象。

第八章
"老字号"国货品牌形象设计的发展展望

早在 20 世纪 90 年代,奥美广告公司已针对活化老品牌进行了相关的研究。在今天,风靡全球的奢侈品中的大多数品牌都已逾百年历史,其视觉形象无论是经典程度还是时尚度都是同类的新兴品牌无法比肩的。究其原因,这些品牌厚重的品牌文化已渗透到其产品的每一个细胞当中,经典与时尚的碰撞是其常葆活力的秘诀。反观国内的"老字号"品牌,老化现象严重,品牌形象创新模式尚未成熟,导致了国内"老字号"在转型的道路上出现无章可循的尴尬境地。心理学研究表明,视觉接受信息的信息量占人类接收到所有信息的 83%,因而"当代文化正在变成一种视觉文化",视觉文化已成为大众文化中的主导性力量。品牌拥有良好的视觉形象不仅能够引导消费者的行为,也更有利于品牌的传播。我国"老字号"品牌沿袭和继承了优秀的传统文化,具有鲜明的地域特征、独特的工艺或服务、深厚的历史痕迹以及良好的商业信誉。"老字号"品牌的视觉形象再设计绝不会比打造一个新品牌容易,因此,更需要设计师从多角度去审视"老字号"品牌的问题,借助有效的途径来帮助"老字号"品牌获得再生。

一、理性与感性的融合——品牌的情感化设计

在日益丰富的物质生活消费背景下,情感化设计作为设计方向发生了新的

调整与改变,它不仅重新思考了人与物的情感关系,而且进一步拉近了人与物之间的距离,在更深层面上把对人的情感需求关注融入设计之中,体现出对人性的关怀和体贴。许慎的《说文解字》中对"情"的释义是"人之阴气有欲者。从心,青声"①。由此可以看出,"情"在于心。在西方,情感被纳入心理学范畴,在《心理学大辞典》中对情感的解释是"情感是人对客观事物是否满足自己的需要而产生的态度体验"②。情感是受动的结果,按照希腊哲学家亚里士多德的话说就是"在感受方面,我们说是被运动。被运动的情感是他者对自身的作用之反应"③。情感是人因外界变化而产生的一种内心感受,是一种完全的私人化的心理体验。杭州教育科学研究所的阮青青认为:社会发展得越快,人的怀旧情绪就越深。由此可见,情与情感都是人对客观事物所持的态度体验,只是情更倾向于个体基本需求欲望上的态度,而情感则更倾向于社会需求欲望上的态度。

所谓"情感化"则是现代设计师创意和表达设计思想的一个主要诉求点概念,它的提出针对的是现代设计因过分强调功能,而忽略了人的感性心理需求的设计境况。在人的情感诉求得到了前所未有的关注时,情感化则是根据消费者的心理特点和需求,兼顾功能与情感需求,要求设计能够通过物品的形状、色彩和材质等设计要素将情感传递给消费者,使消费者心底能够真诚感受到物品的情感共鸣。情感化设计是在满足物品的功能性基础上,深入探讨人与物之间的联结关系,从而引发受众产生相关情绪和情感,从而达到物质功能和精神启发的双重功效,它使设计进入一个较新的研究领域。柳沙在《设计艺术心理学》一书中提到:"情感化设计是设计师通过对人们心理活动,特别是那些以情绪、情感产生的一般规律和原理的研究和分析,在艺术设计作品中有目的、有意识地激发人们的某种情感,从而使设计作品能更好地实现其目的性的设计。"④美国设计心理学家唐纳德·A.诺曼教授在《设计心理学 3:情感设计》书中提出情

---

① 蒋人傑. 说文解字集注[M]. 上海:上海古籍出版社,1996:2202.
② 林崇德,杨治良,黄希庭. 心理学大辞典[M]. 上海:上海教育出版社,2004:940.
③ 贡华南. 味与味道[M]. 上海:上海人民出版社,2008:159.
④ 柳沙. 设计艺术心理学[M]. 北京:清华大学出版社,2006:249.

感化设计的三个层面:本能层面的设计、行为层面的设计和反思层面的设计。"①所谓本能层面关注的是设计外形的直接传达;行为层面关注物品的使用体验;反思层面关注的是深层次的生活情感的反馈。这三个层面理论的提出为情感化设计的实践打下了牢固的基础。

情感化设计是一种以"人"为中心的设计思想为出发点,通过对各种设计元素的整合与创新,从而达到人与物的心灵互通、情感交流与共鸣的沟通表达设计方式。它在充分利用了人类的先天感觉器官条件的同时,抓住"情感"作为重要切入点,不仅为设计带来了一种新的设计视角,而且也很大程度上为品牌设计注入了新鲜的血液。品牌形象作为公众情感诉求的集中体现,关注消费者的情感需求,创造和启发消费者与产品之间的互动和对话,增加消费者的情感记忆,是最终形成持久品牌忠诚的重要过程。正如诺曼所说:"品牌全部和情感有关,而情感又跟判断有关。品牌是我们情感的重要表象,这就是为什么它们在商业界这么重要的原因。"②有情感的品牌才能更好地实现与消费者的良好交流。

1. 以"色"悦人

色彩作为自然形象的构成元素,具有迅捷的传播力和强烈的感染力,它是品牌形象设计的重要构成内容。一个拥有着协调一致和鲜明生动的色彩的品牌形象,往往会让人们对这个品牌内涵有更为确切的理解,从而更好地引起人们的相关联想与回忆,留下深刻的印象。

色彩被人当作重要的情感交流媒介。消费者在作出购买某种产品的决定中有 60% 是基于色彩的。③ 色彩会在人的中枢神经系统和大脑皮层中引发各种反应,激发思考、记忆和一些特定的感觉模式,这种激励会加速消费者处理信

① 唐纳德·A. 诺曼. 设计心理学 3:情感设计[M]. 何笑梅,欧秋杏,译. 北京:中信出版社,2012:27.

② 唐纳德·A. 诺曼. 设计心理学 3:情感设计[M]. 何笑梅,欧秋杏,译. 北京:中信出版社,2012:49.

③ 艾丽娜·惠勒. 品牌标识创意与设计[M]. 王毅,姜晓渤,译. 上海:上海人民美术出版社,2008:1.

息的能力。品牌色彩的调整变化容易被消费者感知，从而激发情感、表达个性、唤起联想。如创建于 1971 年的美国联邦快递公司 FedEx Corporation，以完全适应高技术时代潮流的"隔夜传递"服务而众知。其标志是 1994 年由世界现今著名的品牌咨询机构朗涛（简称：Landor）品牌公司①资深设计总监林顿·里德（Lindon Leader）设计的。标志中的橙色和紫色选用光谱中最突出的两种颜色，公司希望每一件快递送达时，能马上引起办公室的每个人的注意，以此来抓住消费者的视觉感官（图 8-1）。同年此标志被滚石杂志（Rolling Stone）评为八个"三十年最佳标志"之一。

图 8-1　美国联邦快递公司标志设计及应用
（图片来源：https://www.fedex.com/zh-cn/home.html）

一般而言，人类的大脑对颜色的记忆与印象最为深刻，色彩的联想会迅速唤醒人们对相应的品牌形象的情感。人们通常会选择那种容易满足自己各种喜好的品牌。如果色彩选择不对，它就会扰乱品牌信息传达，让消费者困惑，问题严重的话，会导致一个品牌的失败。色彩的选择对于一个品牌形象的重要性是不可估量的。如创建于 1867 年的国外百年老品牌雀巢咖啡（Nescafe）。公司曾经在为产品包装设计选色上做过一个试验：将一壶煮好的咖啡分别倒入红、黄、绿三种颜色的咖啡包装罐中，然而让不知道这一举动的很多人进行品尝比较，结果品尝者一致认为：绿色罐中的咖啡味道偏酸，黄色罐中的味道偏淡，红

---

①　朗涛策略设计顾问公司（Landor Associates）：它是世界上最大的传播集团之一 WPP Group 的附属机构，它提供的服务包括品牌设计策略、设计、命名、互动程式设计及调查研究服务等各个层面，以协助全球的客户建立、更新及强化品牌效能。

色罐中的味道极好。因此雀巢公司决定用红色罐包装咖啡,果然一上市就备受消费者的青睐。公司这种令人称绝的打破传统方式的选色实践,真正地将品牌情感与消费者心理联结起来,从而传达出了产品的本质。

"老字号"品牌形象的情感化设计应充分考虑到色彩的选用,以消费者的丰富生活经历对色彩产生的认识为选用基础,通过色彩向消费者迅速传达重要的信息,使他们的生活与品牌情感联结起来。如创建于1931年的国产"老字号"品牌百雀羚的品牌用色,开启绿色草本之美,"绿色"的选用充分体现了"天然、温和、不刺激"的品牌定位,非常自然地向消费者传达了"健康护肤"的品牌理念(图8-2)。

"老字号"品牌形象在色彩选用上应该注重色彩与品牌性质的匹配度,即选用的色彩能够很好地传达出品牌理念、品牌价值,从而激发消费者的情感,引起回忆与联想,从而诱发消费者的购买行为。

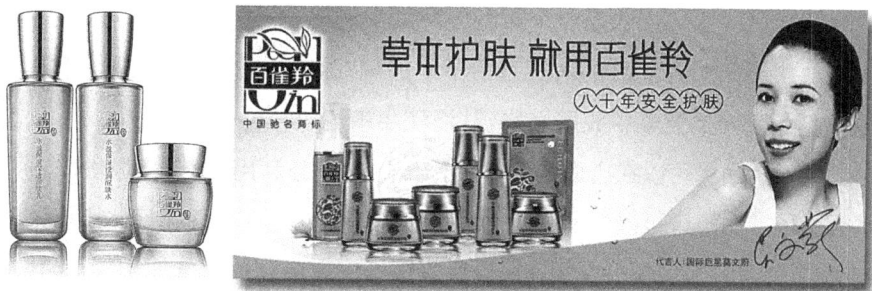

图8-2 百雀羚品牌色彩设计
(图片来源:http://www.pechoin.com/)

2. 以"声"动人

随着科学技术的快速发展,大量信息通过各种各样的媒介传播开来。在这样的环境下,声音成为除视觉媒介之外更容易辨别一个品牌信息的有效媒介。不同的音色、节奏、频率和响度能够轻易地将我们带入情绪和联想,在活跃人们思想的同时引发人类情感的共鸣。事实上,相关研究表明:听音乐这样的活动会促进人体内的内啡肽释放,激活大脑中那些强有力的兴奋中心。正如著名心理学家米哈里·齐克森(Mihaly Csikszentmihalyi)提出的"心流理论"①一样,一种特殊的、超然的意识状态,音乐让你只感知到当前的活动和极度的快感。有时,它甚至创造了心情、感受和情感,使消费者产生极大的愉悦购物体验。

营销大师马丁·林斯特龙(Martin Lindstrom)在《感官品牌》一书中说:"我们绝对不能低估品牌的声音。事实上,声音通常会成为消费者做选择的决定要素。超过40%的消费者认为手机铃声比手机外观设计更重要。"②一个品牌的独特声音可以是稳住消费者的重要手段,而且能让消费者理性退后,直接诉诸他们的情感,让消费者产生购买的欲望和冲动。声音是构建品牌形象的有效手段,它与消费者的一些情感状态紧密相连,让人容易联想到这个品牌。例如,创建于1929年的国外著名跑车品牌法拉利(Ferrari),就大胆地将声音创意性地应用到官网的鼠标点击上,使浏览者的每次点击都会发出跑车发动机的咆哮"呼呼声",从而感受这种"咆哮"的动力声音所带给人的震撼,感受到坐在跑车里的激情和速度感! 这仅是一个声音应用的实例而已,法拉利品牌对听觉的独特设计利用不仅给喜爱它的消费者留下了品牌"独特性能"优势的深刻印象,而且也使自己在同类竞争中脱颖而出,从而使品牌形象独树一帜。

"老字号"品牌可以在店面空间的设计传达上充分利用声音的穿透性与诱导性来吸引顾客。声音可以为消费者进行路线导航,不仅在此过程中可以瞬时引发路者联想,而且也可以充分利用声音特性来传达一个品牌的信息与特性。如位于上海市泰康路的"田子坊",这是一条充满艺术气息的古老街道,里面进驻着各种各样的老品牌商店。其中有一家名为"双妹"的老国货品牌专卖店,店内售卖各种"双妹"牌的物品,主要以怀旧风格为主。这家店别具一格地放置了一台流行于20世纪30年代的"留声机",将唱片置于转台上,在唱针之下旋转……利用那种稍略粗哑、模糊的温柔音乐使你瞬间置身于另一个时代(图8-3)。大概能具有这种时间魅力的东西就独属"音乐"了!

---

① 心流理论:指的是一种将个人精神力完全投注在某种活动上的感觉;心流产生的同时会有高度的兴奋及充实感。

② 马丁·林斯特龙.感官品牌[M].赵萌萌,译.天津:天津教育出版社,2011:96.

图 8-3　老双妹品牌专卖店
（图片来源：作者自摄）

"老字号"品牌在进行品牌形象情感化设计时，与其他新兴品牌相比更具文化感，也就更善于使用声音的特性来传达一个品牌的文化感觉，从而独具了一份品牌特质。这种通过声音频段影响和触发消费者的情绪手段，更容易让消费者产生共鸣。

3. 以"味"诱人

气味，一直都是感官世界里的最强烈诱惑。在品牌中，嗅觉可以对产品气味进行"样本采集"，对空间的氛围进行调试，激发情感的同时引起消费者一系列生活记忆与联想。美国心理学家赫兹（Hertz）说："嗅觉具有情感的特性。"[①] 在生活中，嗅觉和味觉是紧密相连的，它们是相互配合而又不可分割的整体。所以，这里将嗅觉与味觉整合起来一起论述它们的情感作用。嗅觉是最擅长利用空间感觉的感官。《感官之旅》的作者黛安·艾克曼（Diane Ackerman）曾说过："触动嗅觉防线，记忆会瞬间爆发，一种复杂的景象就会从灌木丛中跳出来。"[②]"据统计，在五感中，嗅觉其实是最灵敏的。嗅觉比视觉更能勾起回忆，而且嗅觉的作用要远远大于视觉。"[③] 在这个遍地都是视觉冲击，视觉曝光过度的世界，视觉语言的力量逐渐削弱了。

近年来，有了一个显著的趋势，气味越来越成为品牌的高效"附加元素"，它

---

① 李璞. 感觉：视觉、听觉、触觉、嗅觉和味觉[J]. 国外科技动态, 1998(9).
② 马丁·林斯特龙. 感官品牌[M]. 赵萌萌, 译. 天津：天津教育出版社, 2011：40.
③ 马丁·林斯特龙. 感官品牌[M]. 赵萌萌, 译. 天津：天津教育出版社, 2011：126.

271

的独具特质成为推广品牌的设计首选,从而成为维系品牌独特性的"标志性感官"。在品牌体验中,向消费者提供味觉感受是一种表达善意的方式,气味是消费者购买、收集或使用某件商品的重要决定性因素。气味可以改变人的心情,特别是在某种香气能勾起美好回忆时,人的愉悦程度可大大提高。因此,优秀的品牌应当找到一种属于自己的独特气味。例如,国外某品牌发行的一款报纸,会针对每刊的主题特选一种符合其内容的气味,并将这种气味经过特殊手段融入纸质中,从而使阅读者在读报的时候,能靠气味引起记忆,并自然地识别这个品牌。又如星巴克咖啡的气味感觉、德芙巧克力的入嘴味道、可口可乐入口时的气泡感觉、高露洁牙膏的独特味道等,这些味觉感受将留在消费者的感知里,逐渐成为品牌与消费者建立的强大情感联结。在 2014 年,深圳最新成立的"长物博物馆"①进行了专属的嗅觉设计,并量身打造了品牌专属香氛"Amber Light——琥珀之光",该香氛营造出高雅奢华、精致稳重、睿智机灵的气息;其中,雪杉与薄荷香的加入使环境更加清新脱俗并创造出浓郁的敏感和特殊要求。设计师精心设计实施的"Amber Light——琥珀之光"嗅觉品牌应用,以其独特的香味标签、健康环保的应用,最终获得长物博物馆、法国领事及各界来宾的好评。

国内大多"老字号"品牌属于餐饮行业,所以这种行业性质更对"味觉"要求严格。应当力求在消费者这种共同认知规律的基础上,找到属于自己品牌的专属"味道",从而抓住味觉特性来不断延续和提升"老字号"品牌形象。

4. 以"触"感人

触觉作为五大感官中最古老、最直接的感觉,它使我们的意识和感觉得到了证实。我们的绝大多数感官告诉我们这个世界是什么,而触觉却使我们拥有这个世界。触觉通过感官对信息的搜集,形成我们对一个事物的感觉与判断。触觉作为品牌形象情感设计的主要方式之一,是一种让观者去思考我们如何以

---

① 长物古董家具公司:位于法国久负盛名的南部普罗旺斯地区,专业鉴藏和经营法式古董家具,创立至今已有 200 多年的历史。2014 年 5 月 10 日中法建交 50 周年之际,深圳地区首家专业鉴藏和销售欧洲古董家具的品鉴场所——"长物博物馆"。

自己的感觉进行认知的传达方式。在设计中对触觉的有意识利用,会使一个品牌物品有异于其他同类,进而通过这种独特的感觉与消费者建立亲和感和信任感。

在消费过程中,触觉决定着顾客的心理认知,让消费者在购物过程中体验那富有想象力的情感过程,不断激发他们的消费欲望,刺激着人们内在的这种心理动机。它的存在能使商品和消费者之间建立一种令人兴奋的情感联系。如日本设计师原研哉 1998 年长野冬季奥运会开幕式、闭幕式"节目册的设计"[①]。创新点集中在用具有"冰一般"感觉的纸来反映冬季庆典,并唤起人们对"冰和雪"的记忆。文字处理上也独树一帜,将文字的金属模板加热,然后压印在纸上,文字部分出现凹陷。因为热的作用,部分纸纤维化成了半透明状,让观众在触摸到这种纸的时候能唤起他们脑海中曾经在雪地留下一串串脚印的记忆。在中间,则以烫金方式表现出深红色圣火,光亮的红色火焰深深地压在雪地中央(图 8-4)。这一视觉上的对比,使设计走向了完美。观者是各种感觉的集合体,设计中加入感性化的符号唤起了他们的各种情感记忆,从而使品牌的形象在观者脑海中留下深刻的印象。

图 8-4　冬奥会节目册设计/原研哉
(图片来源:原研哉《设计中的设计》)

"老字号"品牌形象应该充分将触觉创新应用在物品包装及外形传达上,更加注重将感觉融入整体设计中,从而运用这种外在的触感来唤醒消费者的内在麻木和沉睡状态,激启他们对老品牌的情感与意识。在审视和洞察消费者的潜意识情感行为基础上,充分利用情感设计打开消费者的记忆大门,建立有力的品牌情感联结。消费者在品牌选择中会根据自己的需要及期望的体验去选择

273

---

①　原研哉. 设计中的设计[M]. 广西:广西师范大学出版社,2010:160.

物品,良好的物品使用度及体验感会引发顾客的积极情感,这种可以长久维持的思维认识的热情,会帮助消费者建立对一个品牌形象的认知。正如美国心理学家普利布拉姆(K. H. Pribram)说:"人的体验和感受对正在进行着的认知过程起评价和监督的作用。"情感体验促使消费者在使用中形成整体评价并严重影响消费者对品牌的态度与再次购买。

在"情感"饥渴的消费时代,人们的消费需求不断提高,品牌在市场上的竞争也日益激烈,人们已经不再满足单纯的物质需求,这时对人的感性心理需求得到了前所未有的关注。在一个创造力需求供给极盛的生活多元化时代,设计与情感的结合必定使品牌身价倍增。"我们正处在一个大设计的时代。"①人的需求正向着情感互动的多层面发展。合理解决与把握不同设计元素所表达的情感与传达,并将情感完美地融入品牌形象设计中,成为当代设计师的一个全新挑战。"它需要一种探索的思路,允许你去寻找正确的角度,以便激发精彩的想法。"②

在情感化设计趋势下,未来品牌形象的传达应该是感性与理性的融合交替。感性的设计思维应用于表现,有利于设计灵感与创意的表达;理性的分析更有助于设计接近现实,解决市场中品牌形象的相关问题。随着设计向着数字化、个性化、多元化甚至智能化方向延展,"老字号"品牌形象也应根据不同的情景应用作出不同的形象传达变化,未来设计表现形式将会更加广阔。

现代社会中,复古事实的恒久存在和怀旧审美的长久流行是毋庸置疑的,因为这是人类与生俱来的能力,也是面对流变的社会所共生的情结。人们愿意从美好的过去中判断自我的存在和价值,再加上现代媒介平台的大众联结作用,使怀旧潮流同人们的心灵一拍即合,形成一种由个人偶发感怀旧转向社会集体情绪的群像表现。怀旧情绪可以引发和带动怀旧消费,进而满足人们的这种需求心理。伴随着社会的飞速发展和科技的进步,我们从传统的信息化时代

---

① 迪人.世界是设计的[M].北京:中国青年出版社,2009:18.
② 马格·戈拜.情感化的品牌:揭开品牌推广的秘密[M].王毅,王梦,译.上海:上海人民美术出版社,2011:11.

迈向更人性化的感官交流时代。这个时代要求一个好的设计不但体现在它的感官外形和功能层面,而且更重要的是可以为使用者带来不同层次的情感体验。在"大设计时代"①,设计师应该在人、物、空间、时间中塑造品牌形象,把品牌的过去、现在及将来与社会环境相结合,提升新的关联性。而"情感"在这个时代成了真正需要纳入考量的力量。

二、推波助澜、与时俱进 ——文化交融

生活品质的提高使消费者的消费额度不断增加,当增加到一定程度时,伴随着对产品所带来的附加值的注重,他们理性选择的心理就会呈减弱趋势,即消费感性化。"'洋货'为了迎合中国市场而'汉化',而国货却'洋化',这已是当今普遍存在的现象。"②面对产品"同质化"整体趋势,我国的传统产品种类越来越少,西式的产品逐渐占领了消费市场,虽然这些产品确实给我们的生活带来了便利,但在文化延续的意义上,是对我国传统品牌发展的巨大阻碍和文化侵略。在中西产品的对峙中,"老字号"盲目地模仿与攀附西式产品,无法给自身带来真正的品牌竞争力。"老字号"产品应该努力寻找契合点,将其古朴为主的特色发挥出现代的时尚感,既能满足消费者的购买期望,又留住"老字号"的精华部分,创新出"老字号"的风格特色。在抓住用品牌形象勾起消费者回忆的契合点的同时,不能忘却所选择的怀旧情愫是与"老字号"相关的、与我们过去相关的生活点滴。这意味着设计的出发点,不是西方的"自我色彩"浓重、简约棱角式的冷漠风格,而是成长于各个时代的中国人会产生的各种情愫,是它们赋予了"老字号"品牌更多的感性价值:关乎你我熟知的一段故事,或是在街头巷尾的某个过往,抑或是老人们说过的一番言语。品牌得以传播,便是因为品牌和消费者之间产生了这样的情感联系。

传统的品牌理论研究认为品牌形象设计应该是固定的,且在很长时间内保

275

---

① 大设计时代:指现代设计将进入一个更加宽阔、多元融合、丰富多样并充满无限可能性的地带。

② 张冰. 国货洋化岂能成时尚[EB/OL]. [2012-11-21]. http://www.people.com.cn/GB/chan-nel7/1219/20001213/347443.html.

持不变的,以此来维护品牌连续、一致的视觉形象。但是,重复使用陈旧、单一的品牌形象容易让人产生审美疲劳,甚至会产生厌烦的情绪。虽然,不少"老字号"确立了品牌形象识别系统,但仅仅只是生搬硬套传统的品牌理论,没有及时对品牌进行更新和维护。这样的品牌形象在使用了一段时间后,既没有达到预定的效果,又阻碍了品牌的正常发展趋势。格式塔心理学(gestalt psychology)、美学代表人物鲁道夫·阿恩海姆(Rudolf Arnheim)在《视觉思维》中提到:"在人们喜欢选取的东西中,最多的是环境中能实施变化的东西。由于机体的需要是经由眼睛加以调节的,对于变化的东西自然要比不懂之物感兴趣得多。"①现代艺术理论家贡布里希(E. H. Gombrich)也认为:"当来自外界的刺激和我们的预期相符合时,信息量就小;反之,不符合时,信息量就大,人的注意力更容易集中。"②由此可见,在信息传播中,只有那些变化的、新颖的形象才更容易刺激视觉神经,吸引人们的注意力。

"老字号"品牌形象创新是品牌生命力和价值所在,不仅需要新的品牌形象设计,更需要品牌形象的再设计。随着企业经营环境的变革、传媒技术的更迭、需求的改变、消费者审美的变化以及新设计理念的不断提出,品牌形象设计发展正处于一场渐进的变革之中。只要社会经济环境在发展变化,人们的需求趋向多元化,就不会存在"一劳永逸"的品牌形象,尤其是周遭呈现出明显动态化发展的情况下,更新是社会经济发展的必然。品牌不会是静止的,创新亦是品牌延续的必然要求,通过不断地更新发展,品牌不会随着产品的落后而"老化",而会在不断地创新中自我更迭、自我优化,以维持它的生命力。所以,品牌形象的更新是维护和延续"老字号"品牌的重要途径。同时,也延续了"老字号"品牌所带来的一系列文化效应。

1. "老"而美

美是人类生活实践的真实表现,是客观事物在人们心目中引起的愉悦的情

---

① 鲁道夫·阿恩海姆. 视觉思维:第1版[M]. 滕守尧,译. 北京:光明日报出版社,1987:65.

② E. H. 贡布里希. 秩序感:装饰艺术的心理学研究[M]. 杨思梁,徐一维,范景中,译. 南宁:广西美术出版社,2015.

感。审美观是在人类的社会实践中形成的,它和文化、政治、道德、经济等有着密切的关系。不同的时代、不同的民族和不同国家的人具有不同的审美观,所以说审美观具有时代性、民族性和人类共同性。"老字号"品牌形象自身保留着独特的审美情趣。例如:品牌形象设计中采用传统吉祥纹样,如云纹、钱纹、龙纹等。它们形色各异,不仅展示着民族特色和传统文化的发展轨迹,也蕴涵着丰厚的历史文化与人文理念,包括对美好生活的希望、对风调雨顺的祈愿、向先人祈求庇荫的祷告等。反观现实,这些颇具传统文化的纹样正被现代消费者逐渐淡忘,在欧式、美式、日式等各式风格中淡出人们的生活。当我们的审美与西方理论结合,当我们入眼所及的都是西方时尚,当我们追捧的都是日韩风,这是否会导致对品牌形象好坏的判断产生偏差。审美的趋势在太多外来事物的影响下已经不再纯粹,我们的创新需要厘清其中的脉络。作为一名设计师,他的世界观、价值观、人生观都与其成长的环境息息相关。在当下这样的环境中培养出的设计师,是否能真正理解中国的传统文化、思想和精神?社会在发展、人类在进步,我们的创新方向也时刻在发生着变化,把握其中的精髓,坚持并且继承它,才能在"老字号"品牌中作出具有我们自己特色的创新。

随着当今社会的快速发展,人们审美观的极速转变,大部分"老字号"都处在新旧更替的矛盾中:陈旧的品牌形象、单一的企业体制、年龄较大的员工、守旧的思想等都是"老字号"品牌急需解决的问题。著名法国思想家伏尔泰说过:"历史不变,但我们对它的要求会变。"① 如何才能更好地守护与发展这份历史遗留的瑰宝,让举步维艰的"老字号"企业摆脱困境,是我们应该审视与思考的问题。在"老字号"品牌发展过程中,要继续保持"老字号"品牌的个性,进而避免与其他品牌符号趋同,它将如何实现有效的差异化形象传达?"老字号"品牌应以一种新的视角去审视和思考,在充分借鉴国外老品牌发展经验的基础上,打出"情感牌":以必要的视觉设计形象创新和品牌情感体验来作为实现品牌在消费者头脑中的可持续发展方法,让传统的"老字号"品牌在激烈的市场竞争中找到自己的合适位置。

---

① 伊莉莎白·E.古费.回潮:复古的文化 [M].王之光,译.北京:商务印书馆,2010:3.

"老"不是"丑"的近义词,它是可以与"美"共存的。许多被消费者追逐、热捧的知名品牌也包含有"老"、年代久远、传统、古代等元素。美化"老字号"并不是去"老"换"新"的简单形象转变过程。"老"应有老的美态,一些中老年妇人身上典雅端庄的气质是"二八韶华"无法企及的精神风貌。"老字号"应同前者一般,体现出有深度、有韵味、有格调的美。时代在发展,民族在交融,人类生活在统一、同化,审美的趋势无法停留在某个"老字号"品牌兴盛的时期。从牛排到可乐、时装到汽车,不断地引进、同化,人们也在接受和改变。各种生活观念、时尚观念通过电视、电影、杂志、网络等信息渠道大量涌入国人的日常生活,人们从中发现更多的国外设计新颖、造型时尚、质量优良的商品,这使得人们的消费视野更加宽泛。"更美"一词的意义已经模糊,人们开始更多地关注自我和个性的表现。在物质保障的前提下,他们追求潮流和时尚,满足精神上的需求和更高的物质生活。从"老字号"企业的角度,是无法控制消费群体对美的认识变化和追求趋势的。在这样的审美态度驱使下,"老字号"品牌停滞不前就等于"慢性自杀"。市场竞争中只有被消费者接受和认可的品牌,才有生存能力。"老字号"品牌被认可过,所以才会源远流长,当消费者的需求与偏好发生了变化,它原先的形象和定位将不再能满足消费者。这时,品牌必然要进行更新,通过对"老字号"品牌形象适当地"美化",适应消费者新的审美需求,以求再一次被认可。

2. "老"而亲

培养品牌亲和力是吸引新用户,留住老用户的一个重要手段。品牌不仅仅是指一件产品或一项服务,它还代表着消费者多样的价值取向。地域特色对"老字号"品牌的发展影响非常大,导致餐饮界的甜辣口味不同、服装界的颜色偏好不同、字画界的纸料取用不同。无论是商业品牌还是社会品牌,其形象设计的独特性、目标性与信息传播的作用是一致的。有些"老字号"品牌的分店遍布全国各地,在品牌形象的设计上也应根据产品线的变化进行调整,针对当地市场的需求进行梳理并改进,着重突出能够吸引当地消费者的品牌形象,使"老字号"更具亲和力。对消费者来说品牌概念寓意美好,如维维豆奶的"维维豆奶,欢乐开怀"、旺旺饼干的"让你旺一下"、福满多方便面的"福气多多,满意多多",都是在追寻与受众亲和互动的默契。这些品牌从人文角度注重人的感受，从生活方面给予人性化关怀，寻找具有颠覆性、差异性、触动人心的切入点加以提炼，成为创新方向，使之既有驱动力又具有约束力，把消费者个人关心的问题扩大化，亲近消费者、关爱消费者，为品牌形象延伸奠定坚实的理念基础。

例如，"星巴克"的品牌形象更新。其标志于 1971 年、1987 年、1992 年以及 2011 年，分别进行了 4 次更新，最终将原来的"Starbucks Coffee"字样去除，这反映了"星巴克"把自己的品牌定位拓展到了糕点、冰淇淋等咖啡以外的产品，从标志开始不再局限于咖啡，这也是四十多年来"星巴克"的全新战略转变（图 8-5）。"星巴克"已进入中国市场多年，它针对中国客户对咖啡口味的喜好研发了新产品（凤舞祥云咖啡、低因祥龙咖啡），并在包装上使用了龙、凤形象，以迎合中国消费群体的喜好，这是外来品牌亲近当地消费群体常用的一种营销手段。再如，20 世纪六七十年代的儿童玩具——"铁皮玩具"（Tintoys）现已成为国内市场上最新流行的收藏品（图 8-6）。它的制作原料是一种镀锡的薄铁皮，俗称"马口铁"。一张图纸，一块铁皮的边角料，通过手艺人的双手，便能成就一个栩栩如生的形象。当年，较为有名的儿童玩具生产商有生产出中国历史上第一件国产金属玩具的范永盛玩具工厂（创办于 1911 年）和最具市场影响力的康元玩具厂（前身是康元制罐厂）。虽然在 20 世纪 90 年代初，"铁皮玩具"逐渐淡出市场，但它们或是动物、或是汽车等源于当时的生活形象。取材无法掩盖其

图 8-5　星巴克品牌形象

（图片来源：https://www.toodaylab.com/16666）

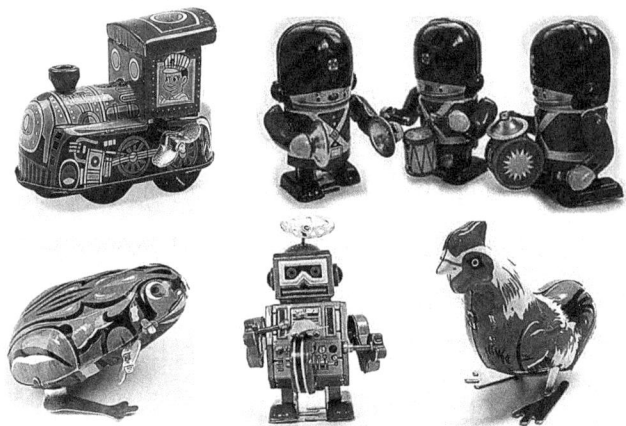

图 8-6　铁皮玩具

(图片来源：https://www.sohu.com/a/251240714_102160)

所带来的怀想和憧憬。这番潜意识中的童趣是"老"赐予的时代怀旧，随着复古风潮的来临，我们应该尝试复活这种极富形象特色的老品牌，让它不再止步于收藏家的手中，而是成为时尚流行的品质玩具，发挥它记录生活经典实物的艺术风格，让我们从玩具形象中铭记对旧时代的情感念想。

品牌的战略无论怎样改变，都需要根据自身条件和外部环境进行分析，制定出品牌总体计划，它的最终目的是建立经久不衰的品牌形象，以最直接的方式表达视觉信息。例如，2007 年意大利家用品牌"阿莱西"①与中国台北"故宫博物院"合作推出的"The Chin Family—清宫系列"，设计师 Stefano Giovannoni 的全新创作灵感来自于参观故宫时所见的一幅清代乾隆皇帝年轻时的画像，最终根据画像设计出一个眉眼细长、头戴清代官帽、身着清代服饰的吉祥人偶厨房产品（图 8-7）。此次产品种类含 Queen Chin、King Chin 系列香料研磨罐、Mr. Chin 系列蛋杯、定时器及 Mr. & Mrs. Chin 系列椒盐罐组等。这样的设计简化，既跨越东西文化，又象征着新旧的现实交织，不仅让人耳目一新，而且

----

①　阿莱西（Alessi）：它成立于 20 世纪 20 年代，因其极具个性化和普及性的产品设计而享誉全球。它革新了我们看待家庭用品的方式，把生产基本实用主义产品转化为给家庭创造革新的、多彩的、巧妙的、实用的产品。

极具亲切感和现代感。作为古代文化与
现代技术的结晶，它不仅体现出产品的
"人情味"，而且体现了历史、文化、心理
的脉络。好的设计可以拉近品牌与消费
者之间的距离，让他们从物品中得到情
感的需求与精神的慰藉。如日本的著名
杂货品牌"无印良品"(MUJI)，它所倡导
的自然、简约、质朴的生活方式大受品位

图 8-7　清宫系列设计
(图片来源：https://www.toutiao.com/i6334
242066142331394/)

人士推崇。无印良品已有超过七千种的物品，从物品设计到海报宣传都没有太
多的语言，但总能让人们从这些物品的设计中深深地感受到一种对"生活原品
质"的召唤。这个品牌贩卖的是生活哲学，它将日本美学理念"空"表达到极致，
"无印良品"被日本乃至全世界设计领域认为是当代最有代表性的"禅的美学"
体现。似有若无的设计将物品升华至文化层面，这种设计精神接近于中国古人
所说的"大音希声，大象无形"的境界。

只有当消费者视"老字号"品牌为生活中"一位不可或缺的朋友"而非仅是
生活必需品，对它产生熟悉感、亲切感和信赖感，高度认同其存在的社会地位和
意义时，"老字号"便拥有了足够的品牌亲和力。所以，"老字号"品牌形象的调
整，就意味着品牌形象的创新需要亲近大众，从形象上直观体现出它以消费者
为中心的经营理念和品牌文化。

3. "老"而巧

"巧"字即为心思灵敏、技术高明之意，常用于巧手、巧妙、技巧、心灵手巧，
虽然"老字号"有巧计，但在品牌形象中缺乏这些"巧"的设计手段。"设计观念
与设计风格的形成离不开科学技术的支撑，甚至从某种程度上讲，设计风格可
视为时代科学技术发展的标签。"①人们逐渐习惯于动态的、多媒介的信息传播
方式，这给以传统手工技艺包装全身的"老字号"品牌带来了巨大的挑战。在
强势的新媒体带领下的视觉传播形式中，"老字号"品牌形象显得格格不入、

---

① 　杭间.设计道[M].重庆:重庆大学出版社,2009:277.

僵直而呆板。灵感是人类创造性思维活动中的一种方式,在设计创新的过程中,灵感也是客观存在的一种思维现象,是设计师设计创新过程中的一种重要的思维方式,值得深入探讨和研究。设计灵感是生成创意的重要因子,大部分的设计师都承认灵感,认识和理解灵感思维在设计创意中所发挥的作用,对设计的发展具有积极意义,有助于更好地提升设计的品质和内涵。能否发挥和培养自身的灵感思维成了设计师设计能力的自我考量因素之一。灵感思维所带来的创意灵感是与众不同的,灵感思维所带来的创意也会是独一无二的。只有独一无二的创意才能给完美的创新模式填上浓墨重彩的一笔。

品牌形象设计起初是在点、线、面的二维层面上进行变化的。"老字号"的品牌形象设计也使用类似于这样的设计方式。这种平面化造型语言一方面受到现代主义思潮的影响,力求单纯和简洁;另一方面受到制作工艺、传播手段、发布技术及制作成本等因素的制约。伴随着电脑设计、制版及数码技术的出现和普及,品牌形象设计在制作流程、加工工艺等方面得到了强化升级,能够轻而易举地制作出更为复杂的图形。同时,技术的进步也大大提升了设计师的意识与观念,视觉表现日益丰富。此外,在新的技术支撑体系下不断涌现出的新媒体形态以及交互式媒体的发展,为品牌形象设计打开了新的发展方向,也给品牌形象动态化奠定了基础。传播媒介也随之跳出报纸、杂志、广播、电视四大传统意义上的媒体,在数字杂志、数字报纸、数字广播、手机短信、网络、桌面视窗、数字电视、数字电影、触摸媒体等载体上展示品牌形象的魅力。例如,"谷歌"作为全球最大的搜索引擎,其网站首页上的形象标识随着节日或者纪念日的更替呈现为不同的视觉形象设计,相比于耗时、耗材的传统媒体,体现出了数字新媒体高效、低成本的传播优势。

为了创作独一无二的形象识别,麻省理工学院媒体实验室(MIT Media Lab)采用动态交互的识别体系来设计。设计师开发了一个程序,将基础图形设定为 12 个颜色的组合,并在正方形网格中任意移动,由此可以生成多达四万种视觉标志(图 8-8)。每个标志通过三个点(代表研究院、教师及学生三者)所投射的图像来汇合,呼应了实验室中三者智慧的交流、整合。每个成员可以任意选取其中一个自己喜欢的图形作为标志来设计自己的名片或用于个人网站上。这种形式对于"老字号"传统的形象设计方法来说，是一个技巧性的突破。从中，我们看到的不光是动态化的设计，更应该看到新媒介带给"老字号"的新平台。历经种种宣传模式更迭的"老字号"不能在平面性设计向立体性设计、静态设计向动态设计等转变中保守和抵制，应敢于尝试、敢于尝新，巧用新媒体技术手段，在新形式中获得新形象、新平台中获得新创意，达成"老"与"巧"的结合。

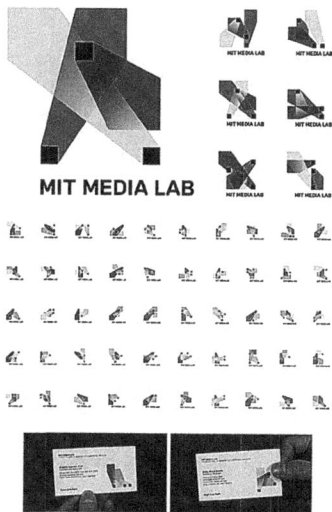

图 8-8　MIT MEDIA LAB 动态交互识别系统
（图片来源：https://www.toutiao.com/i6334242066142331394/）

法国著名社会学家鲍德里亚（Jean Baudrillard）说："他们想方设法地用'文化'对个体进行'重新设计'，把他们装到同样形式的外壳里，为文化提升符号下的交换提供方便，把人们放到'氛围'中去，就像设计对物品所作的那样。"[①]随着当今人们消费审美的极速转变，"国货"也不再是廉价品的代名词，反而成为潮流的风向标。出于对"老字号"品牌质量和信誉的认可，悠久的历史、精湛的工艺和象征的意义都成为老品牌的复古潮流点。

日本风吕敷样式包装可以追溯到日本 1300 多年前的奈良时代，用来包裹宝物的布，以日本室町时代，日本人去澡堂泡澡，用布巾将携带的换洗衣物包覆而名。随着人们生活习惯的改变，风吕敷的使用变得广泛，不只用来包覆衣物，也可以作为外出携带物品的载具，具有自家图案的风吕敷自是别出心裁。现代，逐渐有一股"风吕敷复兴"的态势，因其包裹的方式很有创意，也相当具有环保意识，特别是布的质地带给人们的温暖感受，更是人工塑料或是皮革无法取代的，所以能再掀热潮，受人喜爱（图 8-9）。日本的妹岛和世、隈研吾等多位知名建筑师，曾为了一个特殊企划"Architexture"而设计出独具特色的风吕敷，从

283

---

① 鲍德里亚. 消费社会[M]. 南京：南京大学出版社，2000：113.

风吕敷的平面设计到包装后的立体样貌,呈现出不同于真实建筑的"微型软建筑"。再如,创建于1906年的"老字号"——晃记饼家(Pastelaria Fong Kei),祖孙三代传承下来,仍坚持沿用古法制饼,让古老的口味能够继续延续。2014年,老品牌得以"旧貌穿新衣",重新设计出一套简洁、古朴但符合现代

图8-9 日本风吕敷样式包装
(图片来源:https://www.sohu.com/a/363
478204_474145)

审美的品牌视觉形象,这个举动不仅让这个具有百年历史的老品牌焕然一新,而且迅速地引起了消费者对于老品牌的关注(图8-10)。短时间内,这个"老字号"品牌商品不仅销售量直线上升,而且持续性地得到了消费者的一致好评。

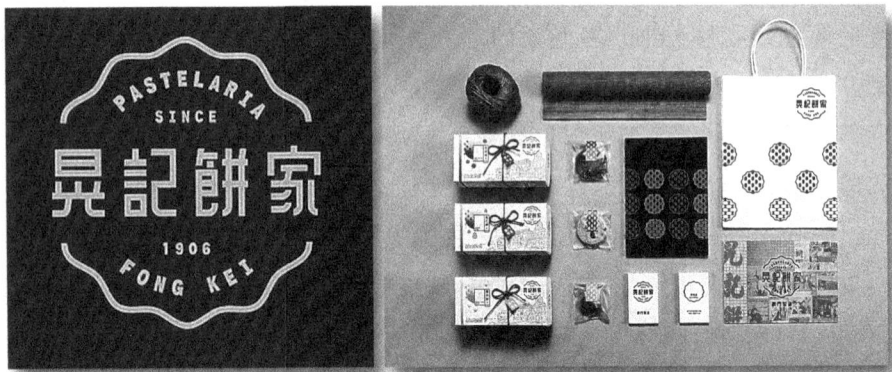

图8-10 "晃记饼家"品牌形象
(图片来源:https://www.sohu.com/a/212264359_817965)

著名品牌创建家马格·戈拜(Marge Brown)说:"最好的品牌创建战略就是要利用怀旧潮流,自然要从昨日借用,但应该用一种创新的方式把昨天与今

天融合起来,这就意味着用一种形象、折中的眼光看待过去。"①人们正从这种复古情感中,通过符号消费来寻找那份属于自己的价值和意义。荷兰国际企业执行董事阿尔方斯·特龙佩纳斯(Alfons Trompenaars)说过:"寻求意义,并在任何具体的形式中赋予某种价值意义,这是人类内心最深层的呼唤。""老字号"品牌形象应在保存传统文化底蕴的基础上,充分利用消费者的现代审美特性,创新调整老品牌形象,使之用"时代之美"来唤醒消费者对品牌感觉的原有记忆,激发情感,提升忠诚度。

小结

推动"老字号"的振兴是一个系统工程,需要政府和企业自身的共同努力。探索"老字号"的视觉形象创新设计之路任重而道远。在今天国内"老字号"品牌建设激烈的战役中,设计者要重视"老字号"品牌博大精深的文化底蕴和独特的地域特色。在"老字号"品牌视觉形象的再设计中,应充分考虑文化性、品牌化、地域性、系列化等因素,创新品牌标志图形、辅助图形、标准色等设计,塑造出更具特色的企业视觉形象并创造更大的品牌价值。在不同的时代,"老字号"都要重新定位自己、改良自己的品牌视觉形象,提升"老字号"的品牌内涵,加速"老字号"品牌的振兴。当今社会物质极大丰富、商品琳琅满目,要在同类商品中迅速吸引消费者的目光,获得消费者的青睐,商品就必须重视材料、工艺的引入与拓展,尤其注重情感价值的引入,探讨运用多种表现方法来增强物品的情感体验。同时,"老字号"品牌形象应在正确把握消费者的审美趋势下,注重通过商品的主体设计来传达"老字号"品牌理念与情感价值。商品作为"老字号"品牌文化的核心载体,有着表达品牌个性、风格和身份的有力象征点,所以设计师要创新运用造型语言与手法来表达物品的核心与灵魂,创造性地提升其中的情感价值,以求与消费者心理产生情感共鸣。品牌应随着时代环境的不同作出改变,在密切关注消费者心理的基础上,融入时代特色,帮助消费者建构一种属

285

---

① 马格·戈拜. 情感化的品牌:揭开品牌推广的秘密[M]. 王毅,王梦,译. 上海:上海人民美术出版社,2011:323.

于自己的生活方式和价值观。今天的消费者所期待的品牌应深切地、个人化地懂得他们,对他们的需求和文化倾向有实实在在的理解,这对于品牌来说是一种前所未有的重大挑战。

"老字号"品牌应该学会利用自己的优势,不能陈旧固守,避免成为那些所谓的徒有虚名却又无人问津的古董品牌。在"酒香也怕巷子深"的今天,"老字号"品牌企业必须开发满足需求、创造需求的包装,提高消费者的关注度,注重品牌形象的创新才能不断前进走在社会潮流的顶端。"我们现今所处的是一个高度信息化的社会,高度现代化带给我们目不暇接的新材料、新技术、新工艺,以及新的观念、新的思想和各种艺术思潮,这些都给中国传统文化和意识形态带来了前所未有的冲击。在这种局面下,如何创造性地将传统文化和视觉元素与现代文化和审美喜好相融合,以迎合现代消费者的喜好和现代市场环境的变化,成为'老字号'品牌形象再设计的关键。"[①]对品牌视觉形象进行创新设计是"老字号"企业在现代市场竞争中得以生存发展的重要方式,对"老字号"品牌视觉形象进行重新塑造,需要在保持原有企业核心理念和品牌核心价值的基础上进行研究拓展,从地域、民族、历史文化上进行理性思考,将中国的传统文化融入设计,再结合时代的发展需要进行设计延展,以符合现代人的审美情趣,传承中国文化的传统意蕴。

---

① 张文袄,吴晨晖.老字号品牌形象视觉设计的重塑探究[J].大众文艺,2013(18).

结　语

在 21 世纪大数据时代，在移动互联技术快速发展的背景下，我们正在面临一个网络资源膨胀、文化创意张扬、品牌竞争加剧的现状。在经济和文化不断演进和多元变化的今天，"人"作为消费主体和设计主导，已经占据了现实社会的主要位置。时代对以"人"为切入点的设计提出了更高和更深的要求，由此，"老字号"品牌形象创新设计作为时代需求应运而生，中华文化博大精深，为创意提供了取之不尽的资源。"老字号"品牌是中华文化的物化结晶，对"老字号"品牌形象的创新设计就是将其深厚的文化内涵进行可视化、艺术化处理并融入新时代元素的过程。在这个过程中不仅要注重对于文化内涵和时代精神丰富、全面的表现，也要注意"提炼""去粗存精"，形成更典型的视觉形象。此外，"老字号"品牌想要走出困境得到长足的发展，仅仅依靠品牌形象的创新是不够的。"老字号"品牌的运作是一项系统工程，在企业的经营过程中运行新机制、融入新理念，才能更好地面对激烈的市场竞争，从而实现"老字号"的复兴。

面对着消费审美与文化的极速转变，"老字号"品牌日渐陷入尴尬与困窘的境地。老品牌形象的日趋落后，使"老字号"企业的生存与发展面临着严重的危机与挑战。因循守旧的思想不应再固守在"老字号"品牌之内，迫切的境况正在敦促着老品牌的复兴与奋起。基于传统文化底蕴之上的跨越创新与融合情感

287

设计成为"老字号"品牌形象重塑的重要策略与方法,这要求我们必须具备一种从根本上理解和把握现代品牌的宏观视野。"老字号"的企业文化经历过历史的积淀结晶,正确地解读和发扬"老字号"品牌文化内涵是"老字号"品牌视觉形象再设计的责任。从"老字号"企业口号、店训、堂训、传说,到牌匾、招牌、商标以及手艺和古老的建筑本身都可以作为企业形象的象征,也是"老字号"内涵的核心,从明确企业性质和目标,到规范企业行为,再到视觉表现与传播。作为企业视觉形象,其设计不仅是美学意义上的,还必须以传达"老字号"企业文化与精神为出发点。只为卖产品而设计企业视觉形象的做法是不可取的。所以在"老字号"品牌形象再设计的过程中,必须提炼出企业独特的、最本质的特征内涵,否则就必然导致平庸无奇、没有特点可寻。随着现代消费对文化内涵和审美需求的日益增长,"老字号"在企业发展转型中要充分利用时代有效的宣传和推广手段,积极进行品牌视觉形象的转变和更新,以适应时代和市场的需求。"老字号"宝贵的精神和文化财富不是将其"束之高阁"就可以"万古流传",最重要是靠"老字号"与时俱进的经营和转变。在"老字号"品牌视觉形象创新设计风格选择时,我们也要充分考虑企业文化精髓,企业品牌定位和时代的需求,打破传统的束缚,尝试多元化的设计风格。"设计的成功并不会让设计本身留下什么难忘的印象,但它传达的实力、信念和特点将印象加深。"①

中华"老字号"是中国传统商文化的载体,是中国品牌经济的深厚底蕴。但是,有些曾经辉煌的品牌走向黯淡,老品牌与消费者需求出现种种不适,我们不应该笼统地直接"舍弃",而应该有选择地"扬弃"。"老字号"在延续品牌质量的同时,必须注重品牌形象的打造和更新,与时代发展、人们的精神生活紧密相连,而不是笼统地活在历史的光辉里。因此,品牌形象包装的内涵要不断地丰富,要升华为从内到外、从形式到内容、从物质到精神、从传统到现代的艺术形态。作为商品的形象的物化和延伸,我们所需要的不仅仅是大众文化的崛起,更是高质量的商业文化的崛起。品牌形象作为文化的直接载体应受到设计界

---

① 胡小惟,黄灵子. 为"皇权"做设计:丹麦支点公司博·林纳曼访谈[J]. 艺术与设计,2002(44).

的重视。"老字号"品牌正是要在新的时代,以新的方式,延续自己的品牌文化生命力。

"真正的品牌存在于关系利益人的想法和内心中。"①品牌形象设计是沟通的艺术,它更加关注人们生活方式的变化和需求,不断地塑造品牌个性并影响目标受众的生活态度和价值取向。"老字号"国货品牌大多诞生于近现代,它们经历了晚清、民国时期的动荡,也经历了全球化市场经济发展的洗涤,人们的思想观念从封闭状态迅速转向对西方时尚文化观念的包容与接纳,对国外品牌争相追逐。于是,出现了国内品牌视觉形象设计缺少本土文化传统的精神和元素,多数传统元素的设计也只是程式化的生搬硬套的现象。"品牌"一词的出现,虽然来自于西方,但是我们应用的应该是它的方法和体系,而不是模仿和追捧。只有对中国传统文化有所继承,然后实施文化创新,才能打造属于中华"老字号"企业自身的品牌形象和品牌文化特色。

"老字号"的诞生伴随着"消费者"的出现,这种相生相伴的关系,直接或间接地让"老字号"与文化如影随形。历史发展到今天,"老字号"可以说是文化的一部分,它带给我们生活所需的产品,也留给我们宝贵的历史文化财富,它是属于过去、现在和未来文化不可忽视的一个重要部分;"老字号"也可以说是在创造着文化,它在社会文化、经济文化、消费文化等中起到了推动和改变的重要作用,影响着一代又一代人。在经济全球化的大环境下,带有民族烙印无疑是"老字号"品牌企业的现代化建设、可持续发展和走向世界的关键。"老字号"品牌重塑可以从提高产品质量和服务、重新定位目标消费群体、推广品牌形象开始,通过品牌营销提高品牌知名度从而产生品牌号召力,最终形成品牌效应并提升品牌的核心价值。"老字号"品牌的重塑可以打破消费者原有的既定思维模式,满足消费者新的需求。大多数人都可以称之为消费者,他们不断创造着文化,而文化又创造出品牌,不可否认,品牌的出现与更新同样改变着人的社会。犹如"老字号"这样拥有百年历史的老品牌,它的出现是顺应消费需求和市场竞争的产物,它的发展是商业文化的堆积和沉淀,与其说"老字号"品牌成就了一段

289

---

① 汤姆·邓肯,桑德拉·莫里亚蒂. 品牌至尊[M]. 北京:华夏出版社,2000:11.

字号文化,不如说文化推动了"老字号"的品牌更新。有些"老字号"无论从经营模式、还是视觉形象都远远落后于现代市场品牌的竞争者,但它又是老而弥新的存在,它的落后显得超脱与独特,掀起了一股复古与怀旧之风。这种复古与怀旧的情趣下,"老"便显得格外珍贵,突显出了"老字号"独特的品牌韵味,这便是文化价值。

在"老字号"品牌形象的发展过程中,由品牌折射出的不仅仅是单纯的商品文化、消费文化,而是更深层面的社会、民族,乃至整个国家的文化形态。德国心理学家费希纳(Fechner, G. T.)把人的心理比作一座冰山,水面的一小部分是意识内容,能为人们所察觉,而水面下的绝大部分是潜意识成分,是不可觉察的。当把这不可觉察的潜意识与相关品牌文化结合起来,形成品牌内在的、附有创意的价值,就会产生一种既别出心裁又能使消费者产生共鸣的品牌形象创意。文化是发展和变化的,品牌的文化形象也是需要被理解和被接受的,陈旧的文化不能为产品带来发展机遇,"老字号"需要适时的对文化形象进行包装和创新,保留文化中的精髓、延展文化脉络,塑造文化新形象。我们处在一个高速发展的现代化、数字化、信息化的社会时代,新思想、新观念、新材料、新技术的不断更新给"老字号"带来了巨大的压力。在这样的竞争压力下,对品牌形象进行创新设计是"老字号"企业得以生存发展的重要方式。唯有从地域、民族、历史、文化上进行理性思考,保有原品牌的核心理念、精髓特色,并将其真正融入现代社会经济发展中,从而推动"老字号"国货品牌的复兴与发展,如此才能立足于世界、走入消费者的心中,获得更多的发展契机。传统和现代并不是对立的,通过现代设计理念和手法将传统文化渗透到"老字号"的视觉形象设计中,让"传统"与"现代"有机相融,对品牌文化进行继承和发展,从而提升"老字号"的品牌形象创新设计。

当我们走向一个极速、似乎不确定的未来时,人们的心灵挤满了紧迫与焦躁,这种潮流在某种程度上让人们得以重新确定自己,让他们看清自己在疾速飞逝的时间中想要记住什么和留住什么。如鲍曼(Bauman)提出的流动现代性理论:"现代性已经进入流体状态,不确定因素的增加、风险的增长、未来的难以把握，必然使人转向过去，转向那些曾经有过且在历史记忆中稳定存在的东西。"①品牌设计师马西莫·维格纳利(Massimo Vignelli)曾说："表现品牌特征的一件事就是你如果能找到一样有历史的东西，事情往往就简单多了，因为它对人们的想象力可能还有一定的影响。"②任何品牌，只要它与消费者有了10年左右的品牌联系，或者是自身具有一个有意思的历史故事可讲述，就几乎都可以利用这种怀旧和复古的潮流来让自己获得新的活力，因为我们在这个压缩的时代，复古正在快速变成怀念"不久之前"。"老字号"品牌最重要的财富是其悠久的历史和企业文化，在视觉再设计中我们必须保留"老字号"优秀的核心文化，并将其继续发扬。传统与现代的合理结合既可以发挥其传统优势又可以与时代相适应，过分追求传统和完全否定传统的两个极端是不可取的。

"老字号"具有一种积淀深厚的文化，并体现出独特的优势，应主动寻求政府的扶持，集人缘地缘之优势，集中展示"老字号"丰富的文化内蕴，彼此相得益彰。但是，持有"老字号"这个独特的品牌，不等于具有了品牌形象力，不等于就可以不去理会变化了的市场。如果经营者不去理会已经完全不一样的市场，不理会已经变化了的消费者的需求，不去为品牌形象注入新的活力的话，"老字号"的发展势必会走向灭亡，其有价值的文化、工艺、信誉等品牌形象也会被世人遗忘。因此，"老字号"品牌是对我们传统文化和民族经济的发展都有价值的品牌，所以就要靠我们共同去关注，共同努力地将这些"老字号"延续下去。相信"老字号"在今天如此激烈的竞争环境里，定有属于它的一片发展的天空。

回首"老字号"品牌的绵长历史与文化，我们可以感受到沉浸其中的自然本性和生活气息，它那朴素的工艺与思想，记录了一个时代的观念和追求。然而时代不停地发展、消费审美不断地提升、心理需求随之变化，都要求象征民族精神的"老字号"品牌形象能有一次大胆且具有突破性的转变与跨越，从而让消费者在品牌中回忆时代、追溯文化、找寻自我。当代设计使品牌形式更多元、传播效率更高、影响力更大。在实践中，我们应本着对文化的敬意和对"老字号"的

①　齐格蒙特·鲍曼.流动的现代性[M].欧阳景根,译.上海:上海三联书店,2002:323.
②　马修·赫利.什么是品牌设计[M].北京:中国青年出版社,2009:28.

尊重,深入品牌的内涵精神中,用心灵感受这些古董般的“老字号”品牌,用真挚创新出它们的新形象,将“老字号”塑造成具有凝练的价值精髓、瑰丽的外形特征的优秀品牌,成为现代市场中真正的“活化石”,在国际化竞争中引领品牌的发展,实现“中国制造”向“中国创造”的转变。

后 记

锲而舍之,朽木不折;锲而不舍,金石可镂。

——荀况

本书源自我 2013 年度教育部人文社会科学研究规划基金项目,虽于 2016 年底顺利结项,但又经过了较长时间的资料补充、修改和完善,才得以最终完稿。

"老字号"品牌形象创新在复兴上的尝试仍面临许多困境。本书需要从"老字号"国货的衣、食、用、行等方面,选择具有代表性的"老字号"品牌进行典型案例研究、访谈,需要从多方面收集整合零散资料;其次,课题需要对企业、市场、消费者等进行实地调查和分析,总结出具体的例证,来论证提出的创新模式的可行性。当然,并不是所有"老字号"品牌都要去创新改进,我们着重对具有发展潜力的"老字号"品牌的内在形象和外在形象进行分析研究,厘清"老字号"品牌形象设计创新在求变和探索中发展的新状况。

本书的完成要感谢东南大学艺术学院同学们的积极参与,特别感谢我的研究生魏梦娇、汪媛媛、吕玲、刘梦、张乃恒、岑画眉、焦瑞雯、朱艾琪、董心宜、唐乐等同学,他们针对"老字号"品牌的环境、人群和消费群体进行实地考察和资料收集,了解"老字号"品牌的宣传环境、应用领域和市场需求等;并通过小组阶段性研讨和去企业调研、访谈等,分析问题,形成解决的思路和策略,提出创新设计方案。

　　本书获"江苏高校优势学科建设工程资助项目"支持。感谢东南大学出版社编辑张仙荣女士为本书出版所付出的辛劳! 同时,感谢家人对我的支持。

陈　绘

2019 年 8 月于金陵

参考文献

[1] 张继焦,丁惠敏,黄忠彩.中国"老字号"企业发展报告.NO.1(2011)[M].北京:社会科学文献出版社,2011.

[2] 余明阳.中国品牌报告 2011[M].上海:上海交通大学出版社,2011.

[3] 张继焦,刘卫华.老字号绿皮书 :"老字号"企业案例及发展报告 No.3(2015—2016)[M].北京:中国市场出版社,2015.11.

[4] 徐城北.转型艰难老字号[M].北京:新世界出版社,2007.

[5] 王成荣,李诚,王玉军.老字号品牌价值[M].北京:中国经济出版社,2012.

[6] 迪人.世界是设计的[M].北京:中国青年出版社,2009.

[7] 李永铨,等.消费森林×品牌再生[M].北京:生活·读书·新知三联书店,2012.

[8] 徐城北.花雨纷披老字号[M].北京:中国社会科学出版社,2003.

[9] 孔令仁,李德征,等.中国老字号[M].北京:高等教育出版社,1998.

[10] 乔春洋.品牌文化[M].广州:中山大学出版社,2005.

[11] 曹源.老字号的文化底蕴[M].北京:中国时代经济出版社,2003.

[12] 杰弗里·兰德尔.品牌营销[M].上海:上海远东出版社,1998.

[13] 原田进.设计品牌[M].南京:江苏美术出版社,2009.

[14] 马格·戈拜. 情感化的品牌:揭开品牌推广的秘密[M]. 王毅,王梦,译. 上海:上海人民美术出版社,2011.

[15] 萨伯罗托·森古普塔. 品牌定位:如何提高品牌竞争力[M]. 马小丰,宋君锋,译. 北京:中国长安出版社,2009.

[16] 埃里克·乔基姆塞勒. 品牌管理[M]. 北京新华信商业风险管理有限责任公司,译校. 北京:中国人民大学出版社,2001.

[17] 莱斯利·德·彻纳东尼. 品牌制胜:从品牌展望到品牌评估[M]. 蔡晓煦,等译. 北京:中信出版社,2002.

[18] 大卫·达勒桑德罗,米歇尔·欧文斯. 品牌战:创建有竞争力品牌的 10 大规则[M]. 尚赞娣,译. 北京:企业管理出版社,2001.

[19] 薛可. 品牌扩张:延伸与创新[M]. 北京:北京大学出版社,2004.

[20] 唐纳德·A. 诺曼. 设计心理学 3:情感设计[M]. 何笑梅,欧秋杏,译. 北京:中信出版社,2012.

[21] 凯文·莱恩·凯勒. 战略品牌管理[M]. 卢泰宏,吴水龙,译. 北京:中国人民大学出版社,2009.

[22] 赵军. 名牌:在传播中诞生[M]. 武汉:武汉大学出版社,1999.

[23] 凯瑟琳·费希尔. 品牌再设计[M]. 上海:上海人民美术出版社,2001.

[24] 孔清溪,陈宗楠,朱斌杰. 品牌重塑:老字号品牌突围路径与传播策略[M]. 北京:中国市场出版社,2012.

[25] 韦华伟. 品牌的右脑:品牌文化制胜之道[M]. 北京:中国经济出版社,2012.

[26] 李光斗. 品牌战全球化留给中国的最后机会[M]. 北京:清华大学出版社,2006.

[27] 朱琪颖. 品牌形象设计[M]. 上海:上海人民美术出版社,2013.

[28] 埃里克罗斯坎·阿冰. 品牌驱动创新[M]. 吴雪松,译. 长沙:湖南大学出版社,2012.

[29] 马丁·林斯特龙. 感官品牌[M]. 赵萌萌,译. 天津:天津教育出版社,2011.

[30] 伊丽莎白·E. 古费. 回潮:复古的文化[M]. 王之光,译. 北京:商务印书馆,2010.